湖北省高校人文社会科学重点研究基地
湖北省道德与文明研究中心经费资助
湖北省重点学科湖北大学哲学一级学科
经费资助

价值论与伦理学丛书

近代新学的价值世界

周海春 著

中国社会科学出版社

图书在版编目（CIP）数据

近代新学的价值世界／周海春著. —北京：中国社会科学出版社，2009.6
（价值论与伦理学丛书）
ISBN 978-7-5004-6663-5

Ⅰ. 近… Ⅱ. 周… Ⅲ. 近代哲学-研究-中国 Ⅳ. B250.5

中国版本图书馆 CIP 数据核字（2007）第 203390 号

策划编辑　冯春凤
责任校对　王兰馨
封面设计　王　华
版式设计　王炳图

出版发行	中国社会科学出版社			
社　　址	北京鼓楼西大街甲 158 号	邮　编	100720
电　　话	010—84029450（邮购）		
网　　址	http://www.csspw.cn		
经　　销	新华书店		
印　　刷	北京新魏印刷厂	装　订	广增装订厂
版　　次	2009 年 6 月第 1 版	印　次	2009 年 6 月第 1 次印刷
开　　本	880×1230　1/32		
印　　张	11.875	插　页	2
字　　数	296 千字		
定　　价	28.00 元		

凡购买中国社会科学出版社图书，如有质量问题请与本社发行部联系调换
版权所有　侵权必究

《价值论与伦理学丛书》编委会

主　编：江　畅　　戴茂堂
副主编：强以华　陈道德　　龚　群　　高乐田
　　　　冯　军
编　委：（以姓氏笔画为序）：
　　　　王红玲　邓安庆　甘绍平　冯　平
　　　　冯　军　江　畅　刘文祥　刘泽亮
　　　　汪前元　张　清　陈道德　杨鲜兰
　　　　罗金远　周海春　赵红梅　姚才刚
　　　　贺祥林　郭大俊　高乐田　倪　霞
　　　　康志杰　龚　群　谢江平　舒红跃
　　　　强以华　熊在高　戴茂堂

总　序

　　现代文明的兴盛给人类带来了巨大的福祉，也给人类带来了许多问题。其中最突出的问题可以归结为三大类：一是科学技术发展的后果问题；二是人口与资源的矛盾问题；三是人类的不平等问题。这些问题不仅关系到人类的幸福，而且关系到人类的自由、价值、尊严乃至人类的生存、命运和前途这样一些根本性问题。这些根本性问题都不是单纯地靠发展科学、教育、文化、经济、技术所能解决的，而是需要哲学家重新认识人类，重新认识人类的价值理念，重新认识人类的实践原则，重新认识人类与社会、世界、宇宙的关系，并根据这种总体性和根本性的哲学思考和探索加以研究解决的。

　　哲学是人类生存智慧的结晶，其使命就是要告诉人类如何有智慧地生存。当代各种全球性人类问题的突出，迫切需要哲学家们以自己的智慧思考和探索这些问题，为这些问题的解决提供根本理念和一般原则。这既是对哲学的严峻挑战，也为哲学的发展提供了空前机遇。今天的哲学已经不再是少数哲学家的思维艺术品，而已成为事关人类能否走出目前困境、获得普遍幸福的价值导向者。哲学家肩负着巨大的职业责任和历史责任。我们每一位哲学家都应该肩负起自己的责任，热情关注和积极探索各种重大的人类问题，为人类走向更美好的未来作出自己的积极贡献。正是出于这种责任和热情，以湖北大学哲学研究所为主体的湖北大学理论与应用伦理学研究中心的全体同仁们，立志以关注和研究人类（特别是中国）价值与道德问题为宗旨，以个体自主和整体和谐为旗帜，以重反思、重批判、重对话为指针，以出思想、出观点、出理论为使命，力求在哲学和伦理学上有所突破，有所创新，形成独树一帜的"沙湖学派"，以成为哲学百花园中的一簇充满生机和活力的鲜花。

为了记录我们的研究成果，扩散我们的学术影响，我们特出版这套《价值论与伦理学丛书》，其主旨是要构建一种回答现实、贴近生活、体现时代、与现代世界文明接轨和对话的现代伦理学体系，概要性地系统回答现代人类、特别是当代中国面临的各种价值和道德问题，以满足我国现代化建设和现代生活的需要，为我国政府的现代文化建设决策服务，为社会成员特别是青年形成现代价值和道德观念服务。

本丛书从广义上理解伦理学，把道德问题作为其中的一部分并放到更广泛的价值问题中去审视和探讨，使伦理学与价值论沟通、统一起来。从哲学的高度研究伦理学，使伦理学成为幸福哲学、价值哲学、人生哲学，成为能为社会和个人观念构建、反思、更新提供一般价值原则和基本行为准则的真正意义的哲学。没有理论伦理学提供的正确一般伦理学理念和原则，就不可能有正确的应用伦理学研究，因而本丛书努力把理论伦理学和应用伦理学捆绑起来研究，努力使两者相互促进，相互渗透，共同生长，共同繁荣。本丛书立足中国当代现实，着眼人类未来发展，借鉴现代世界文明，兼顾中国传统文化。不拘一格，广泛吸纳人类已有的一切有价值的思想理论成果，在批判、选择、综合的基础上创新，构建一种理论与应用内在一致的，具有兼容性、开放性、创新性的动态伦理学体系。我们所追求的目标是，这一体系可以被超越，但不能被掠过！

江畅

2000年5月

又 序

到今年五月,《价值论与伦理学丛书》正好走过了六年的历程。

六年间,这套丛书一共出版了十二本著作,主要涉及价值论和伦理学的理论、历史和应用三个基本领域。理论方面的著作有:《理论伦理学》、《走向优雅生存:21世纪中国社会价值选择研究》;历史方面的著作有:《西方伦理学》、《中国伦理学》、《西方价值观念与当代中国》、《现代西方价值哲学》、《神话之光与神话之镜:卡西尔神话哲学的一个价值论视角》、《生命存在与实践理性:诠释学的伦理学向度》、《中国近代早期改革派与近代伦理思想的演变》;应用方面的著作有:《经济伦理学》、《企业:文化与价值》、《文艺伦理学论纲》。

这些著作的主题、论域和视野各不相同,但都体现了我们出版这套丛书的初衷和主旨,并逐渐形成了丛书的核心理念和研究范式。这就是:以关注和研究人类特别是中国的价值与道德问题为宗旨,以个体自主与整体和谐为旗帜,以人类普遍获得幸福为目的,以理论哲学和伦理学研究为基础,以中西哲学和伦理学研究为根基,以应用哲学和伦理学研究为重心,以重批判、重对话、重建构为指针,以出思想、出观点、出理论为使命,着重从理论、历史和应用三个方向展开研究,力求在哲学和伦理学上有所突破,有所创新,形成独树一帜的沙湖学派

(幸福主义学派)。

这些著作立足于中国哲学和西方哲学,面向当代人类问题和我国现实问题,从价值论这一全新的角度研究价值和道德问题,并以幸福这一价值和道德的总体性问题为中心构建自己的学术体系,突现自己的优势和特色。其中所提出和阐释的现时代幸福主义体系,在我国历史上是全新的,反映了中国社会未来发展的走向,在国内学界逐渐得到公认。这一体系的构建标志着独树一帜的沙湖学派初具雏形,这一体系所首创的以人生幸福构建社会和谐、世界和谐、宇宙和谐观点与中共中央构建和谐社会和和谐世界的主张不谋而合,所倡导的走幸福之路、做智慧之人、创和谐环境、过优雅生活等观念正在成为我国大众日益认同的价值理念。

这些著作注重借鉴国外的思想文化成果,关注当代世界最新的学术动向,并着眼现代世界文明反观和研究我国现实。丛书的组织者和作者积极参加世界学术会议,主动与国际有关学术组织交流和合作,多次组织国际学术会议,定期举办外国权威学者论坛,与国际价值研究会(ISVI)合作编辑出版作为本丛书姊妹出版物的《价值论与伦理学论丛》。这些努力使这套丛书在国内具有较强的前沿性和前瞻性。

这套丛书的出版为哲学百花园增添了一簇充满生机和活力的鲜花,为我国社会提供了一些适应现时代的新理念,为湖北大学伦理学学科优势和特色的形成作出了重要贡献。然而,我们也清醒地意识到,这套丛书在作者队伍的结构、影响的广度和深度、学术和出版的质量等方面还有诸多局限,需要我们认真总结和改进。在本丛书新一轮著作出版的时候,我们将进一步贯彻丛书的主旨和理念,改善其作者结构,增强其社会影响,提高其学术质量,将其打造成学术精品和知名品牌。特别是要根据当代世界哲学和伦理学研究的总趋势,加强应用研究,直面现实问题,关怀大众生活，使本丛书成为学者阐释自己见解的园地，成为学者与社会、公众交流对话的平台。

江　畅　戴茂堂
2006年5月于湖北大学沙湖之滨

目　　录

总序 ……………………………………………………（ 1 ）
又序 ……………………………………………………（ 3 ）

导论　中国近代早期改革派概说 ……………………（ 1 ）
　一　一个独立的学术派别 ………………………………（ 1 ）
　二　研究方法论 …………………………………………（ 5 ）

第一部分　中西古今：价值整合

第一章　世界观的自我调整 …………………………（ 25 ）
　一　"世界观"与改革 …………………………………（ 25 ）
　二　世界大同：人类历史的价值归宿 …………………（ 30 ）
　三　中外联属之天下 ……………………………………（ 35 ）
　四　中国自有常尊 ………………………………………（ 39 ）

第二章　"泰西"价值的全面发现 ……………………（ 51 ）
　一　民富国强："泰西"富强的基本经验 ………………（ 54 ）
　二　"泰西"经济生活的价值启示 ………………………（ 57 ）
　三　"泰西"政治生活的价值启示 ………………………（102）
　四　"泰西"社会文化生活的价值启示 …………………（108）

第三章 "中国"的价值反思 …………………………… (133)
- 一 "中学"价值的再诠释 ………………………… (133)
- 二 中国社会现实的价值反思 …………………… (172)

第二部分 正学·实学和新学

第四章 正伪之分:正学的价值理想 ………………… (199)
- 一 正学和俗学:文化哲学 ………………………… (199)
- 二 道:根本的合理性标准 ………………………… (202)
- 三 正学:合情合理 ………………………………… (219)
- 四 正学:公理的语言学和实践论规定 …………… (221)
- 五 正学:实践合理性 ……………………………… (223)

第五章 实与虚:实学价值精髓 ……………………… (225)
- 一 近代实学 ………………………………………… (225)
- 二 实事求是:价值理性 …………………………… (241)
- 三 实事求是:工具理性 …………………………… (253)
- 四 实事求是:传统与现代 ………………………… (268)

第六章 新与旧:新学价值取向 ……………………… (273)
- 一 近代新学 ………………………………………… (273)
- 二 考旧知新 ………………………………………… (277)

第三部分 传统哲学范畴与现代价值世界

第七章 传统哲学范畴的解释能力 …………………… (295)
- 一 由中达外 ………………………………………… (295)
- 二 彰往察来 ………………………………………… (305)

三　道器合一 …………………………………………（308）
　四　本末兼赅 …………………………………………（315）
　五　明体达用 …………………………………………（320）
　六　以无常法为常法 …………………………………（322）
　七　天人之际 …………………………………………（330）

第八章　新学价值观：在传统和现代之间 ………………（336）
　一　善的形式方向性与内容规定性 …………………（336）
　二　可过渡与不可过渡 ………………………………（345）
　三　多元与调和 ………………………………………（358）

参考文献 …………………………………………………（362）

后记 ………………………………………………………（365）

导论　中国近代早期改革派概说

一　一个独立的学术派别

在中国近代历史上，活跃着这样一批历史人物。他们就是王韬、容闳、何启、胡礼垣、唐景星、伍廷芳、郑观应、马建忠、马良、冯桂芬、郭嵩焘、薛福成、黄遵宪、陈炽、汤震、陈虬、宋恕等人。其中核心人物是冯桂芬、郭嵩焘、薛福成、王韬、马建忠、郑观应、何启、胡礼垣、容闳。

冯桂芬（1809—1874），字林一，又字梦奈，号景亭，江苏吴县人。1861年加入李鸿章幕府。1874年4月病逝。李鸿章撰写了墓志铭。左宗棠作传。

郭嵩焘（1818—1891），字伯琛，号筠仙。1835年考中秀才，1836年在岳麓书院结识了曾国藩等人，1837年考中举人。1852—1866年间基本上是与太平军相始终的官场生涯。在1874—1879年出使英国。

薛福成（1838—1894），字叔耘，号庸庵，江苏无锡人。应直隶总督李鸿章之邀，在保定入参北洋戎幕，成为李鸿章的主要文案。公元1890年（光绪十六年）1月31日（农历正月十一日），在上海金利源码头登乘法国"伊拉瓦第"号邮轮，启碇西行，奔赴欧罗巴就任使臣之职。1894年7月21日（农历六月十九日）深夜，不幸病逝于上海。1994年无锡市文物管理委员会和文化局修复薛福成故居"花厅。"11月下旬召开薛福成逝世

100周年纪念会暨学术研讨会。

　　王韬（1828—1897）是苏州府长洲县人，祖籍苏州昆山甪里。初名利宾，后改名瀚，字懒今。后来因为上书太平天国，清朝政府追捕，改名韬，字仲弢，一字子潜（紫诠），晚号天南遁叟等等，都是从韬晦一词所派生。1848年春，他到上海看望他父亲，认识了墨海书馆的麦都思。1849年接受麦都思邀请，到墨海书馆作文字修润工作，直到1861年墨海结束为止。后到香港，受雇于同属英国伦敦会的英华书院院长理雅各。1867年理雅各回国探亲，邀请王韬去英国继续合作。王韬在英国待了两年多，回港途中又到埃及、法国等国家，广泛接触了西方文化，成为近代第一个以私人身份去欧洲的知识分子。后来又去过日本。1873年理雅各受牛津大学聘请回英国，王韬结束了受雇于人的生活，和黄胜等集资办了中华印务总局，筹办《循环日报》。1887年，回到上海。次年，他开设韬园书局，以木活字印书，也有一些交由美华印书馆铅印。晚年在上海曾任格致书院（今格致中学前身）院长。1894年、1895年孙中山、康有为相继来沪拜访王韬，畅谈中国变法图强的大业。1897年秋，王韬在上海寓所城西草堂病逝。

　　马建忠（1844—1900），字眉叔，江苏丹徒人。1877年入法国巴黎学院学习，1878年成为第一个获得法国学位的中国人，次年又获巴黎大学法学硕士学位，1880年回国。1881—1882年曾到印度和朝鲜。1895年去日本，随李鸿章游历各国。回国后，他被清政府任命为道台，成为李鸿章的主要幕僚，任轮船招商局会办。后因观点分歧，辞去上海织布局会办之职。

　　郑观应（1842—1921），字正翔，号陶斋，又号居易、杞忧生，晚年又号待鹤山人，生于广东省香山县。他自1858年到上海，曾供职新德、宝顺、太古洋行，到傅兰雅办的英文学校学习英语。1882年后先后进入轮船招商局、开平煤矿粤局等，进行了一系列改造中国的活动。

何启（1858—1914），字沃生，广东南海人。1872年赴英国留学，先后入帕尔马学校、阿伯丁大学、林肯法律学院学习。1882年回国后在香港任律师和医生，是香港议政局议员。1887年创办雅丽氏医院。曾参与了孙中山领导的革命活动。

胡礼垣（1847—1916），字翼南，广东三水人，买办商人家庭出身，何启早年在香港中央书院读书时的同学。长期居住香港，办粤报，著有《胡翼南全集》。

容闳（1828—1912），曾就读于普鲁士传教士郭士立夫人开办的学校、马礼逊学校、耶鲁大学。1854年回国，当过秘书、翻译等，曾为江南制造局购买机器，推动了幼童留美计划。1998年容闳诞辰170周年，"中国留美幼童纪念会"和耶鲁大学于9月在美国康州首府哈特福德举办纪念活动，11月珠海市政府举办《容闳与中国近代化》学术研讨会，中外学者多人参加，提交论文50多篇。

读者若想了解这些核心人物详细的生平传记可以参阅参考书目中所列的关于这些主要人物的传记性著作，也可以参阅笔者所著的《中国近代早期改革派与近代伦理思想的演变》一书。①

笔者称这些人物为中国近代早期改革派，简称早期改革派。关于中国近代早期改革派这一概念的具体内涵以及为什么把他们当做一个独立的学术派别，笔者在另一本书《中国近代早期改革派与近代伦理思想的演变》中有详细的论述。②

改革开放以来，该派别主要人物的原著的搜集、整理、再版工作也有很大的进展。近一些年来，其中一些人物成为硕士、博

---

① 周海春著：《中国近代早期改革派与近代伦理思想的演变》，湖北人民出版社2004年版，第1—4页。下同，从略。
② 同上书，第4—24页。

士论文的选题，并出版了生平传记性的专著。

但目前国内外对这一派别及其主要人物的研究还存在如下一些问题：一是缺乏系统性，没有全面深入地反映该学派的思想内涵，对该派别及其思想的历史地位和作用认识不足并且评价偏低，对其哲学思想的积极意义还没有得到充分的挖掘。关于这个派别的若干思想，在研究近代社会思潮、近代史、近代经济政治文化史、洋务派的时候有所涉及，但地位不明确，论述不充分，在思想史中应该有的内容往往没有。在对该派哲学思想的研究方面还不够深入、系统，只是涉及道器和体用几对范畴的运用方面，该派别丰富的文化哲学、人生哲学、伦理哲学、社会哲学、历史哲学思想没有得到系统地说明。尤其是对由中西、古今范畴的运用表达的融汇中西古今的哲学宗旨和由实虚、新旧、正伪范畴表达的正学、新学和实学的哲学精神和哲学形态理论诉求揭示不够；对由内外、强弱、常变等范畴表达的对中国哲学现代构建的道路研究还很不够；对上述范畴与道器、本末、体用范畴之间的辩证关系的研究还很不足，这一点影响了对早期改革派思想整体逻辑框架的宏观把握。

二是研究方法有待改善，具体表现在人们常常用"冲击—反应"的模式或"沿海—内地"、"传统—现代"划界的办法研究他们的思想，忽视了中国传统哲学文化中包含的向近现代转化的积极因素。

三是深度不够，往往一带而过，语焉不详，没有看到这一哲学思潮乃是近代哲学及近现代其他思想发展史上的重要环节。

鉴于这种情况，出于更好地描述近现代哲学史发展的基本逻辑进程的愿望，笔者对这个派别进行了相对系统的考察研究。希望这种研究能从理论上系统地、全面地、逻辑地和历史地再现早期改革派思想家的思想内涵。

笔者对这一派别的研究侧重在哲学思想上把握这一思想家群

体，因而把这一派别的名称改为"中国近代早期改革派"。在这一派别与早期经世派、洋务派、维新派、革命派的关系方面，强调这一学术群体是"一个独立的学术派别"。笔者认为：中国近代早期改革派已经对中西文化冲突的多个层面进行了不同程度的反思，因而其思想具有初级的圆满性，早期改革派初步构建了一个整合中西、续接传统和现代的思想母体模型，显示了中国传统学术思想向现代转化的多元性和多向度性。在此认识的基础上，笔者力图在思想学术层面上对早期改革派的哲学思想、理论纲领进行体系化的重构，并对其治国、经世层面的改革思想进行系统的研究。笔者对这一派别的历史地位进行了合理的定位，基本定位为中国传统哲学近现代合理化的初级形态；进行一定的理论延伸，探讨后来思想家对其哲学思想的发展，把近现代中国哲学的发展过程看做是在这一派别提出的问题基础上逐步提升理论水平和探索新的解释方案、拓展理论空间的过程，并对他们对中国近现代社会和思想发展产生的巨大影响进行充分地揭示。

早期改革派参与、鼓舞、领导、指导了中国经济、政治、军事、外交、文化的近代化历史进程，总结他们理论思考和实践的经验教训，尤其是总结他们对中西文化结合的思考，对科技与人文伦理的思考，对坚持民族自强和改革与开放的思考，对经济、政治、军事、外交近代化的思考的经验教训，这对于解决现代社会的实践难题同样是具有启发意义的。

二 研究方法论

要对这一派别的思想进行有机的解释，需要对以往的研究视角进行一定的调整和完善。在中国近代哲学的研究中，围绕着古今中西的不同理解，形成了各种各样的方法论。刺激反应模式强调西方的积极影响；传统的自我发展强调中国哲学自身的发展能力；地域模型力图弥补二者的缺陷；内在性发展综合了两个方面；"三阶段说"则给出了一个具体的近代中西关系演进的路线。上述说法各有其利弊得失，并且存在着相互的冲突和互补性，需要综合加以运用。

1. 刺激（西方）—反应（本土）模式

与西欧的原生型或自发型现代化相比，中国的现代化可称之"次生型"或曰"后发型。"在这个过程中西方的影响和本民族文化传统对推进近代化的相互关系及其作用和功能是一个很复杂的问题。"冲击—反应模式"被现代西方学术界广泛应用于诠释"后发型"现代化。在这一解释模型下面，中华文化自身不具备实现现代化转变的原动力，只有依赖西方的经济、政治、军事、文化影响，中国方有转机；西方"冲击"使中华文化一步一步被动地、勉强地走上现代化道路。

这一模式有它的合理性和价值性，但也有它的缺点。这一模式是"欧洲中心论"的产物。它忽视了后发国家自身因素（传统）在现代化过程中的积极的推动作用，而仅仅把传统看做是现代化的阻力和滞后的作用，把传统和现代化看做是绝对对立的关系，缺少对传统的多层面的分析。"冲击"的说法容易把冲击的对象想象成一种没有生命的、被动的、静态的构造。在这种联想的支配下，传统不是被简单化为农业社会的意识形态，就是统治阶级的意识形态，就是专制政体的意识形态，就是士绅阶级的意识形态，而文化传统的最大特征——复杂性和发展性自然地被忽略了。西方冲击的观念常常有意无意之间把西方近代文明了解得太单纯、太笼统，忽视了各不同潮流对晚清知识分子的吸引力和影响。在西方现代化论者的最初视界里，中国常常作为一个整体单位接受西方的挑战。实际上，由于各个地域、经济发展及文化的多元性的不同，各社会组织与群体回应冲击的方式和强度有着巨大的差异。中国文化是多元的,这就决定了其对外来文化的反应也是多元的。对于早期改革派研究而言,用这种方法论视角很容易把这个派别和其他派别混同起来,忽视早期改革派主动地、自觉地反应的意义。西方学者用冲击—反应研究中国近代思想,忽视了中国传统中包含的向近现代转化的积极因素,忽视了早期改革派对这种积极因素阐发的历史价值。

2. 沿海—内地的地域模型

柯文的地域模型在某种意义上克服了冲击反应模式的局限性,或者说把冲击反应的过程从地域上具体化了。柯文在《在传统与现代性之间—王韬与晚清改革》中指出,中国近代史的一个未曾研究的巨大课题是沿海与内地的差异。在近代,沿海不断地冲击内地,内地则试图通过中国化使冲击合法化。在十九世纪和二十世纪初叶,沿海承担了倡导变革的主要责任,内地则使变革合法化。内地除了使变革合法化以外,也可能成为创新的主要中心。显然这一划分是以西方的冲击为主导加以论述的。杨念群在《儒学地域化的近代形态——三大知识群体互动的比较研究》中指出了柯文的不足。[①] 该书认为,中国传统虽然受到西方的冲击,从形式上看也的确存在一个从沿海向内地扩展的层序格局,只是这并不意味着沿海士人就已经脱胎换骨地完全运用西方式的思维与话语来思考和阐释现代化的相关问题,而是运用中国传统的话语加以评注和解说。柯文未考虑区域传统话语在支配变革的频率与节奏时所可能发生的共时作用。为了弥补这一缺陷,该书从传统的生命力的角度提出并研究了三个地域的划分。

[①] 杨念群著:《儒学地域化的近代形态——三大知识群体互动的比较研究》,三联书店1997年版。

3. 三个地域的地域模型

该书认为，江浙深受考据学的影响，学术专门化、工具化、职业化倾向明显，坚持道—艺的观念，考据学、格致之学、工农商贾杂学等得到了发展。受过考据学训练的专门化学人借助分斋课士等学术传授方式，顺利地使书院中固有的儒学传统因素熔铸于中西契合的制度框架之中；近代湖湘士子深受朱熹等地域化儒学大师"居敬穷理"思想的影响，常常把外界的变动作为内心探求的外在对象和前提，具有把内在感知对象化于政治客体的强烈愿望。湖湘士子虽然崛起于内地，却首先在行动上对西方的物质技术作出回应，以经世致用和帝王之学话语作为背景形成洋务引进浪潮，推动了儒生武士化。他们具有以"心"（理）探"势"的外倾型思维方式，强调"立功"基础上的"立言"与"立德"的统一，道统和政统、经术和治术、内圣和外王的统一。岭南知识群体具有内倾感应型的人格特征，化理为心，把对外界客观政治的变迁归结为心灵主体的变动，政治和宗教相结合，有浓郁的浪漫飘逸色彩；岭南知识群体常常对思想文化方面的文化变革作出积极反应，并往往成为思想启蒙的先导力量。

中国近代哲学流派的思想家往往来自岭南、湖湘、江浙三大儒学的地域形态，在各自具有的宗教、事功、科学倾向性以外，又超越了儒学地域形态的限制，成为一个独立的派别。换句话说，儒学的学派脉络和地域格局影响了他们对传统、对西方和现实的选择和取舍，但这并不是使他们成为一个流派的绝对的障碍性因素；西学的不同基础同样也影响了他们对中学和现实的看法；与现实的不同关系的影响也是巨大的。在柯文那里，早期改革派被分解成不同地域的思想家，这对研究早期改革派思想家的特色具有启发意义，但整体上看不利于对这一派别进行宏观描述。

4. 传统学术的自我发展

传统学术的自我发展"从本地人角度研究本地历史,"注意讨论当地文化传统对当地近代化进程的影响,这实际上是对"冲击—反应模式"的一种修正。用传统学术的演变、清代学术流变的立场解释和看待近代哲学文化的代表人物有：徐世昌的《清儒学案》、梁启超的《清代学术概论》《中国近三百年学术史》等。

自我发展的概念常常在出发点和前提问题上出现误解。传统学术自我发展的观念常常把自我理解为自我发展不靠外力,自身是主体。这样的理解是不合适的。学术无生命,不是自主发展的主体,主体是人和社会；但人和社会又是生于文化传统之中的,这使学术表现出一定的主体特征。人和社会在借助于一定的文化遗产发展时,文化主体和社会实践主体就是一致的,否则则表现出不一致。近代就是一个例子。近代社会开端已经预示着传统学术主体性生命的危机。近代社会、民族和国家的主体性的危机直接导致了传统文化的主体性危机,在其主体性地位出现危机和地位不存的情况下谈自我发展就存在着很多的问题。晚清,人接受的学术教育已经非常世俗化、封闭、僵化和保守了。鸦片战争已经预示了人和社会以此学术立足的弊端,传统学术逐渐失去了人们借以安身立命的机制和动力。

自我发展的概念常常在何为传统学术,精神还是经典,现实的文化传统还是传统文化这个问题上发生误解。这个路子总体不错,但关键在于对学术的理解。从经学这个角度来理解,把对经典有所整理和有所解释的列为历史叙述之中,对经典没有系统解释的被排斥在外的做法是不合适的。这种路子往往从传统学科分类来叙述,没有注重学术精神,不是从传统学术精神来立论的。发展不仅仅是形式上的,更重要的是内容上的,精神上的。发展应该是指传统学术自身具有多元性质,具有多种可能性,可以进行多种解释,以适应现实的多种需要。在时代发生质变的情况下,质的发展才是合乎历史潮流的学术的自我发展,否则只能算作是传统学术的苟延残喘和无奈的回光返照。一种思想,重复了很多前人的东西,于学问不能谈得上发展;于西学知之甚少,不能谓之符合时代学术的大势。一些学问已经失去了存在的价值,已经没有生命力了,不能谓之发展;一些学问已经面临着全面的自身社会与西方社会与文化带来的主体性危机,自身存在尚且困难,不能谓之发展。在近代,传统学术的几大典型的形态(理学、今文经学、考据学)已经不再构成一个统一的发展形态,因而也就不能构成学术派别划分的唯一标准。传统学术的自身发展的方法论模式基本上取消了早期改革派在学术上的地位和意义。由于主张学习西学,由于对中国传统学术研究的不系统、不典型,也由于不固守某一固定的传统学术派别,早期改革派对传统学术的自我发展的贡献在自我发展的方法论脉络里很难有比较高的地位。

5. 器物—制度—文化三阶段模式

早在20世纪初,梁启超曾经从知识话语叠次更替的角度构设出了一个近代变革的模式。他在《五十年中国进化概念》(1923)中曾列举出中国有一个从器物到制度再到文化的由浅入深的递次渐变过程。其中说:"第一期,先从器物上感觉不足。这种感觉,从鸦片战争后渐渐发动,到同治年间借了外国兵来平内乱,于是曾国藩、李鸿章一班人,很觉得外国的船坚炮利,确是我们所不及,对于这方面的事项,觉得有舍己从人的必要,于是福建船政学堂、上海制造局等渐次设立起来。……第二期,是从制度上感觉不足。……第三期,便是从文化根本上感觉不足。"[①] 殷海光把

---

① 梁启超著:《饮冰室合集》之三十九,台湾中华书局1979年版,第44页。

中国现代化历程进一步概括为器用现代化、制度现代化和思想现代化三个递进步骤。①

　　这一认知模式基本上是以事件阐释为核心的排他性的进化论式的过程描述。作为洋务运动、维新运动、辛亥革命的发动主体的知识群体之间并不是单纯的线性的关系，同时具有平行的并列的特征，在某一时代背景下一些人走到了前台。在这三大知识群体之外，还活跃着很多其他的知识群体，同样对近代变革产生了影响。把这一模式用于近代文化的研究很容易混淆历史发展和知识文化观念发展的关系，用历史的发展代替了文化的发展。在这一模式的视角下，早期改革派往往被归结到其中的器物层面。这无法真实地反映这一派别的思想原貌。从早期改革派开始已经在思想上主张全面学习西方了，文化上的、制度上的、器物上的不足都有感受，并且很深入。在早期改革派自身已经初步完成了三个不足的思想历程。维新运动从行动上看，被光绪帝转型为旧式的"洋务话语"，这证明了"运动"往往是落后于思想观念的。近代早期改革派的思想观念正是由于包含了原始的完满，才在洋务、维新、革命等不同的时期被加以不同的理解和运用，其著作成为不同的运动进行思想宣传的工具。三阶段不是近代思想家思想演进的规律，从思想上看只能是社会绝大多数的人的一个思想观念的变化过程，用于研究近代思想家的思想要批判地运用。从地域模式的主张看来，在中国近代知识群体的演变过程中，存在一个对西学有所选择的回应频率和节奏。三次变革分别由三个不同区域的知识群体所发动，其资源作用的单一性只在单一区域传承的系统内才变得有意义，一旦被置于其他区域的比较网络中，其空间的坐标特征就会凸显出来。儒学的地域性形态，如湘学、闽学、岭学等含义都是以空间分布标示出来的，一旦它们成为近

---

① 殷海光著：《中国文化的展望》，中国和平出版社1988年版，第440页。

代不同区域知识群体发动变革的资源,其时间性形态特征就会被暂时消解掉。

6. 传统与现代研究法

现代化的研究方法就是把早期改革派思想放到中国传统文化的现代化以及中国社会现代化的视野中进行研究的方法。其核心是对古今中西关系的认识。一些学者在运用这一方法时存在着形而上学和先验化的毛病。很多论者在论述近代的哲学和文化的转型时,认为近代哲学和文化的转型是从天人合一到主客二分和主体性的张扬和重视;从整体到个体,到个人主义、利群主义、个人的主观精神,到个人情感、好恶;从恃天命到恃人力;从排斥到吸收自然科学;从尚静到尚变;从追求善恶到感受苦乐。也有人认为是从阴阳生化论到进化论;从顿悟思维到逻辑判断;从变易史观到进化史观;从天赋君权到天赋人权。这一方法具有一定的主观化和把思想史戏剧化的特征。这一认知方式在西方文化中心主义的基调下肢解了中西文化的丰富内涵,忽视了传统和现代及其转化的多元性、连续性,以及中西文化的共性。按照上述的现代标准衡量,由于早期改革派的主张不具有上述思想的鲜明特征,自然也就成为一个常常被忽略的环节。

在新的时代条件下,以上各研究方法依然具有它们独特的适应性,但就近代哲学史的研究而言,需要在新的视野下,加以充实和完善,并加以综合的运用,注意突破单一方法带来的弊端。要以古今中西的真实关系为核心,综合运用其他研究方法。一是在不改变原有方法的前提下,尽量充实早期改革派在近代思想史的发展环节中的内容。如早期改革派对科学技术的研究,对传统学术派别的研究,对西方哲学和宗教的研究,对伦理等的研究就是可以按照原有的研究视角进行充实的。二是尽量综合运用,避免单一运用带来的局限性。全球化视野有利于解决以古今中西关系为核心的方法论的合理运用问题。冲击—反应、地域推进、文化转型等都是全球化带来的文化发展的必要内容,单一的研究方法不能全面揭示落后国家的文化发展问题。如果能够注意克服刺激—反应模式的局限性,它对研究近代早期改革派是很有意义的。在运用这一模式时本书注意了早期改革派自觉、主动反应的内容。中国近代哲学受到了西方的冲击,对冲击进行了积极的反应,显示了传统的积极的因素。"晚清思想不仅受'西方的冲击',也受传统的'冲击';因此研究晚清思想史的一个极重要的课题就是探讨这两种冲击之间的关系,看它们如何'化合'成新的观念,新的思潮。"[1] 因此,为了更好地研究近代哲学思想,还要对传统学术的自我发展的观念作出恰当的分析和应用。本书也揭示了早期改革派对传统学术自我发展的贡献,但不固守绝对的中学前提(不宗经)、不固守固定的传统学派,注重学术精神和内容的自我发展。在运用三阶段论模式时,认为早期改革派自身在思想上已经进行了整个过程。在内陆—沿海及江浙—湖湘—岭南地域模式中近代中西的关系并没有得到合理的安排。如果能够有效地避免先验化,避免过分夸大文化的主体性作用,以中国社会的自身发展看待问题,上述模式的优点就会得到更充分的发挥。研究近代哲学应运用现代化的研究方法。因为近代哲学家往往就是近代现代倾向的主要领导者和推动者,对于中国文化的现代化和经济政治军事外交的现代化起到了巨大的推动作用。在中国和其他后发现代化国家,现代化从观念传播到现实的行动,其基本前提是具有现代取向的权力精英取得领导地位。近代的哲学家就是具有现代取向的思想精英,他们能够运用世界眼光看待自己的历史处境,实现了对中国社会现代化的思想上的初步

---

[1] 张灏等著,杨肃献、周阳山编:《近代中国思想人物论晚清思想》,时报文化出版事业有限公司1983年版,第22—23页。下同,从略。

自觉，并实际地推动了中国社会的近代化进程。运用现代化的研究方法要注意避免主观化的缺陷；注意克服先验性和形而上学性；要注意传统文化和文化传统的区分。运用现代化的研究方法要注意中西文化的多元性、共同性、传统和现代的连续性。中西文化冲突包含了文化传统的冲突和传统文化的冲突，探讨中学和西学的关系必须在两个层面上进行区分。近代知识群体对儒学和西学资源的不同运用决定了各个时期知识精英对变革的不同设计。[①]

7. 唯物史观

阶级分析方法是研究历史人物及其思想的有效方法。

首先是，要对思想家阶级出身与实际活动和阶级思想进行区分。思想家的出身乃至其一生的实践活动所处的阶级状况虽然原则上是决定其思想的，但思想不是纯粹个人的事，尤其是刊登表达给世人看的思想一定和社会的某种需求相联系。本人是地主阶级同样可能表达具有资本主义民主主义性质的思想。如早期改革派思想家从自己的出身来看，大多属于地主阶级。以郭嵩焘为例，从其所从事的实际活动来看，他是洋务运动的实际参加者，参与了镇压太平军，他是一个封建士大夫。但这并不妨碍其思想具有资本主义民主主义思想的性质。

其次是，在运用阶级分析方法时要对思想家的言词与幻想和这种言词与幻想代表的实际利益进行适当的分析和区分。言词和幻想可能是复古的，但关键在于其是否对现实的文化传统具有批判的要素，是否有新的内涵。在近代哲学史上，常常出现一些在保守言词下的激进主张和行动，也常出现一些在激进言词下的保

---

① 参见周海春等著：《中国近代哲学研究的方法论缺陷》，《内蒙古大学学报》2005年第2期。

守看法和行动。如果能够看到思想的实际利益归属，一些思想家从保守到激进、或者从激进到保守的转化就变得不难理解了。

再次是，区分革命阶级的存在和革命思想的存在的关系。尽管"一定时代的革命思想的存在是以革命阶级的存在为前提的"，但思想具有一定的超前性质。[①] 马克思恩格斯曾经指出，旧阶级中的一部分人，由于从理论上认识了整个历史运动的发展水平，就会转到新阶级方面来。如早期改革派思想家由于其对中国前途命运的关注，把握了中国社会发展的大势，因而成为新阶级的思想先导。在近代中国，早期改革派的思想推动了民族资产阶级的诞生。19世纪70年代，洋务派举办"官督商办"、"官商合办"企业时，我国先后创办民族资本主义企业约一百多个。地主、官僚、买办商人（侨商）经营企业，逐渐转化为民族资产阶级。正是旧阶级中的一部分人推动了新阶级的产生，而旧阶级的开明分子的新阶级思想的性质必然带有更多的旧阶级的印记。

运用阶级的分析方法还要区分思想和思想的影响。如近代早期改革派的思想影响了近代的维新和革命运动，并成为运动的精神食粮，因此把他们的思想看做是具有现代性质的一点也不过分。近代思想家的现代性质很多都是根据思想的影响来确定的，而其思想本身往往并不完全具有现代的性质。

还要注意到在中国近代决定思想性质的根本的问题是思想家对世界发展趋势的判断以及由此引起的对古今关系的解决和判定。如此才能突破太平天国—维新运动—辛亥革命的解释模型，挖掘洋务派、早期改革派、顽固派和清流、西方来华人士这些近代哲学发展的必然环节的哲学贡献。

近代中国思想界已经深刻感受到了全球化带来的文化冲击，

---

① 《马克思恩格斯全集》第3卷，人民出版社1972年版，第53页。

确立近代哲学史研究的全球化视野就是一个重要的方法论原则。西方文化在全球范围内的蔓延,改变了人们的生存方式和文化观念,也激发了觉醒的民族意识,引起了不同国家对自身文化阵地的坚守和价值观念的强固,一些思想家力图通过加强文化的民族性使文化具有价值和生命力,从而通过学习西方走向世界。

在这一全球化的背景下,中国乃至东方社会面临的一个根本的问题就是中国乃至东方社会向何处去的问题。"这个时代的中心问题在政治思想领域表现为'古今中西'之争。"① 这个问题既是经济的问题,又是政治、军事、外交、哲学文化的问题。中国向何处去的问题和古今中西问题是相互制约的,尤其是中西问题;没有对中西问题的认真思考,就不会有对中国向何处去的清醒认识和解决问题的紧迫感。在这一核心问题下又包含了一系列的子问题,进而制约着哲学的发展。近代思想家研究哲学就是为了解决这个问题的,近代哲学论争的主题和内容是围绕着这个问题的逻辑展开。实际上这个问题应该是中国近代的哲学和文化发展问题,是近代哲学的主题。哲学在近代不是政治思想的附庸,而是对现实政治、经济、军事等进行思考的能动性的活力因素。换句话说,存在着独立发展的近代哲学,只不过这个哲学还没有被充分地揭示。

近代社会和思想家面临的基本的社会困境是中西冲突,中西冲突又交织着传统和现代的冲突。经济冲突根本上是以科技、机械化、商业、大工厂为核心内容的现代化大生产和以农业、手工作坊为核心的自然半自然经济的冲突。经济冲突直接表现为经济思想、观念、心理习惯的冲突;重义轻利与功利主义的思想冲突;重农抑商与工商为本的思想冲突;主张竞争与平均谦让的思想冲突;科技与人文伦理的冲突。政治冲突表现为:君主专制制

---

① 冯契著:《中国近代哲学的革命进程》,上海人民出版社1989年版,第4页。

度与民本、民主、民权思想的冲突；坚持现行政治制度和体制与现行政治的腐败与无能的冲突；坚持政治制度的稳定性与改革现行政治的冲突；中央和地方的冲突；坚持现行政治的独立性与向西方开放政治的冲突。政治冲突的思想表现是：夷夏之辨与民族平等交流的冲突；传统的国家观念与现代国家观念的冲突；封闭意识和开放观念的冲突；保守心理与创新需求的冲突；共性至上的群体原则与个性全面发展的公民意识的冲突；尊卑贵贱的等级原则与现代平等原则的冲突；人治传统与法治传统的冲突；愚民政策与言论自由的冲突；宗法忠孝观念与民主意识的冲突等。文化冲突表现为：传统文化与文化传统的冲突；文化精神和文化特质的冲突；文化结构、内容的冲突；文化和教育体制的冲突；文化目标功能、作用的冲突。

这些冲突直接导致了中华民族不仅遇到了通常意义上的"亡国"、"亡天下"的民族危机，而且遇到了封建经济结构和政治制度解体的危机，以及与之相联系的传统文化的危机。这次危机与以往不同。自从经过"百家争鸣"和秦汉的发展，中国哲学文化曾遇到了佛学的挑战；遇到了元代的民族危机，但很快就保持了主体地位；清初也是如此，学者力图克服明末空疏的学风，恢复经世致用的精神，他们的学术努力得到了清政府的认可，并加以推广，成为满汉各民族的精神纽带和共识。近代的文化危机与此不同，西方文化和佛学相比与中国哲学具有更多的异质性；西方文化的思维方式和价值观，学科分类与中国有很大的不同；更为重要的是西方文化取得了近代化的巨大成功，代表了时代的方向，具有巨大的生命力，其价值原则和思维方法、学术门类内在于经济、政治、军事之中，给中国传统文化和价值观带来了巨大的挑战和危机。如何应对西方文化，实现中国文化的发展就是时代给思想家提出的重要课题。

在中国大力推进改革开放的时代背景下，在知识经济时代日益来临，全球化浪潮风起云涌的新时代，充分运用马克思主义的世界历史思想和东方社会理论来研究近代思想史是十分必要的。马克思恩格斯和中国近代很多思想家生活在同一个时代，他们非常关注包括中国在内的东方社会在资本主义殖民侵略和全球化背景下的发展道路问题，并直接多次论述了中国，这就使东方社会理论成为当前研究近代思想史较为合理的方法。

马克思是在东方社会如何实现社会主义的语境下探讨近代中国等东方社会的去向问题的，这和中国近代思想家有很大的不同。近代思想家更多地考虑的是如何维护传统文化的价值，以及实现国家自强的文化准备问题。但在马克思思路的启迪下，我们还是可以看到中国近代思想家主张维护传统的价值，在肯定主体文化价值的前提下通过改革和学习西方先进的技术和思想文化实现自我的内在发展的目标的现实意义。

8. 问题意识与合理化视角

作者采用合理化的视角解读近代早期改革派的思想历程。为什么采用这一视角呢？主要原因是合理性能够比较好地说明近代中国的文化和社会危机，以及早期改革派要解决的主要问题的实质。早期改革派已经认识到中国文化和社会遇到了一种带有根本性的、质的危机，遇到了全面的危机。对于这种认识只有历史合理性的视角能够阐释出它的价值和意义。早期改革派已经初步认识到了中国遇到的历史合理性危机，他们思考的贡献和优劣只有借助马克思主义的历史合理性概念才能得到最终的挖掘和评判。

马克思指出："世界史本身，除了用新问题来回答和解决老问题之外，没有别的方法。因此，每个时代的谜语是容易找到的。这些谜语都是该时代的迫切问题，如果说在答案中个人的意图和见识起着很大作用，因此，需要用老练的眼光才能区别什么属于个人，什么属于时代，那么相反，问题却是公开的、无所顾忌的、支配个人的时代之声。"① 作者把早期改革派所要解决的问题归结为对中国哲学的现代化以及现代中国社会的构建这一问题的回答。

贯穿问题意识，采用合理化视角，包含以"合理化"为批判、取舍之意，以"学术的合理化形态"、"西学的合理性评判"、"关于中学合理化的思考"、"中国社会的合理化构想"、"内在性合理化道路及其归宿"几个基本问题的研究为宏观背景。

9. 体系的方法与文本阐释

全球化视野下的中国近代哲学研究要注意运用体系的观点。对落后国家而言，思想家对发达国家的文化扩张带来的影响的反应往往是以群体反应的形式出现的。不同的文化背景和实际的社会处境决定了不同的哲学反应。这就要求不能仅仅局限于个体的哲学思想研究，必须突出不同个体的哲学观念构成的体系性特征。要研究同一派别思想的发展性、整体性、内在关联性、现实针对性和共同的有价值的观点。目前，对近代哲学派别的宏观研究还很不足，全球化视野要求加强哲学派别的宏观研究。本书早期改革派的研究就坚持了这一方法论原则。

现代以来，在西方文化的冲击和白话文话语体系广泛运用的情况下，中国哲学史的建设虽然取得了巨大的进展，但也面临着根本的危机。这种危机不仅存在于社会基本成员的合法性认同和相对于西方文化的合理性方面，或者相对于意识形态的合法性方面，更根本的是存在于中国哲学自身的研究范式之中。其突出的表现是对中国哲学元典基本范畴、基本用语及其逻辑的漠视和误读。其外在的表征是非中国古典哲学范畴和用语，包括西方哲学

---

① 《马克思恩格斯全集》第1卷，人民出版社1995年版，第203页。

和马克思主义哲学以及现代汉语在解释中国哲学家思想时不加选择的、不加批判的优先运用。其中也包括对中国哲学不同经典原著、不同哲学家不同范畴的同化、混用。其结果是越解释越无法使人接近中国哲学的问题和概念所指的对象。在中国哲学史的写作过程中也不同程度地存在忽视原著和本人自我对概念的界定的情况。作者坚持逻辑与历史相结合,注意逻辑的考察,避免从简单的静态的对应关系角度理解早期改革派中西与体用、本末、新旧、道器等范畴的意义,注意研究晚清变法范畴的历史演变,探究上述诸对范畴在不同语境中复杂的,不同层次性的动态关系,以动态的、辩证的观点分析和揭示出早期改革派思想的现代性意义;注重历史观点的运用,以中国哲学现代构建作为核心线索,力求能够纵向贯穿近现代哲学史的宏观内容,积极地面向未来。

本书写作的主旨包含两个方面:其一是说明中国古典哲学范畴在解释和规范新的社会和文化观念现实的时候所作的对传统哲学范畴的改造的工作。并通过这一改造工作的研究说明传统哲学及其价值观在向现代转化过程中作出的贡献。以及这一努力所遇到的语言学和逻辑性的挑战。中国哲学的现代化依赖旧有范畴的解释能力和规范能力。倘若旧有的哲学范畴无法回应新的哲学、文化及社会问题,那么,传统哲学的现代化就是一句空话。我们对待传统的哲学范畴需要的不仅仅是情感的留恋,还需要理性的思考和实践性的运用。需要的是理论阐释能力的扩展,需要的是传统哲学范畴理论空间的探索。其二是说明中国的传统和西方经验交涉过程中,早期改革派提出的改造社会的主张的价值。而要说明这一问题,需要作者在区分传统文化和文化传统的基础上注意比较哲学和比较史学方法的运用。

10. 比较哲学:中西经验的互证

要想相对公允地对中西文化经验进行恰当的评价,中西哲学经验的互证是一条必经之路。互证有利于解决一元论和多元论的难题。王国斌在《转变的中国——历史变迁与欧洲经验的局限》中对中西经验的互相阐释做了比较精彩的运用。他在导论中指出:"不应因为反对欧洲中心论,就断言以欧洲为标准来进行比较不对;相反,我们应当扩大这种比较。为了进行更多层面的比较,我们应当以中国为标准来评价欧洲。……如果我们在普通问题的研究上培养起多元化的观点,那么就能对历史上的诸多可能性的问题,提出新的见解。"[①]吴承明在该书的中文版序中指出,该书作者提出了一种独特的比较研究方法,一方面用欧洲的经验来评价中国发生的事情,另一方面则用中国的经验来评价欧洲,通过互为主体,得出新的行为模式和价值观念。这一研究方法的优点就是避免了一种先入为主的普遍价值标准和来自中西方单方经验的抽象假设性的价值尺度造成的研究局限。本书在方法论方面力求体现中西经验互证的方法论优点。

[①] [美]王国斌著:《转变的中国——历史变迁与欧洲经验的局限》,江苏人民出版社1998年版,第3页。

第一部分
中西古今:价值整合

第一章 世界观的自我调整

一 "世界观"与改革

在中国近代思想的历史上,"世界观"的变化与改革密切相关。[美]吉尔伯特·罗兹曼主编的《中国的现代化》认为与现代化有关的社会变革因素包括国际依存的加强。而一个国家国际依存的加强除了有不以人的主观意志为转移的客观的历史进程以外,还与一个民族的不同阶层的自觉反应和调整有关。当这种调整在一个国家内部的主要的社会阶层那里达成共识的时候,这种主观的调整就自动成为一种客观的历史进程。正如《中国的现代化》一书所指出的,现代化进程要求后来的国家按照少数西方国家首先采用的技术模式和制度模式对自身进行修改和调整。而要完成这一过程,显然地受制于一个民族对待西方国家,也就是看待世界的一贯的世界观主张。

《中国的现代化》一书提出了这样一个问题:中国的世界观和世界秩序是它对西方及其知识和技术作出目的明确的理性化反应的障碍吗?该书认为体现在官方意识形态规范理念中的中国世界观,确实有碍于中国人的灵活应变性。由于清朝统治者的专制独裁主义和文化自卑心理,这些理念在清代尤为刻板和武断。该书认为,明清两代中国人比过去似乎更加确信儒教秩序的效应和价值,而这可能使得当权派的反应变得迟钝了。

传统的天下观是以单一的国家和民族占据的狭隘的地域为基

点和经验的前提展开论述的。思想家们都持有同心圆式的等级理论，居天地之中的是中国，居天地之偏的是"四夷"。长期以来，中华民族都束缚在传统的"夷夏"观念中狭隘地看待世界，自以为中国居于大地的中心，君临四海。传统天下观和历史观持有华夏中心主义的地理观念。传统的历史观以华夏文化优于其他民族的文化观念为核心，包括羁縻怀柔观。这一世界观妨碍了中国自觉地把自己放到世界历史的角度来考虑问题。在传统的世界观的指导下，中国人按亲疏远近，按照对既定秩序的威胁程度区分内外来处理与对方的关系，礼部起到了外交部的作用，天地秩序、帝国秩序和外交秩序浑然一体，按照同一个哲学逻辑来运作。

传统的世界观在如下几个方面构成了应对全球化社会变革的消极因素。忽略了中国早期遇到的威胁与工业化西方力量给中国带来的威胁的区别；对中国的规范性和道义性因素的绝对自信，妨碍了自我的价值反思和价值更新，并妨碍了对世界的经济变化和政治、军事、文化变化带来的安全和权力的实际现状的客观认识，妨碍了经济问题成为中国世界观的一个核心的组成部分；妨碍了对外界的全面的认识；使得中国在政治方面担心内部瓦解远甚于担心外来颠覆。关于这一点，王国斌的《转变的中国——历史变迁与欧洲经验的局限》一书指出，认为中国的国内秩序依赖有效的社会控制的认识是中国政治古训和政治实践的一大特色。在这种认识传统中，往往把中国国家的主要威胁看做是内部瓦解，而不是外力入侵。因此，维持与重建国内秩序，既是国家的主要考虑，又是其行政力量投付最多的方面。甚至对外来颠覆力量的估计（敌情）往往也有着内部稳定的考虑在内。只有变化了的世界观才能把国家要处理的主要问题进行合理的矫正。冯桂芬世界观的变化带来了对国家要处理的主要问题的新的理解：由以内政问题为核心转向关心外部问题。冯桂芬在《善驭夷议》

第一章 世界观的自我调整

当中有这样一段话:"今国家以夷务为第一要政,而剿贼次之,何也?贼可灭,夷不可灭也;一夷灭,百夷不俱灭也;一夷灭,代以一夷,仍不灭也;一夷为一夷所灭,而一夷弥强,不如不灭也。"[①] 冯桂芬在此处提出转移国家工作重点的依据就是世界各国的多元存在状态。

《中国的现代化》一书也指出,中国的世界观出于现实考虑,理论也曾多次被修正过,中国如果有一个能干的富有想象力的领导集团,调整世界观也是不难的。该书是从现实性的角度来考虑这一问题的。如果就思想观点自身来看,显然,中国传统世界观也包含着自我转化的积极因素,并能够实现适应现代世界变化需求的逻辑转化。该书还认为,中国的国际体系和世界观就其本身的强度和耐力而言无与伦比的,但其内部并不存在能使中国应付得了现代世界挑战的重大力量源泉。这一说法不是很公允,中国近代的一些思想家就比较有效地实现了世界观的转换,从而成为一种应付世界挑战的思想资源。随着唯物史观的传播,中国的世界观得到了很大的调整,并取得了民族独立和发展的新的现实成果。在毛泽东眼中的国际社会是一个革命力量和反革命力量对立的世界,他持有阶级斗争的观点看世界。首先是社会主义和资本主义对立的世界。毛泽东把阶级斗争理论和民族压迫的理论相结合,按照阶级对立基础上的民族对立的思路,他把世界又分为"三个世界"。邓小平眼中的世界与此不同。一方面表现出了一定的继承性,一方面又有新的发展。继承性体现在,把世界依然看做是全球性的主要敌人和非主要敌人的准军事性的框架;没有完全抛弃"三个世界"的说法。发展表现在:突出了民族和国家的地位,社会制度的认识迅速降低,强调不同社会制

[①] 冯桂芬著,戴扬本评注:《校邠庐抗议》,中州古籍出版社1998年版,第205页。下同,从略。

度和平共处，不以意识形态划界处理国际关系；认为和平和发展是时代的主题；淡化了"三个世界"的理论，世界向多极化的方向发展逐步超过了"三个世界"的说法。天朝大国的自我形象曾经导致清政府不能正确认识世界形势的变化和采取必要的外交政策和方针，一味抵抗和信奉战争，最后又不得不屈膝投降，一味和谈。虽然这个观念在近代已经被逐步打破了，但社会主义制度和共产主义信念使然，毛泽东没有放弃政治大国的自我形象。中国在经济上属于弱国，属于第三世界，但中国将来可以作为世界的一极存在，甚至可以在国家实力增强的基础上通过在外华人和经济渗透力的增长，以及填补苏联崩溃的国际空间的方式成为一个超级大国。世界上很多国家担心中国成为一个超级大国，中国在后者的形象方面是谨慎的，一再否认自己是他国的威胁，声明自己还很弱。中国认为自己是普通的落后国家，面对风云变幻、错综复杂的国际环境，关键是把我们国内的事情办好。毛泽东对国家利益的理解，更多地是从意识形态、国家安全和军事利益角度考虑的，邓小平则在此基础上对经济利益的考虑比较多。他重视技术、商业在外交中的作用，外交和改革开放政策密切相关。与毛泽东的意识形态划界不同，邓小平执行一种全方位的外交战略。主要包括经济政治文化交往的全方位；不同国家关系的全方位。不同国家关系上的全方位，包括不同个别国家保持同盟关系。邓小平秉承了毛泽东的自主外交思想，但没有毛泽东时代表现出的那么强硬，对美国等国家表现出了较为温和的态度，以至于有人认为邓小平是外交中温和路线的代表。二者的差异具有传统自身调整的因素，也有唯物史观的因素，是两种观点不断融合并适应革命和改革不同的时代需求的结果。从这一历史的简单描述中，读者不难发现中国人自身的世界观的调整过程。相信，这种过程会随着时代的发展而调整到一个更为合理的水平上面。未来的世界观的框架不能脱离唯物史观尤其是世界历史和共产主义思想的因素,但也必然会带有传统的色彩,并能有效地吸收西方世界观中包含的人权、主权、民族、国家等的合理因素,树立起牢固的"人类的世界"的世界观。早期改革派的思想已经出现了某种转换的因素。比如传统的道义(大同)传统的继承和发展可以转换成共产主义的价值理想。

分析和评价中国近代思想家的思想的价值就要注意这些思想家对西方国家的技术和制度模式的认识和选择情况;就要分析这些思想家引进西方知识成果的情况。在近代,保守派基本上固守旧的世界观的消极的方面,把关注的焦点集中在国内;洋务派基本上还是从国内秩序的角度来看待西方的,对西方的认知基本上停留在工业化的水平上;近代早期改革派基本实现了对西方的全面的认识,并调整了世界观。

从"世界观"的角度来考虑近代思想家,是许多有关中国近代思想家的思想专著的一个基本角度。柯文的《在传统与现代性之间——王韬与晚清改革》第二篇就讨论了这一问题。该书指出,"在考虑王韬的'世界观'时,尤应注意不要将其过于系统化,不要将其实本来就含糊不清乃至前后矛盾的东西硬性划一"①。也应该看到,早期改革派的世界观还是有规律可循的。

《中国的现代化》一书认为,中国人的世界秩序所使用的概念与西方人关于民族、主权或国家平等等观念是不相适应的,中国传统的世界观中不包含任何真正的平等因素。作者从近代早期改革派的思想资料里面发现了传统因素的自我调整,发现了文化平等的因素。这种调整就来源于传统世界观自身的逻辑结构和基本的逻辑要素。早期改革派在某种意义上说实现了由夷夏之辨向文化平等的历史认知范式的转变。早期改革派改变了怀柔的观

---

① [美]柯文著:《在传统与现代性之间——王韬与晚清改革》,江苏人民出版社2003年版,第57页。下同,从略。

念；改变了华夷之辨；改变了唯我独尊的华夏文化优越论；强调民族国家的自强,现代民族意识初步觉醒。他们认识到西方在政治上是超越中国皇权之外的独立的政治实体,西方文化是不依附于儒家文化的文明存在,认为西方是有道之邦,有"三代"的遗意,而现实的中国反而丢失了自己精神的精髓。王韬专门作《华夷辨》重申了华夷之辨的核心问题是文化和文明之有无的问题,而不是一个地理问题:"自世有内华外夷之说,人遂谓中国为华,而中国以外统谓之夷,此大谬不然者也。……然则华夷之辨,其不在地之内外,而系于礼之有无也明矣。苟有礼也,夷可进为华,苟无礼也,华则变为夷,岂可沾沾自大,厚己以薄人哉?"① 按照这个标准来衡量,中国反倒是夷了。西方就把中国等国看做是半开化的国家,把非洲看做是野蛮的国家。西方的文明、半文明、野蛮之分就相当于中国所说的"夷夏之辨"。早期改革派认为"夷夏之辨"观念是以礼义政教为标准来区分的,在新的历史时代不应把具有礼义政教的西方诸国视为夷狄,而应以平等之国对待,同样西方也不能轻视中国文化。

二 世界大同:人类历史的价值归宿

早期改革派的思想很大程度上与其对全球化的初步体认引起的思想震撼有关。对世界历史的认识迫使早期改革派思想家追问全球化的动因,分析全球化进程的本质和中西方的处境,并力图揭开西方富强的根源和找到中国富强的道路,从而对中国和世界的归宿作出回答。

近代早期改革派认为未来的世界是世界大同。王韬对"大

---

① 王韬著,陈恒、方银儿评注:《弢园文录外编》,中州古籍出版社1998年版,第364页。下同,从略。

同"作了如下说明。"此其理,中庸之圣人早已烛照而券操之。其言曰:天下车同轨,书同文,行同伦。而即继之曰:天之所覆,地之所载,日月所照,霜露所坠,舟车所至,人力所通,凡有血气者莫不尊亲,此之谓大同。"[1] 把"大同"思想扩展到国与国的关系领域,拓展到用来说明世界历史的发展前景是早期改革派思想贡献之一。其中比较典型的人物是王韬、何启和胡礼垣。

早期改革派对孔子及其思想进行了世界历史似的解读。早期改革派使传统儒家思想合理化的一个努力方向就是在儒家思想内部产出能够指导中国适应全球化发展趋势的思想观念。其中最有价值的思想观念之一就是全球化发展的价值归宿是世界大同的思想。早期改革派提出了大同的历史价值归宿论。何启和胡礼垣认为中国古人也具有世界历史思想,这些思想保证了中国古人的思想能够适应现代社会历史发展的需求。中国远古的圣人伏羲制定的一些规章制度是适应万国相互资益之道和往来交际之情的。神农继承了这一点,发挥了德惟善政、政在养民、格物致知、通商互市、公法之常规等内容,成为今日之圭臬、滥觞、嚆矢。黄帝进一步创造了今日之同盟联卫、各守疆宇,涉及了外交、理财、经武、格致、考工等多方面的内容。"孔子《系易》称之曰'万国咸宁。'夫曰万国,则其互相资益之道必有可观。曰咸宁,则其往来交际之情必有可纪。是其制治之规,实无异于今天下寰中之各国。"[2] 孔子用万国咸宁概括伏羲抓住了根本。中国古代圣人及孔子的世界历史思想集中体现在《周易》当中。何启、胡礼垣以大同和人类平等来解释《同人》卦。《知类篇辩》说:

---

[1] 王韬著,陈恒、方银儿评注:《弢园文录外编》,第36页。
[2] 郑大华点校:《新政真诠——何启胡礼垣集》,辽宁人民出版社1994年版,第462页。下同,从略。

乾，天也。离，日也。天者，高也。日者，明也。天以无私覆而成其为至高，日以无私照而成其为至明，此伏羲氏所以画为同人之卦也。同人者，谓与人同也；人同者，谓既为人类即不得而异视之也。文王释之曰："同人于野，亨利涉大川，利君子贞。"言同人者，乃大同之道，至公之真。人苟能取其同于远，合其同于外，如于旷野之地而获同心，则四海之内皆兄弟，天下之大合一家，攸往皆坦途，无不通之道矣。此由君子之心正而无私也。周公释之曰："同人于宗，吝。"言朋党是求，祖庇亲睢，则隙末凶终，必贻后悔。此由小人之心不正而多私也。孔子释之曰："唯君子为能通天下之志。言人之所以不同者，私故耳，吾有私，而人不我知，"则人不我同；人有私，而我不人知，则我不人同；唯君子去私而言公，则天下之志可得而通也。同人一卦，大义如此，其言以类族辨物者，为分别公私而言、谓审不同以致其同耳。忠之事容有不同，而其志则一也。孝之事容有不同，而其志亦一也。此同人之大旨也。今天下通商，往来不禁，正属同人之象。①

早期改革派对中学进行的社会历史哲学的解读，为社会历史哲学的合理化奠定了基础。早期改革派对国与国的关系的考察使其思想过渡到历史哲学的领域。在这段论述当中，包含了丰富的历史哲学思想。在全球历史发展归宿的价值内涵来看，何启和胡礼垣强调了大同世界至公的本质。传统儒家学说的终极理想社会不外是"三王之治"或"天下大同"。按照儒家思想家的描绘，在这种终极理想社会里，选贤兴能、道不拾遗、人无私产等等都是可以实现的。从"至公"这个角度来看，早期改革派的大同

---

① 郑大华点校：《新政真诠——何启胡礼垣集》，第356—357页。

价值理想没有太多的创造性内容。

早期改革派强调大同世界的价值观的统一性。"大同之治必有可期,他日世界清平,环球各帮安知其无统一归宗之日?"①这些议论,表达了他们盼望未来的世界大同,开创"同文同轨之盛业"的一种愿望和信念。王韬作《六合将混为一》称当今之世是分离之象,分离最终要走向大一统,而世界大一统的基本价值是来源于中国文化的纲常。"上下四方谓之六合,是统地球言之。……然道有盈亏,势有分合,所谓物穷则变,变则通,通则久者,此也。今者中外和好,几若合为一家,凡有所为,必准万国公法,似乎可以长治久安,同享太平之庆矣。而不知此乃分离之象,天将以此而变千古之局,大一统之尊也。盖纲常则亘古而不变,制度则递积而愈详,若听其各域一隅,各长一方,不复知有圣教,三纲沦而五常嶪,甚非天心之所忍出也。"②关于王韬所理解的纲常的内容和时代意义,需要结合他的思想整体来考察。他所说的纲常具有人伦关系的含义。这些说法表达了思想家的理想和希望,以及对中国文化前景的人文体认,强调国家的尊荣,文化的神圣,具有一定的人文精神。这一点使其成为后来大同思想的重要开端。近代早期改革派的世界大同思想对后期改革派有很大的影响。王韬的未来图式同样也是一种文化界限,只不过这种界限来自中国传统文化。近代早期改革派的大同思想包含着对中国社会和文化的未来的信心和期待,其核心依然是中国文化的优越性,但这个文化必然是符合道的文化。后期改革派赋予了大同思想以人文主义的内涵,强调宣扬拔除众生的苦难,具有浓浓的人道主义色彩。王韬等的"大同"思想与康有为相比并不包含康有为乌托邦中所充分展开的人类进步观念。康有为的

---

① 郑大华点校:《新政真诠——何启胡礼垣集》,第52页。
② 王韬著,陈恒、方银儿评注:《弢园文录外编》,第218页。

"大同"来自公羊学派的解释,并且具有很强烈的佛教内涵。康有为强调政府必须不断地适应变化的社会条件,借此为改革辩护。尽管王韬的"大同"思想可能受公羊派思想的影响,王韬却从未以任何明确的方式承认自己属于公羊学派。柯文认为王韬的"大同"思想的主要灵感之源根本不是来自儒学,而是来自西方。这也表明了王韬大同思想中某种新的时代内容。早期改革派往往运用"天下大同"的观点,曲折地证明学习西方的必要性和必然性。近代早期改革派理解的终极社会具有鲜明的时代内容。在早期改革派的世界大同的价值理想当中,包含着一定的民族性和全球性之间的矛盾性。

在早期改革派对大同世界的规定中,包含着一定的历史认识论内涵。何启和胡礼垣对"同人"进行了认识论的解读。"同人"和"大同"的意思就是要从"同"而不是以"异"的角度对待他人和他国。

在大同世界的几个规定性中,客观事实的规定性对价值的规定性具有一定的决定性意义。王韬写道:"吾向者曾谓:数百年之后,道必大同。盖天既合地球之南朔东西而归于一天,亦必化天下诸教之异同而归于一源。"① 文化价值的大同是建立在地理、经济等的客观变化的基础上的。在早期改革派对大同世界的规定中,包含的历史事实论内涵的主要内容是什么呢?

何启和胡礼垣认为天下通商,往来不禁,正属同人之象。王韬在其《变法》篇中认为天心变于上,则人事变于下,天赋予西方以智慧,开西方人心,制造器械,发展商业,挟其所有以傲我之所无,张其炫耀,肆其欺凌,相轧以相倾,举海外数十国悉聚于一中国之中,几乎六合为一国,四海为一家门,天心导我以不容不变,人事迫我以不得不变。中国必须学习西方成一变之

---

① 王韬著,陈恒、方银儿评注:《弢园文录外编》,第51页。

道。近代以前，不论是"三王之治"，还是"天下大同"，其社会的基本特征却仍然是农业社会的自然主义和地域主义。早期改革派则不同，其终极理想虽仍借用"三代"或"大同"来概括，但它是实现了"万国相通"和"工商为本"的社会。近代早期改革派的大同世界的理想具有很强的超前意识，是对全球化趋势体认的结果。近代早期改革派的大同思想是建立在一定的科学事实的基础上的，体现了科学的精神。孙中山强调民生、民权、民有、民治、民享的"公天下"，统一民生主义、社会主义、共产主义、大同主义，达到世界和平。这一认识以对世界全球化趋势的客观判断为基础，对事实的重视超过理想的追求，具有科学主义的内涵。这一价值取向和早期改革派是一致的。

三　中外联属之天下

早期改革派对中国自强的看法是建立在对世界局势的客观认识的基础上的。历史哲学问题可以在宏观上分成历史本体论、历史认识论和历史价值论三个方面的大问题。历史哲学要解决和回答的问题首先就是历史本身是什么和怎么样的问题。这个问题在西方学术界称之为历史本体论或历史形而上学。它是历史事实的哲学，是历史本质的理论，它探讨历史要素、动力和合规律性，并试图以世界观的方式解释历史。其次则是历史是否可以认识以及如何才能认识的问题。这就是历史认识论的问题。它考虑历史认识的前提、基本概念和方法。人们把它叫做历史科学的逻辑或作为形式的历史哲学、批判的历史哲学。再次是历史有无价值和目的、有无进步，历史对人有什么意义以及如何认识历史的意义的问题。早期改革派没有自己系统的关于历史认识论的学说。但这个派别有自己的不同以前的思想家的认识历史的认识论框架，有着自己认识历史的逻辑。世界全球化趋势的发展和冲击提出了重新认识天下和历史的必要性,也对中国传统的天下观和历史观提出了挑战,传统的天下观和历史观变得不合理了。要达到对历史的正确认识,必须解决传统的天下观和历史观作为一种历史认识的模型和认知范式的合理转换的问题。早期改革派所作的转换主要表现在如下几个方面。

1. 历史地理论

主要表现为由华夏地理中心论到大洲万国之一论的认知范式的转换。传统历史观持有华夏中心主义的地理观念。"若我中国,自谓居地球之中,余概目为夷狄,向来画疆自守,不事远图。"① 近代早期改革派改变了这个观念,持有中国为万国之一国的观念。冯桂芬在《校邠庐抗议》中指明:"神州者,东南一州也。今则地球九万里……据西人舆图所列,不下百国。"② 西方不是夷,在地理上不是中国的边缘。薛福成《应诏陈言疏》说:"自古边塞之防,所备不过一隅,所患不过一国,今则西人于数万里重洋之外,飙至中华,联翩而通商者不下数十国……牵一发而全神俱动。"③ 薛福成这一认识有着新的地理观作基础:"余少时亦颇疑,六合虽大,何至若斯辽阔? 邹子乃推之至于无垠,以耸人听闻耳。今则环游地球一周者,不乏其人,其形势方里,皆可核实测算。余始知邹子之说,非尽无稽;或者古人本有此学,邹子从而推阐之,未可知也。"④ 王韬于 19 世纪 70 年代

---

① 夏东元编:《郑观应集》上,上海人民出版社 1982 年版,第 67 页。下同,从略。
② 冯桂芬著,戴扬本评注:《校邠庐抗议》,第 209 页。
③ 徐素华选注:《筹洋刍议——薛福成集》,辽宁人民出版社 1994 年版,第 41 页。下同,从略。
④ 薛福成撰,安宇寄点校:《出使四国日记》,湖南人民出版社 1981 年版,第 11 页。

撰写《论地球仅得二大洲》一文,也将东西半球的五大洲视作两大洲。郑观应指出,如今外国列强争逐海上,就像战国七雄,中国若仍然自谓居地球之中,余概目为夷狄,是极不合时宜的。郑观应《论公法》称:"夫地球圆体,既无东西,何有中边。"①他们认为中国应放弃华夏中心的陈旧地理观念,让封闭的中国走向世界。早期改革派思想家曾出使或游历过国外,对世界地理观念有着深切的亲身体验,这从他们的使西日记或游历日记及外国史的著述中可以反映出来。地理视野的开阔带来了他们整个世界观的巨大变化。

2. 历史现状论

早期改革派在近代比较早地实现了由地域历史向世界历史的认知范式的转换。传统的历史观虽然承认"四夷"的存在,但由于其文明未开,是谈不上什么历史的。因此传统的历史观基本上描述的是中国单一的国家和民族的历史,而不是"世界"的历史。但这不意味着传统的历史观不能描述和解决"世界"的历史问题。以儒家历史观为主导的传统历史观产生于春秋战国时代,面对多个诸侯国的竞争,王与霸、德与力的讨论本身就是面对一个小的"世界"的历史的。早期改革派继承了这一可用的思想资源,对儒家思想进行了世界历史式的解释,比较早地在"世界历史"的前提下提出和研究历史哲学的问题。这在他们对全球化趋势的认识中得到了鲜明的体现。近代早期改革派,反对夷夏之辨,提出了新的对世界的看法,对历史进入世界历史的阶段进行了初步的描述,并初步地说明了世界进入世界历史阶段的动因。早期改革派已经认识到了,国与国之间形成了紧密的一体化的关系,初步地认识到了历史已经进入世界历史的阶段,并认

---

① 夏东元编:《郑观应集》上,第67页。

识到了世界历史形成的原因，使早期改革派对历史的思考具有了一定的近代的性质。

冯桂芬认为："顾今之天下非三代之天下比矣"①。冯桂芬所讲的"夷"已经是一个重要的、甚至很多方面比中国还要好的对话伙伴。而冯桂芬也顶多认为经过自强可以成为"地球中第一大国"②。郭嵩焘则清楚地意识到"西洋之入中国，诚为天地一大变"③。王韬认为近代全球化已经初具形态。"故谓六合将混而为一者，乃其机已形，其兆已著。"④薛福成生平最注意观察世界大势，他认为近代的地球是"万国相通之世"⑤。这一历史认识范式的转换使他们描述历史规律和价值时不再局限于单一的中国的历史发展规律和未来前景，具有了更深的世界历史的意义。

3. 历史动因论

是什么因素推动人类历史变成了全球的历史呢？从早期改革派的相关论述来看，早期改革派主要关注的是科学技术、现代工业和商业因素。

薛福成描述了中国历史演变为世界历史的过程。中国从鸿荒变文明，封建变郡县，"嬴秦以降，虽盛衰分合不常，然汉、唐、宋、明之外患，不过曰匈奴，曰突厥，曰回纥、吐蕃，曰契丹、蒙古，总之不离西北塞外诸部而已。降及今日，泰西诸国，以其器数之学，勃兴海外，履垓埏若户庭，御风霆如指臂，环大地九万里，罔不通使互市。虽以尧、舜当之，终不能闭关独治。而今之去秦、汉也，亦二千年，于是华夷隔绝之天下，一变为中外联

---

① 冯桂芬著，戴扬本评注：《校邠庐抗议》，第209页。
② 同上书，第197页。
③ 杨坚点校：《郭嵩焘诗文集》，岳麓书社1984年版，第225页。下同，从略。
④ 王韬著，陈恒、方银儿评注：《弢园文录外编》，第219页。
⑤ 徐素华选注：《筹洋刍议——薛福成集》，第92页。

属之天下"①。薛福成认为变局的来临是天时所趋。薛福成还用南洋诸岛归为英荷西班牙的外府的具体地理情势的变化说明这个总体的认识。

王韬指出:"今日欧洲诸国日臻强盛,智慧之士造货轮舟车,以通同洲异洲诸国,东西半球足迹几无不遍,穷岛异民几无不至,合一之几将兆于此。"② 王韬还说:"至今日,而泰西大小各国无不通和立约,叩关而求互市,举海外数十国悉聚于一中国之中,见所未见,闻所未闻,几于六合为一国,四海为一家;秦汉以来之天下,至此而又一变。"③

薛福成和王韬所看到推动全球化的主要有三个方面的强力因素:科学技术、机械、商业。全球化和西洋各国勃兴的依据在于科学和技艺的精良,在于商业的发展兴旺。其中机械提供了必要的交通条件,商业则是具体推动世界一体化的力量。而其根本在于西方的科学的发展。

四 中国自有常尊

由于推动全球化发展的力量主要来源于西方,自然西方就是全球化趋势的主导者和受益者。在这种情况下,中国如何才能在复杂的国际局势下保持自己的生存和谋求良好的发展前景呢?对全球化趋势的自觉认识和采取主动的应对措施是非常必要的。

1. 不得不然
在这个变局中中国该如何自处呢?根本上是要适应这一历史

---

① 徐素华选注:《筹洋刍议——薛福成集》,第88—89页。
② 王韬著,陈恒、方银儿评注:《弢园文录外编》,第36页。
③ 同上书,第43页。

变化的新趋势。王韬非常自信地指出:"天时人事,皆由西北以至东南,固水必以轮舟,陆必以火车,捷必以电线,然后全地球可合为一家,中国一变之道,盖有不得不然者焉。不信吾言,请验诸百年之后。"[①] 中国也必然会纳入到全球化的历史洪流之中,这是不以人的意志为转移的客观规律。

2. 有利有害

全球化的本质及中西方的处境如何呢?近代早期改革派对西方列强入侵中国和全球化大势的实质有着相对全面的认识。一方面,全球化是一种客观的趋势,带有一定的普世性,是不以人的意志为转移的;另一方面,作为全球化推动者的西方列强却是抱着自己的私利的。郭嵩焘认为西方列强的最初目的是通商渔利。全球化对中国而言,有利有害。薛福成认为:"泰西诸国立约以来,大抵于中国有利有害。利则通有无以裕税饷,得利器以剿强寇,此中国之大益也。害则洋烟不禁,渐染日广,传教通行,许其保护,此中国之大损也。窃尝较其轻重,要其始终,则所谓益者什一二,损者什八九,其利害之不能相抵也明甚。盖洋烟盛,则挠我养民之权,洋教行,则挠我教民之权,教养无所施,而国不可为国矣。此时局之变之尤可忧者也。"[②] 在薛福成看来,全球化之害多于全球化之利。"利"主要表现在中国可以获取通商获得的税饷,可以获得好的机械来抵御外国入侵维护国家安全。"害"主要表现在物质层面和思想层面两个方面。在物质层面上最浅近的就是鸦片损害了中国的"养民之权";精神层面的则是"洋教"损害了中国的"教民之权"。而这两点则是涉及国家的根本的问题。这说明,薛福成看到了全球化给中国带来的危机,

---

① 王韬著,陈恒、方银儿评注:《弢园文录外编》,第92页。
② 徐素华选注:《筹洋刍议——薛福成集》,第22—23页。

包括物质危机和精神危机两个方面。自然,早期改革派思考中国自强的问题就不会仅仅局限在物质层面来思考,而是要进行全面的思考。近代早期改革派对资本主义全球化对中国社会的得失利弊和中国社会的危机有着相对清醒的认识。一方面西方列强代表了先进的文化和生产力,代表了历史的必然性,西方的到来,对中国跟上历史的步伐有着巨大的促进作用;但同时也对国家的独立和主权及领土完整、对民族文化的存在和延续,构成了巨大的威胁。尤其是先进和落后两种不同社会制度相遇时这个难题就更加难以解决。

3. 未亡已见其危

利弊关系整体权衡的结果使早期改革派认识到中国实际上处于危机状态。何启、胡礼垣认为:"是中国之国虽未亡已见其危,虽未丧而已近于废";"故曰未亡而已亡,未丧而近废也"[1]。近代早期改革派的危机和忧患意识是非常强烈的。对主体处境的忧患是他们理论的动因。王韬说:"古人著述,大抵为忧患而作。"[2] 由忧患而来的救亡图存的思想是近代中国有识之士的共同情感。

4. 知其然

早期改革派承认人是可以认识和改造历史的,历史是一个可为人理解的过程。重大历史事件绝不会偶然或无任何预兆就突然发生。但这种事件的原因却是长期酝酿所致,并且深藏不露,因此只有最富经验者才能洞见历史在特定时刻的运动方向,并适应历史发展的要求改变历史。王韬写道:"然而强弱之势已形见

---

[1] 郑大华点校:《新政真诠——何启胡礼垣集》,第321页。
[2] 王韬著,陈恒、方银儿评注:《弢园文录外编》,第352页。

者,何哉?则时为之也,有心人旷观往古,静验来今,而知天道与时消息,人事与时变通……由是观之,方张之机不可遏,始厉之锋不可撄。明者知者知其然矣。"① 历史是可以认识的,但合理的历史观要有着正确的历史认识论、历史认识的范式。"若夫拘于目前之见,狃于已然之迹,成败利钝,谓可逆睹,智取术驭,谓可长守,不审倚伏之机,不明顺逆之故,是犹醯鸡处瓮,别有一天,夏虫语冰,莫微知著之士,上稽天道,下悉民情,按诸中外古今之事,乃足以语之,而非徒可以口舌争也。请以此言,验诸来者。"② 在一个相对合理的历史认识框架的指导下,早期改革派对历史发展的规律进行了具有现代意义的探索。

5. 变人事

冯桂芬认为"今者,诸夷互市,聚于中土,适有此和好无事之间隙,殆天与我以自强之时也,不于此急起乘之,只迓天休命,后悔晚矣。"③ 王韬认识到全球化对推动中国社会进步提供了难得机会,祸中包含着"福",尽管转祸为福需要很多当时并不具备的条件。"然则何以待之?曰:莫如师其所长。盖天道变于上,则人事不得不变于下。易曰:穷则变,变则通。此君子所以自强不息也。"④ 对于中国而言,全球化正是中国用以实现世界大同的有力武器。"凡今日之挟其所长以凌制我中国者,皆中国之所取法而资以混一土宇也。至于战舰失其坚,火炮失其利,财用无所行其计,器械无所擅其长,陆詟水栗,奔走偕来,同我太平,然后此言验矣。"⑤ 西洋诸国之勃兴,是亘古以来未有之

---

① 王韬著,陈恒、方银儿评注:《弢园文录外编》,第303—304页。
② 同上书,第219页。
③ 冯桂芬著,戴扬本评注:《校邠庐抗议》,第199页。
④ 王韬著,陈恒、方银儿评注:《弢园文录外编》,第303—304页。
⑤ 同上书,第219页。

奇局。中法战争期间，郭嵩焘写道："迎其机而导之，即祸有所止，而所得之奇巧转而为我用，故可以情遣也。"①

薛福成并没有简单地停留在必然的不可抗拒的天时地理的演变来说明全球化的历史进程，更多地看重人事的动因。中国遭遇的变局是由于西洋各国国力的膨胀导致西洋各国势力的东渐。"西人之始至也，非敢睥睨中国也。曩者禁烟之役，既以发之骤而启衅；衅作矣，彼犹惧天威之不测，未敢狡焉以逞也。忽而罢兵弛禁，且偿其货以骄之；继而倏战倏和，茫无成议，以致战则丧师，和则辱国。于是中国之情实，历历在西人之目，索地索币之师，纷然狎至，而粤寇乘之以起。"②

6. 谋自强

早期改革派给近代中国开出的药方的基点是自强。冯桂芬主张自强。"如耻之，莫如自强。"③ 王韬指出："立国以自强为先，在乎己者能有恃以无恐，而其余自无不举矣。"④ 王韬写了《变法自强》详细地论述了自强之道。马建忠、郑观应、郭嵩焘、何启、胡礼垣也都主张自强。早期改革派所说的自强包括经济自强、文化自强、外交自强、军事自强、政治自强。自强并不排斥学习西方，反而要通过学习西方，通过改革开放实现自强。

王韬在《论宜设商局以旺商务》中也认识到商务是西方列强掠夺中国利权的基本手段。王韬早年还把西学东渐、中外贸易等与西方侵略相提并论，反对中外相通；强调中国的特殊性和中西学差异，美化中学，但后来改变了这一认识。近代早期改革派

---

① 杨坚点校：《致李傅相》，《郭嵩焘诗文集》，第214页。
② 徐素华选注：《筹洋刍议——薛福成集》，第19—20页。
③ 冯桂芬著，戴扬本评注：《校邠庐抗议》，第197页。
④ 王韬著，陈恒、方银儿评注：《弢园文录外编》，第106页。

已经对资本主义掠夺和全球化的一般的客观历史大势的实质有所区分和认识,但还缺乏更深入的分析。但这一认识给正确地处理和西方的关系提供了认识基础。在全球化进程中西方富强了。那么富强的根源是什么呢?除了器物、商业、政教等原因外,根本的还是"学"。"泰西之强强于学,非强于人也。"①

7. 倡实学

近代早期改革派对中国危机认识的基本心路历程是:军事—外交—制造(器物)的危机—商业(经济)—政教—学术。在近代早期改革派看来,中国近代在自然的器物方面还存在着一定的优势,但在人造的器物—西方火船、铁路、枪炮、电器、纺织机等等"艺器"方面则全面落后了。中国的茶、造纸、纺织等传统的优势项目都遇到了前所未有的挑战。认识到器物危机也不是很初级的思想。器物的发明和创造本身就是生产力的代表,是包含着一定的观念和知识前提的,内蕴着一定的文化。把器物和文化观念相割裂,本身就是缺乏唯物史观素养的表现。在后来思想家把一切都归结为文化的文化史观倾向的笼罩之下,本来对器物和生产重视的合理性被掩盖了,传统的文化和道德本位论占据了近现代思想史研究的上风。要解决国家的危机不是不要器物,而是如何更好地发展器物,对制度和文化的思考如果不归结到这个问题上来是没有任何意义的。也许正是基于这样的思考近代改革派才没有局限于军事器械本身,他们考虑的是如何使器物的创造、使用更加长久和普遍。

早期改革派不仅仅认识到中国社会面临着器物的危机。他们想到的是制造器物的人,想到的是器物背后的技术和学术。中国

---

① 郑观应著,王贻梁评注:《盛世危言》,中州古籍出版社1998年版,第76页。下同,从略。

的经济和政治关系面临着危机；中国文化，包括科技、伦理等等都有不如西方的地方，从根本上制约了中国的发展。冯桂芬已经认为中国在生产力（人无弃才，劳动力的充分运用；地无遗利，劳动对象的开发）、政治关系（君民不隔）、学术文化的基本精神（名实必符）和学术内容（西学，主要是自然科学）方面真的不如西方了。"夫所谓不如，实不如也，忌嫉知无益，文饰之不能，勉强之无庸。"① 中国为什么会出现这种情况呢（彼何以小而强，我何以大而弱）？冯桂芬认为不是因为中国的自然条件（天时、地利、物产）不如西方，而是社会历史和生产的主体人不如西方（必求所以如之，仍亦存乎人而已矣）。冯桂芬并没有抽象地理解人，不是自然的人不如西方（非天赋人不如也），而是人自己，人的主观能动性（人自不如也），人的思想和社会的经济、政治、文化及其制度（人的社会存在）等不如西方（生产力、政治关系、文化精神等）。郭嵩焘、薛福成、马建忠、王韬、郑观应等人不断地丰富和发展冯桂芬的认识，不如西方的范围逐渐扩大和明晰，也更接近事实，包括中国引以为豪的"三纲五常"，伦理精神也受到了质疑和重新思考，并自觉地在旧的口号下进行了内容的转换。政治制度仅仅是文化的物质外壳，其实质是思想。作为生产关系的制度，虽然本质上是客观的，但同时也是一种思想关系。早期改革派从人口问题、提高劳动者的素质、扩展劳动对象、提高工艺科技水平入手本身抓住了生产力的根本问题；对商业的重视，对现代企业形式的探索更是回答了生产关系的问题；对政治制度和体制的研究触及了上层建筑的根本问题；对其中包含的观念的研究更是真正的哲学文化问题。他们虽然没有像马克思那样总结出一些历史的规律来，但毕竟在哲学的科学化、实证化方面作了一些探索。近代早期改革派

---

① 冯桂芬著，戴扬本评注：《校邠庐抗议》，第198页。

与流行的观念认为中国文化尤其是礼乐教化远胜于西方的看法大相径庭,认为近代的现实的中国正全面处于弱势,现实的中国文化传统正面临着前所未有的危机。

全球化历史趋势是圣人都不能违背的,但大智者可以也应该与时推移,自觉认识这个大势,改变无所适从的状况,寻找应变之计。事变无穷,圣人御变之道也是无穷的。生产和市场的全球化趋势,各国通使已属不可抗拒的趋势,已经不可能回到闭关独治的状态。因此中国就必须寻找应对全球化的办法。

中国自强之路何在?中国如何才能摆脱危机?是否要学习西方,是否应该看到西方承载的必然性和人的主观能动性中的积极因素?中国的危机是什么危机?对于早期改革派来说,最难以释怀的问题就是对西方富强的原因的追问和对中国自强之路的探索。这两个问题是密切联系在一起的。前者是沿着由器物到学术的思路追问;后者则沿着学术到治术的心路构思。"然则欲与之争强,匪徒在枪炮战舰也,强在学中国之学,而又学其所学也。"① 近代早期改革派把"学"看做是本。郭嵩焘认为政教是本,其他如商业、军事等是末。教的问题涉及学术的问题。郑观应说:"论泰西之学,派别条分,商政、兵法、造船、制器,以及农、渔二牧、矿诸务,实无一不精,而皆导其源于汽学、光学、化学、电学,以操御水、御火、御风、御电之权衡,故能凿混沌之窍,而夺造化之功。"郑观应认为:"学校者,造就人才之地,治天下之大本也。"② 郑观应把学看做是致富自强的根本。"末不能离本,用不能离体,为学以实,富强之事乃兴,求才以诚,富强之功乃立。"③ 近代早期改革派对危机的认识是相当全

---

① 郑观应著,王贻梁评注:《盛世危言》,第76页。
② 同上书,第60页。
③ 郑大华点校:《新政真诠——何启胡礼垣集》,第7页。

面的,相应的,他们对解决危机的方式方法的思考就不是单一的。他们没有局限在军事的层面上来考虑问题。他们提出的根本的解决方式很多。在这些论述当中还是可以理出一个线索来的,这就是以人为落脚点和前提、出发点,以"学"(思想上层建筑,哲学、文化、伦理、宗教、教育体制等)为基础,全面进行生产力(包括人、对象、管理、教育、技术)、生产关系(包括流通、所有制、体制等)、政治上层建筑(政治制度、国家观念、外交等)进行改革和现代的重塑。对上述问题的思考使他们力图实现传统人文主义与西方近代人文主义的接轨,复兴传统文化的科学因素,学习西方的科学及其实证的精神,构筑全面的涵盖近代人文和科学精神的思想体系。

近代早期改革派的思想包括了哲学、自然社会科学和具有传统色彩的经世致用的学说。早期改革派的思想可以分为哲学文化层面(学术)和意识形态层面的作为治国之道的社会层面的经世致用之学(治术)。并且这几个层面是统一不可分割的,前者是后者的基础。早期改革派的学术观念很多融合在关于具体的社会政治等的论述之中。但他们自觉地进行了一些剥离。在仅有的较为体系化的著作,如《弢园文录外编》《盛世危言》《新政真诠》中我们可以清晰地发现思想家自身对自我思想体系化的努力。在这种努力中,我们发现了他们已经有意地把学术放到首先要考虑的位置上了。在《校邠庐抗议》那里,表现为中国:政治—经济—文化教育和学术—军事;西方:军事—外交—学术的思想脉络。中西方的融合度还不高,思想关注的重心和顺序是政治重于学术。郭嵩焘没有系统的思想著作,但观点是清晰的。这就是学术(生出)—(出于)政教;制造和通商(本);—外交—军事(末)。在薛福成的一系列论述中可以看出一个"实学"的主线,1864年的《选举论》上和中就再明显不过了。在《弢园文录外编》中也有着一定的顺序:学术—文化教育—政治—经济—外交。《盛世危言》则清晰地按照学术教育—政治—外交—经济—军事的顺序加以排列。《盛世危言》在学术教育篇章中明确提出了兴实学的主张。早期改革派对学术的关注实际上是由对政治等的关注引起的。

近代早期改革派对学科和传统文化结构的近代化进行了一定的探索。薛福成专门写作了《学术治术在专精说》力图使学术专门化。薛福成从古代治术的专门化特征中,引出对时文帖括浮泛无用之感慨。以中国的治术专门化传统与西方的科学分类法以及治术(社会分工的发展)的专门化相比附。这种比附显示了某种思考的方向:对中西学术和治术进行结构的整合。这种整合首先要对治术(文化传统)和学术(传统文化)进行划分。这种划分在近代早期改革派那里已经进行了,但还常常把二者混在一起谈。早期改革派没有局限在对学术和治术的剥离,也就是学术专门化的水平,还对学术自身的问题以及如何才能为治术提供文化观念的支持和动因进行了思考。这种思考使他们也有着自己独特的学术方面的贡献。

作为一种纯学术的思想构建在早期改革派那里应该说还是很初步的。但初步包含着原始的完满。在早期改革派看来,中国文化的近代危机并不意味着中国文化从根本上失去了应对西方和实现现代发展的价值。中国传统文化的价值依然是至上的,西方的成功不是和中国传统文化全面对立和差异的结果,而是中国传统文化内蕴的合理精神的逻辑和历史的阐扬。因而中国传统文化本身就包含着现代和适应西方文化的因素。这个因素就是现代性。因此中国文化还是存在着自己的优势的。中国文化存在着走向全球文化的可能性和现实性。中国也不会因为全球化的发展而失去自己存在的合理性。他们提出了"正学""实学"等学术主张,并对学术本身的很多问题进行了探索。早期改革派的思考概括起来有如下方面:中国社会文化的目标和理想是大同和六合混而为一；实现这一目标的道路是和平的全面的改革和开放通过学习西方实现自我发展的内在性道路；这一道路要以实事求是为指导思想，以道器体用合一为基本的方法和路线指引，以正学为根本。

早期改革派的思想包含着全球化的基本取向，也包含着民族化的取向。其思想的民族主义主要表现包括两个方面。其一是近代爱国主义的历史认识论和价值论的结合。近代早期改革派的历史认识论的精神实质是爱国主义。但这个爱国主义和传统的爱国主义存在着巨大的差异。首先是，国的理解的不同。具体体现在国已经不是天朝大国的"国"，而是世界多元的文化地理中的一个有着独特文化的、普通的甚至落后的一员。他们放弃了旧式的"天下"观念（中国即世界），而接受了更具相对性的世界观念（中国是一个民族，是众多文明中的一员）。与此种世界观转变结伴而来的，则是强调民族竞争。其次是，爱国不再与维护专制制度密切结合。早期改革派提出"君民共主"的问题，使爱国的内容从皇帝江山变而为具有资产阶级政权属性的东西。近代早期改革派的爱国是和改革开放结合在一起的。他们也主张反对侵略，维护国家的主权和平等，但他们能够对全球化的趋势进行一定的区分，看到其侵略的害处的同时，也能看到益处，主张开放，学习西方。他们认为，达到富强的最具决定性的因素在于中国人民与统治者之间能建立一种新型关系。这种关系的标志首先是共利观念和认同感。这在政治上就转变为一种民族观念。只有在民族观念形成之后，国家主权的侵犯才能唤起人们的耻辱感。早期改革派主张结束苦力贸易、废除治外法权、恢复中国主权。他们在文化上同样有民族主义的倾向。近代早期改革派主张采纳西学，相信此乃保存中国根本价值的需要，推动中华民族的进步富强这一终极目的的需要。近代早期改革派埋头于从事重新确定价值取向的过程中。当其他人坚持中国必须采取新方法维护旧信仰时，他们不明显地、也许甚至是不自觉地暗示信仰本身应作改变，以保证中国的生存；他们把孔子看做潜在的改革者；他们淡化了"道"的中国意义，深信"道"是各地文明人的共有特性。近代早期改革派的民族主义与极端保守主义不同，是对西方和对国人对西方的反应的双重反应。他们更表现出开放主义和世界主义的某些特点。他们与保守派的排外主义不同，对西方的强盛十分崇敬，主张稳重节制，依靠外交手段解决问题。

第二章 "泰西"价值的全面发现

在早期改革派那里，西方的经验构成了他们观察中国社会和中国问题的一个基本的参照系，要想了解这个派别的基本的价值观，弄清他们对西方价值的肯定和价值选择就是无法避免的问题了。从对西方经验的借鉴而言，早期改革派应该是近代第一个全面地肯定西方价值并作为自己的价值观的基本要素的思想派别。早期改革派思想家在西方的社会生活中发现了某种新的价值取向，这些取向是那样合逻辑地与这些思想家固有的价值追求相吻合，以至于在他们那里感觉不到这些价值已经是一种全新的现代价值观了。在这种情况下，阐发这一派别如何用西方经验来解释中国，用中国经验来理解西方这一问题就不仅仅是使用中西经验互相阐释的方法论的必然要求，而是和研究对象和研究内容相吻合的一种说明方法。早期改革派的西方视野是带着中国的内容的，但这些中国的内容又在很大程度上受到了西方经验的修正，从而表现出一定的复杂性和多元性、开放性。这种情况使得我们研究中国近现代的思想家的思想面临着很大的困难。在这里，作者尝试从早期改革派改革社会的观点入手来考虑他们改革社会的主张中对西方经验的借鉴这一问题。

如何对待西方呢？早期改革派对几种在他们看来有问题的对待西方的态度和方法进行了批判。主要是：（1）妖魔化。这种看法不加分析地丑化西方，以诟毁洋人为快，不注重求知。心思智虑趋于浮嚣，不实事求是，无法拿出实际解决问题的办法。

(2) 狭隘功利主义的实用化。这种态度往往从个人私利的角度偷偷地学习西方，在口头上和表面上反对学习西方。郭嵩焘指出："窃谓中国人心有万不可解者。西洋为害之烈，莫甚于鸦片烟。……中国士大夫甘心陷溺，恬不为悔。……钟表玩具……呢绒洋布之属……洋钱……漠然无知其非者。一闻修造铁路、电报，痛心疾首，群起阻难，至有以见洋人机器为公愤者。……是甘心承人之害以使朘吾之脂膏，而挟全力自塞其利源。蒙不知其何心也！……而用其嚣张无识之气，鼓动游民，以求一逞，官吏又从而导引之。宋之弱，明之亡，皆此嚣张无识者为之也。"① 郭嵩焘认为出现这种情况的原因在于不明理。

(3) 浪漫化和理想化。这种态度过于美化西方，对西方列强及其文化的本质缺乏辩证的分析。如近代也有些人聊以自慰地认为："彼既与我和好，未必遽蓄狡谋。"② 对此，薛福成指出：列强是"贪得无厌"的，中国数十年的沉痛教训说明，"彼既撤我藩篱，稍久必窥堂奥"；如今的中国正处在欧洲强国"四面环逼"的困境之中，"今欲以柔道应之，则启侮而意有难餍；以刚道应之，则召衅而力有难支；以旧法应之，则违时而势有所穷；以新法应之，则异地而俗有所隔。交涉之事，日繁一日，应付之机，日难一日，诚不知何所底止矣"③。尽管如此，薛福成还是希望能够在危境中找到中国社会生存和发展的道路。

(4) 衰弱论。薛福成无情地驳斥了国内某些权贵们尚存的侥幸心理。如有的人认为："彼虽盛于一时，终将衰于异日。"④ 薛福成依据自己的考察新知斥责道，西方列强的"图治之原，

---

① 杨坚点校：《郭嵩焘诗文集》，第189—190页。
② 丁凤麟、王欣之编：《薛福成选集》，第500页。
③ 同上书，第501页。
④ 同上书，第500页。

颇有条理",它们的发展势头不仅没有衰息,尚处于"炎炎之势",也就是还处在蒸蒸日上的发展阶段。具体表现在:"今其制胜之术,屡变益精","新艺迭出,殆无穷期",这些都证明西方尚处于"恃强逞威"的发展阶段,预卜它们"终将衰于异日",未免言之过早。

早期改革派在对上述态度和方法进行批评的基础上提出了如下一些主张:(1)知洋情。知洋情包括客观了解西方的情况,也包括知道和了解西方哪些方面值得中国学习和借鉴。郭嵩焘强调求洋情的合理性。郭嵩焘指出:"能知洋情,而后知所以控制之法;不知洋情,所向皆荆棘也。"[①] 求洋情是爱国自强的时代需要:"能通知洋人之情而后可以应变,能博考洋人之法而后可以审机。"[②] 郭嵩焘指出,知洋情,最根本的是学习西方的实事求是,并实事求是地运用于中国。"然知洋情之为然,而不知测知中国之能行与否以求得其所以然,殆犹知彼而不能知己者也。……实事求是,西洋之本也。"[③] 也就是主张一种中国特色的走向全球化的道路。

(2)鉴诸国。冯桂芬把"师夷"与"变法"联系起来,为中国近代开放与改革相结合的思想开启了方向。他的开放思想是"法后王"与"鉴诸国"相提并论,他说:"'法后王,为其近己而俗变相类,议卑而易行也。'愚以为在今日又宜曰'鉴诸国。'诸国同时并域,独能自致富强,岂非相类而易行之尤大彰明较著者?"[④] 他主张师夷"善法"以改革原有的"不善"之法,认为"法苟不善,虽古先吾斥之;法苟善,虽蛮貊

---

① 《郭嵩焘日记》第3卷,湖南人民出版社1982年版,第11页。下同,从略。
② 杨坚点校:《郭嵩焘奏稿》,岳麓书社1983年版,第344页。
③ 《郭嵩焘日记》第3卷,第731页。
④ 冯桂芬著,戴扬本评注:《校邠庐抗议》,第211页。

吾师之"①。

（3）灌输论。早期改革派思想家中这种主张的代表人物是容闳。容闳说："予意以为，予之一身既受此文明之教育，则当使后予之人，亦享此同等之利益，以西方之学术，灌输于中国，使中国日趋于文明富强之境。予后来之事业，盖皆以此为标准，专心致志以为之。"②

（4）他者视角。比较难得的是早期改革派形成了对待西方文化的一种他者视角，如他们用西方文明的观点看待中国。"盖西洋言政教修明之国曰色维来意斯得（civilized，文明的），欧洲诸国皆名之。其余中国及土耳其及波斯曰哈甫色维来意斯得（half-civilized，半开化的）。哈甫者，译言得半也，意谓一半有教化，一半无之。其名阿非利加诸回国曰巴尔比里安（barbarian，野蛮的），犹中国夷狄之称也，西洋谓之无教化。三代以前，独中国有教化耳，故有要服、荒服之名，一皆远之于中国而名曰夷狄。自汉以来，中国教化日益微灭，而政教风俗，欧洲各国乃独擅其胜，其视中国，亦犹三代盛时之视夷狄也。中国士大夫知此义者尚无其人，伤哉！"③ 在这些认识的基础上，早期改革派对西方经济的、政治的、文化生活的多个方面的内容进行了价值反思，提出了许多有意义的主张。

一 民富国强："泰西"富强的基本经验

早期改革派关于中国社会合理化构想的具体内涵可以从

---

① 冯桂芬著，戴扬本评注：《校邠庐抗议》，第154页。
② 容闳著，沈潜、杨增麒评注：《西学东渐记》，中州古籍出版社1998年版，第89页。
③ 《郭嵩焘日记》第3卷，第439页。

《弢园文录外编》和《盛世危言》中看出来，主要有文化教育、经济、政治等方面的内容。他们社会合理化构想总的指针是"三代"和西法相结合的逻辑。构想的总原则和架构是道器兼备、本末兼治。关于构想的哲学层面的问题后面的相关章节会有比较充分的说明。薛福成《出使日记续刻》《闰六月初六日记》《闰六月二十七日记》《六月二十四日记》介绍了西国谋国之法、中国振兴商务、讲求工艺之法等，基本上反映了早期改革派社会构想的内容。概括起来看主要包括三个大的方面的内容："谋国之要有三：曰安民，曰养民，曰教民。"[1]

如果把教民定义为教育方面的话，涉及牖民衷（教算、绘、气、化等学）、讲求工艺（以格致为基）、讲化学以兴格致、养民耻、博物院等。其实就是科学，主要是自然科学教育和伦理道德教育。如果把养民看做是经济方面的话，涉及阜民财，包括尽地利（讲求水利、种植、气化之学，相当于科技兴国）；尽人力（各擅专门，济以机器，相当于机械化、工业化，开矿、通电线、设邮局报馆、筑铁路）；尽财力（兴公司、开银行、行钞票、清账项、定国家关口税、举商董、立商务局商部、立领事衙门、筹国家公货币、杜伪品，相当于培养组织化的公司市场主体，整顿市场秩序，加强国家对经济的宏观管理和支持等内容）；保民生（解决告退官员、老兵、幼小、失业等人员的社会保障问题）。如果把安民理解为政治方面的话，主要是通民气（用乡举里选以设上下议院）、选贤能以任庶事。并且提出了创新的总体要求：趋时尚和"求新法以至富强"[2]。本书基本按照薛福成所讲的思路把握早期改革派的社会改革思想。这些主张很

---

[1] 徐素华选注：《筹洋刍议——薛福成集》，第132页。其他内容见第133—135、147—148页。

[2] 同上书，第133页。

大程度上来源于西方，西方价值观已经成为这个派别思想的一个基本逻辑要素。

养民就是阜民财、厚民生，其核心是富民。柯文的《在传统与现代性之间——王韬与晚清改革》一书认为王韬的经济思想几乎全部专注于非农业的事情，王韬的志趣在于发展商业、推进经济现代化。王韬经济思想思考的出发点是近代经济，并主张全面的改革，在王韬改革思想压倒一切的目的是增进中国富强。中国富强这一价值目标既包含着传统儒家的终极价值的考虑，也有西方经验的体认。

早期改革派由于认为合君与民谓之国，因此逻辑的结论必然是：国富主要是民富，国强是民强。近代早期改革派的富强观是民富国强观。其基本观点是民富才是国富，求强以致富为先，二者是辩证的关系。郭嵩焘从英国的税法制分析了中西"富国"与"富民"的区别及其原因。他认为西方各国懂得先富民，并制定了许多利民的政策和做法，这些政策和做法再好，中国也无法实行，因为中国不是民主之国。由此郭嵩焘也深深感叹中国所谓求强、求富的洋务运动，"与西洋情势相距绝远"，"西洋汲汲以求便民，中国适与相反"①。中国只知"富国"，是因为"今言富强者，一视为国家本计，与百姓无与"②。加上百姓各怀私心，反对洋务的人加以阻挠，使得开矿等很难奏效。郭嵩焘批评"中国官民之气隔阂太甚。言富强者，视以为国家本计，与百姓无涉；百姓又各怀挟私意，觊觎其利而侵冒之。其持议论者，又各讼言其不利而阻挠之，一闻集股开办，远近闻风者皆得挟一说以起而与为难矣。数十年来举行矿务讫无成效，盖由此也"③。

---

① 杨坚点校：《郭嵩焘诗文集》，第254页。
② 杨坚点校：《郭嵩焘文集》，第255页。
③ 杨坚点校：《郭嵩焘诗文集》，第239—240页。

郭嵩焘还批评洋务派实践者的求富活动与民争利。他认为："天地自然之利，百姓皆能经营，不必官为督率。若经由官开采，则将强夺民业，烦扰百端，百姓岂能顺从，而在官者之烦费又不知所纪极，为利无几，而所损耗必愈多。若仍督民为之，则亦百姓之利而已，国家何恃以为富强之基乎？"① 在西方"但有能开利源，国家必力助成之，委曲使人共喻，人亦不疑其专利也。获利既厚，输税国家亦常丰。中国不然。其初尽力阻挠，而官不问。及稍得利，群起而争为之，互相侵夺，官亦不问"②。"强"是以"富"为先的："治国以富强为本，而求强以致富为先。"③ 二者是互相维系的，国力为商业财富提供保护，商业为国力提供财源，不富不能图强，不强不能保富。

二 "泰西"经济生活的价值启示

在古代中国，经济建设的指导思想是内在于各派思想家的思想之中的。其中影响较大的是儒家和道家、法家的关于经济的观念。对经济进行思考和经济哲学是中国传统哲学应有之义。老子及其《道德经》为代表的道家经济哲学思想是知足、不争、节俭、绝巧弃礼利、绝圣弃智、小国寡民。墨家主张交相利、节用、发展工商业。儒家主张富强、发展农业。对经济进行关注和思考是经世思想在近代的必然结果。作为一代经世的思想家，不可能不关注经济生活。早期改革派的经济思想蕴含了传统和现代、中和西的调适。经济竞争包含了广泛的文化

---

① 杨坚点校：《郭嵩焘诗文集》，第253页。
② 同上书，第254页。
③ 郑大华点校：《采西学议——冯桂芬马建忠集》，辽宁人民出版社1994年版，第125页。

和军事、政治意义。生产力和生产关系是客观的，但也包含了一定的文化内容，是在一定的文化观念的指导下进行的。文化内在于经济活动之中，显示了上层建筑的反作用。在近代，上层建筑对经济基础和生产力的阻碍已经达到了非常严重的程度。近代的经济难题有着深刻的政治和文化根源。从政治上讲，官办思想严重地制约着经济的发展；从文化观念和伦理观念上讲，传统儒家的经济观念和经济指导思想以及经济伦理严重地阻碍着经济的进步。如何为新的经济因素的健康发展开辟良好的文化和政治空间就成为早期改革派思考的重大的理论问题。这种思考也是他们得以超越洋务派的重要原因。在中国历史的大部分时间里，农业的合法性地位是高于工业和商业的，"崇本抑末"的观念是指导经济活动的基本思想。中国近代早期改革派要推动中国社会工业化和商业化的进程，必须给予工商业以合法合理的论证。

1. 市场经济和"商务之学"

根据马克思的基本观点，市场经济应该是人类社会不能绕过的一个历史发展阶段。不管各国曾经对这个问题采取了什么样的观点，但目前各国都无疑地把市场取向作为自己经济发展的基本动力。中国历史上的市场状况如何呢？市场是否也是中国社会经济发展的一个基本的动力呢？如果是，那么，中国的市场为什么没有能够像西方一样发展出自己的比较成熟的市场经济形态呢？西方的市场经验在哪些方面是值得我们学习和借鉴的呢？这些问题都需要经济史家去认真地研究和回答。

虽然这是一个十分重要的问题，但一些中西社会和经济史的著作，却没有很自觉地从这个问题入手来破解中西经济历史的谜团。在涉及近代中西经济的时候，这个问题虽然有所涉及，但显然论述的力度是不够的。《中国的现代化》《大分流——欧洲、中国及现代世界经济的发展》《转变的中国——历史变迁与欧洲经验的局限》《儒教与道教》《中国社会史》《在传统与现代性之间——王韬与晚清改革》等都是如此。

早期改革派的思维逻辑似乎是：中国要参与世界的市场经济，参与跟西方的经济竞争，如此才能免于落后。个人或者由个人组成的经济组织自身的利益要求，国家和政府谋求社会福利和强权政治都会促进经济的发展，并构成经济增长的动因。但两者之间往往是互相矛盾的。早期改革派通过自己的富强观协调了两者的关系。早期改革派从欧洲的经验中破解了这一理论和社会难题。郑观应指出："可知非富不能图强，非强不能保富，富与强实相维系也。然富出于商，商出于士、农、工三者之力，所以泰西各国以商富国，以兵卫商，不独以兵为战，且以商为战，况兵战之时短其祸显，商战之时长其祸大。"① 郑观应在此虽然不是明确地把"强"界定为国家层面的问题，把"富"界定为"民"的问题，但对"富"与"强"的关系的说明还是为处理"民"和"国"的在经济发展中的动因作用提供了一种理解的思路。《在传统与现代性之间——王韬与晚清改革》中认为王韬理所当然地认为改革的主动权来自政府，家长主义一直在中国近代改革者中蔓延不衰，为了推行经济的改革，必然要改革政府。这种说法有一定的合理之处，但也要看到，在"富"与"强"的逻辑结构中，包含着对民间变革力量的肯定，政府和国家只要进行一定的变革适应和保护民间变革的积极力量，尤其是市场经济的力量。

早期改革派关于中国经济合理化，或者现代化的理解基本的核心思想是商业化和市场化。"商贾之学"出自《盛世危言》的《商战上》，"商务之学"出自《盛世危言》的《商战下》。有人

---

① 郑观应著，王贻梁评注：《盛世危言》，第297页。

把近代这样的一些学问称之为"商学"。那么早期改革派有没有自己的商学呢？早期改革派对商业合理性的认识是非常有见地的。对商业进行理性的思考，建立中国特色的"商贾之学"，历经曲折，至今仍在探索之中。商业所包含的历史必然性，商业对国家利权的挑战，商业对其他产业的冲击，商业中所包含的伦理和科技理性问题，至今仍为人们所争论。早期改革派认为商业是一种具有历史必然性的力量，在中国古代就已经显示出了力量，重农抑商在古代就没行得通，商业的实际地位一直就很高，在全球通商的背景下，再谈抑商就是一件很可笑的事情。早期改革派提出的以下这些问题都是有待于研究的。

早期改革派从西方的经验中发现了商业社会和农业社会的重大差异。中国以农立国，外洋以商立国。《筹洋刍议》的《商政》认为"以工商为先"正是"西人之谋富强"的重要经验："昔商君之论富强也，以耕战为务。而西人之谋富强也，以工商为先，耕战植其基，工商扩其用也。"[1] 早期改革派从西方的经验中得到的结论是：商业是国家的"本"，商败则士、农、工、商俱败，就不能实现富强。

工商日旺是欧美两洲各国勃兴之机。郭嵩焘指出："西洋各国以通商为制国之本，广开口岸，设立领事，保护商民，与国政相为经纬，官商之意常亲。中国通商之利一无经营，其民人经商各国，或逾数世，或历数年，与中国声息全隔。"[2] 西方商务盛背后的原因是什么，除了经济政治的原因外，有没有文化原因呢？早期改革派认识到了其中包含的文化因子。首先是其中包含的超越西方的历史合理性和必然性。薛福成指出："所以地球各

---

[1] 丁凤麟、王欣之编：《薛福成选集》，上海人民出版社1987年版，第540页。下同，从略。

[2] 杨坚点校：《郭嵩焘奏稿》，第384页。

国，居今日而竞事通商，亦势有不得已也。"① "自有地球以来，商务之盛，未有如英今日者也。"② 王韬认识到："时至今日，泰西通商中土之局，将与地球相始终矣。"③ 在这种历史必然性中出现了一种风气，商务成为社会上层和下层普遍注意的事情，加速了货物的流通，在货物的种类和货物流通范围方面都得到了很大的发展。因此，"然则为中国计者，既不能禁各国之通商，惟有自理其商务而已。"④

市场经济中的价值理性和科技理性内涵，是一个历史性课题，中国近代早期改革派作了如下思考：其一是商业在中国古代历史上的真实地位问题，他们持有一种商业一直具有很高地位的看法；他们从自然主义的资源分布不均的角度论证了商业的公平价值；他们分析了商业作为一种往来关系对于自主权利问题的广泛的显现的意义；并由此分析了商业对于形成合理的公私关系的价值。他们对商业内涵的伦理价值的揭示没有脱离传统的伦理的思考框架：一方面是在原有的君民等伦理框架内，另一方面又在原有的五常的伦理框架内。但他们在原有的范畴和框架内融入了自由民主和注重实利的内容，并且在伦理价值体系内实现了与商业和新的社会需求的有机的融合，显示了儒家传统价值框架的社会普遍的适应性。中国近代早期改革派通过智性范畴过渡到了科技和工具理性问题，论证了商业与机械化和科技发展之间的相互促进的关系。

中国近代早期改革派对商业价值理性的考察秉承了儒家一贯的思考方式，那就是把商业置于人与人、国与国、君与臣等交往

---

① 丁凤麟、王欣之编：《薛福成选集》，第541页。
② 薛福成著，安宇寄点校：《出使四国日记》，第149页。
③ 王韬著，陈恒、方银儿评注：《弢园文录外编》，第72页。
④ 丁凤麟、王欣之编：《薛福成选集》，第541页。

关系基础上形成的伦理价值关系之中,考察其所具有的价值意义和价值上的合理性。商业是以物为基础的人与人、国与国的交换关系领域,它涉及的是交往合理性问题。郑观应基本上就是在这个意义上定义通商的:"夫所谓通者,往来之谓也。若止有来而无往,则彼通而我塞矣。商者交易之谓也。若既出迎而入绌,则彼受商益而我受商损矣。"① 在他们心目中,商业作为交往合理性的价值合理性就在于利:"舟车致远,贩有易无,此商贾之利也。"② 利是农工商各业发展的基础,是民生和国家富强的基础;利是发展农工商学各业的伦理动因和价值准则。郑观应还从商业的对外交往的意义上说明了商业对于恢复中国的利权的意义,认为"商务振兴,关系全国利权不少。"③ 通商的价值就在于:"通商者,求之有道,将欲利己以利人也。"④ 商业"使人人各遂其私求,人人之私利既获,而通国之公利寓焉"⑤。这是说人人都有私,只要不以一己之私而妨碍他人之私,就有益无害,而且私的总和就是公。但要实现这一点是需要一定的制度保障的,早期改革派还不能对此进行深入的探讨。何启、胡礼垣认为如果利己,就会利人:能利于己,必能利于人;不能利于己,必致累于世。

在他们看来,公平是天地无私的要求,而商业正是实现这个公平的一种自然的力量。"天地以无私覆,无私载,无私照之心,布人才地产于地球之东西南朔而商者,即以捐有余补不足,

---

① 郑观应著,王贻梁评注:《盛世危言》,第293页。
② 王韬著,陈恒、方银儿评注:《弢园文录外编》,第298页。
③ 夏东元编:《郑观应集》下,上海人民出版社1998年版,第570页。下同,从略。
④ 郑大华点校:《新政真诠——何启胡礼垣集》,第131—132页。
⑤ 徐素华选注:《筹洋刍议——薛福成集》,第130页。

公同好之意。"① 商业不能没有公平伦理的内在支持。

早期改革派看到了商业交往中包含的另一主要的价值合理性，这就是自主、人权和民权。早期改革派分析了自由、权力、公私产生的哲学根据。他们认为是人与人的相接产生了权力和自由的问题。权力和自由的问题不仅存在于人与人之间的关系，而且还存在于国与国的关系。"今使一国舟车杜绝，与他国不相往还，则其所谓自主之权，亦无从而见。惟与各国往来交际，互市通商，而自主之权乃显。"② 人与人相接产生了私与公的问题，权力和自由的问题，商业的伦理价值就在于使得自主之权得以显明。

中国近代早期改革派是从君民关系这个角度考察商业的伦理价值的，他们比较重视民权。他们认为商业的价值就在于能够形成一种和谐的君民伦理秩序。"工商何以不能讲，是故实由于民权。"③ 他们认为民权是官权的基础。商业的内在伦理价值就在于能够形成一种合理的民权和官权的关系。反过来，合理的官民伦理关系必然有利于商业的发展。早期改革派呼吁民办的合法合理性，实际上就是呼吁经济民主化，给予商人与企业更多的发展现代生产和自由贸易的权力。早期改革派在言利时，还将"民"之利与国家之利相提并论。他们说西方国家的富强之业，是以支持"民"从事工商业的经营、把各业之"利"都"公"之于民才得来的。

正是基于对商业和民权的关系的思考，他们经由民权和民智的关系过渡到了商业中包含的科技理性和工具理性的内容。他们认为："不用民智则民失其权；民失其权则国失其国。""凡民之

---

① 郑大华点校：《新政真诠——何启胡礼垣集》，第131页。
② 同上书，第417页。
③ 同上书，第396页。

智须借君以行。"① 伦理是在人的交往中产生的,早期改革派看到了商业和商学包含的、或应该包含的伦理内核。商业和私利、自主之权、民办、公平密切相关。

在早期改革派那里,商业的合理性涉及形式上公平的营利机会,即公平的契约秩序,也涉及信和智等。郑观应认为应该设商学,教殷商子弟:"破其愚,开其智;罚其伪,赏其信;劝其创,戒其因;务其大,箴其小,使豁然于超奇逐赢之故。"② 对于其中包含的科技理性他们也有认识。科技、机械是商业的基础:"尝阅西书,论商务之源,以制造为急,而制造之法,以机器为先。"③ 商业的交往理性的本质决定了它可以沟通不同的产业、国家和阶层,因而符合实用理性的要求。薛福成认为发展商业能够促进科学技术和农业、工业的进步和发展。"夫商为中国四民之殿,而西人则恃商为创国、造家、开物、成务之命脉,迭著神奇之效者,何也?盖有商,则士可行其所学而学益精,农可通其所植而植益盛,工可售其所作而作益勤;是握四民之纲者,商也。此其理为从前四海之内所未知,六经之内所未讲;而外洋创此规模,实有可操之券,不能执中国'崇本抑末'之旧说以难之……"④ 不仅如此,商业还对西方各界的就业发挥重大的作用。"窃观西洋以商贾为本计,通国无一闲;中国重士而轻视农工商三者,乃至一家一邑之中,有职业者不逮百分之一。"⑤ 正因为商业中包含着以上理性内容,它才成为一种具有历史必然性的现象。早期改革派在商业中所揭示的这一理性内容至今也是值得研究的。

---

① 郑大华点校:《新政真诠——何启胡礼垣集》,第460页。
② 郑观应著,王贻梁评注:《盛世危言》,第311页。
③ 同上书,第317页。
④ 薛福成著,安宇寄点校:《出使四国日记》,第16—17页。
⑤ 《郭嵩焘日记》第4卷,湖南人民出版社1983年版,第320页。下同,从略。

第二章 "泰西"价值的全面发现

近代早期改革派这一理论构思，用今天的合理性观点来省察，基本上属于目的—工具理性（科技理性）的合理性和道德价值理性的合理性的省察。一般人们讲的目的—工具合理性是指能够以数学形式进行量化和预测后果以实现目的的行为，它以合理地选择达到目的所采用的最有效的手段、工具以及合理地权衡确立行为的目的为特征，而拒绝考虑行为的目的是否符合终极价值或是否与终极价值相关。而科学往往被当成了目的—工具合理性的典范。一般人们认为，科学何以成为合理性的典范在于科学知识的可靠性和实用性；在于科学方法的合理性。"科学合理性属于一种认识工具合理性的复合体，这种复合体可以要求具有某种超越单个文化关系以外的运用性。"① 科技理性是和工具—目的理性等同的概念。所谓价值合理性行为，是指行为者在采取行为或选择时，不以成败得失和功用效益为取舍准则，而只关注如何履行某种道德上或宗教上、政治上的义务责任，服从道德良心的感召。价值合理性行为受激情、理想、信仰等非理性的力量驱动，它被称为合理性的是由于行为者明确地意识到他追求的信念，有意识地将自己的具体行为控制在理性的指导和调节之下，虽然其动机是非理性的，但其实现过程却是合理性的。目的—工具理性和价值理性的区分具有相对性。在目的层次上，终极价值的目的也可以被认为是合乎工具目的的；在工具层次上，外在的器的工具性并不能因此否定人文科学关注的人本身及其精神要术本身的工具性，理性分析工具不能否定情感意志和价值的认知工具意义。但早期改革派明确是在自强的目的下，经过理性权衡的结果认为器是达到这一目的的有效手段，论证了科学技术的合理性。其论证的过程，是按照外在的机械化—科学有用性—科学方

---

① 哈贝马斯著：《交往行动理论》第一卷，《行动的合理性和社会合理化》，重庆出版社1994年版，第95页。下同，从略。

法—科学中的道和心—科学的传承机制和社会动因展开的。而对道德价值的考察，是完全有机地按照儒家伦理哲学的一贯的进路，从人（人伦）开始，首先考察五常的德性问题，然后考察人与人的伦理关系，在其中论证了西方实、真、智、自由、民主、人权等精神内涵的合理性。二者的互相包含在早期改革派的商贾之学中。在当代，市场所蕴含的价值和科技理性问题已经为各学科广泛地加以揭示，中国近代早期改革派没有对市场给自由公正、给工具理性的发展带来的负面效应作出应有的说明，没有注意到市场给价值理性和工具理性带来的矛盾冲突，他们的认识还比较初级。早期改革派根据西方的经验围绕商业社会这一基本的经济合理化的理念，对中国社会的改革提出自己的构想。

早期改革派的商业思想具有一定的积极意义，在中国现代化的进程中具有一定的价值。西方的商业化的经验的价值肯定必然带来对中国商业发展的实际情况的新的评估。早期改革派看来，中国古代齐国富强的经验就是商业化。"传曰：来百工则财用足。齐之富强，在通工商之业，辨鱼盐之利。卫文公承衰乱之业，务财训农，通商惠工，而致小康。"① 汉高帝网络商人之利是不可取的："汉兴，高帝困辱贾人，托为重本抑末之言，以网商贾之利，君子所不屑也。"② 唐朝的兴旺也是重商的结果："唐人之通海市，起于南洋，而渐及于西洋。惟所利所舟楫，遂以通商为治国之经。"③ 薛福成十分痛心地指出："中国地博物阜，本为地球精华所萃，徒以怵于言利之戒，在上者不肯保护商务，在下者不肯研索商情，一二饶才智知大体者相率缄口而不敢言，偶有攘臂抵掌而谈之者，则果皆忘义徇利之小人也。即使纠合巨款

---

① 《郭嵩焘日记》第 1 卷，湖南人民出版社 1980 年版，第 475 页。
② 《郭嵩焘日记》第 2 卷，湖南人民出版社 1981 年版，第 39 页。
③ 《郭嵩焘日记》第 4 卷，第 58 页。

为孤注之一掷,无不应手立败;甚至乾没人财以售其诈,致使天下之人,相率以商为畏途。……再阅一二十年,中国将何以为国乎?吾用是叹息流涕于当轴者之不知变计。即有一二知变计者,而又未尽得其术也。"① 不言利就不能发展工商业,就会危害国家的安全。何启、胡礼垣指出中国把商务中人都看成是奸商,是不知道求利是人的本心。

早期改革派认为商业是一种具有历史必然性的力量,在中国古代就已经显示出了力量,重农抑商在古代就没行得通,商业的实际地位一直就很高,在全球通商的背景下,再谈抑商就是一件很可笑的事情。郭嵩焘指出:"战国学校既废,而士之负才积学者,一不得其所养……其愿者为商贾……于是隆孝弟力田之科,而屈辱商贾,而其力卒无以相胜。至于今日,而商贾之权势,所至交通大吏,而农民受役于有土之家,下比奴仆。儒生之言,犹袭汉初之说,重农务本而薄视商贾,是谓名与实两不相应。"② 郭嵩焘认为汉高帝当初提出"重农抑商"的口号,是为了网罗商贾之利,没有行得通,晚清的"农"早已成为"有土之家"的"奴仆","重农"的实效已不能落到真正的农民身上,"重农抑商"成了一句空话,商业经济是中国经济的一种客观情况。这种看法在某些重视市场经济的中国视角的学者那里得到了心灵的呼应。

围绕商业和资本主义的问题,来考察中国的情况,大致会得出如下几种考虑。如果近代经济确实是以商业为先导的,而商业又是通向资本主义的,那么中国的情况会是如何呢?

(1) 要么是根据中国未曾有效地在近代走向资本主义反推出商业不曾是中国经济增长的主要动力,从而表现出和西方的

---

① 丁凤麟、王欣之编:《薛福成选集》,第612页。
② 《郭嵩焘日记》第4卷,第319页。

不同来。《转变的中国——历史变迁与欧洲经验的局限》认为，基于劳动分工和绝对优势而出现的商业扩张的过程，允许人们专力于那些更能发挥其生产能力的活动。该书认为这种斯密型的动力在明清时期的中国和近代早期的欧洲都存在。倘若该书的观点是符合客观实际情况的，那么就必须考虑中国商业的其他情况。

(2) 中国虽然也有商业，但这种商业是一种不能产生资本主义的商业。《转变的中国——历史变迁与欧洲经验的局限》和《大分流——欧洲、中国及现代世界经济的发展》两书都对这种观点进行了详尽的介绍和评价。这种思路有利于把握中国商业的特殊性，但如果一定要把商业和资本主义联系起来的话，从资本主义的发展来反观中国的商业发展就会忽略中国商业和西方发展的历史上的某些共同之处，并且会因为某种既定的理论路向限制了对客观事实的全面把握和分析。

(3) 中国存在商业，并且这种商业也是具备导向资本主义的一贯的经济持续增长的动力，只是某些外在的条件，如殖民侵略、文化伦理动因和政府的支持等外在的因素导致了商业不能发展成资本主义。

(4) 经济并不一定是持续增长的，中国的商品经济和西方的商品经济曾经具有较多的共同点，但也存在着差异。《转变的中国——历史变迁与欧洲经验的局限》和《大分流——欧洲、中国及现代世界经济的发展》等书以详尽的材料说明了这一点。

综合《转变的中国——历史变迁与欧洲经验的局限》《大分流——欧洲、中国及现代世界经济的发展》《中国社会史》《儒教与道教》《中国的现代化》等书对中国市场经济的看法，从与现代市场经济的发展密切相关的要素来看中国的市场经济具有自己的一些特点。分析这些特点能够很好地看待早期改革派相关思想的价值。

2. 国家与政府的作用和市场

围绕商业与资本主义的发展这一理论和实践的课题，其中一种观点认为中国商业也具备导向资本主义的一贯的经济持续增长的动力，但政府的支持因素导致了商业不能发展成资本主义。这种观点被注重中西经验互相阐释的学者所质疑。确实，关于国家与市场的关系在中国经济发展的历史上是一个难以说清楚的问题。学者们指出，中国文化传统中国家的定义仅涉及道德、政治及社会秩序。从另一个方面来看，由于中国的私营部门生产并经销着数量巨大的而又品种繁多的商品，供应能够与需求和人口的增长相适应，生产、运输和分配的技术性和组织性改进的过程虽然很缓慢，资本的积累也很缓慢，但仍然防止了尖锐而长期的供应短缺，结果是导致中国的领袖们根本缺乏不得不寻求经济增长新动力的那种迫切的感受。在这样一种国家的理解当中，国家并没有太多地卷入民营部门的管理和控制，直到 1898 年以后，清廷才转过弯来，最终决心促进现代商业的发展。国家往往基于税收、财政和稳固的政治秩序的需要才关注一些命脉性的经济问题。这种情况有优点，也有缺点。优点是国家管理的松散保证了经济发展没有太大的政府阻力，国家税收需要也在很大程度上促进了商业的发展。缺点是加于商人头上的赋税有时过于沉重，国家也存在着建立强有力地促进经济发展的机构如农业、工业、商部等这样的机构来有效的促进经济发展和促进技术进步。

中国经济的现代发展必须解决国家对经济管理的现代化的课题。经济的合法合理化，包括国家投入的增加，产出的增加。中国传统经济思想形成了两种观点：一种是全面加强对国民经济的控制和干预，以《管子》等"轻重论"为代表，这是国家经济干预主义的典型理论形态；一种是尽量少进行这种控制和干预，让国民经济自身比较自然地去运行，以《史记货殖列传》等的

"善因论"为代表,这是经济放任主义的典型理论形态。近代中国企业发展的"官办"和"商办"之争,从本质上讲,是传统国民经济管理理论的两种模式之争在新的历史背景下的再现。"轻重论"和"善因论"自西汉出现后,就成为中国传统经济管理思想的基本模式,此后,中国古代出现的各种经济管理思想,都不脱离这两种管理思想的范畴。在近代经济的合法性危机中主要的内容之一是观念投入的危机,反对民办制约着经济的产出,也就是经济的合理性。经济的合理化必须首先解决民办观念的合理化问题。早期改革派主张改变对国家的直接控制,改直接控制为宏观的管理。在国家和政府层面,早期改革派认为要进行以保护商业为核心的一系列改革。首先是要认识到商业是国家的元气,通商是疏畅国家的血脉。因此需要承认有钱的商人为体面人,给予政治上的地位;需要改变国家忽视经济尤其是商业生活的状况,实行比较积极的促进商业发展的政策,如设立类似于西方国家的商部的商局,改革税收政策,实行现代的金融体系等等。

郭嵩焘从60年代就坚决反对官办工业政策,在《与友人论仿行西法》一文包含着"善因论"反对国家干预经济的两种最重要的观点:其一是官办效率差,得不偿失;其二是官不应与民争利。他认为兵船屯驻口岸可以保护商贾,并资商贾之力养兵;官办和商办之分是贫富强弱之分的基础。中国只搞官办,商人的力量得不到发挥,只好依赖洋船,"洋人乃独专其利"[1]。"招商局半官半商,无所主名,未见其利,先受其累,终无能求有益处也。"[2] 郭嵩焘指出:"一经委员主办,视为公家之利,恣意侵

---

[1] 杨坚点校:《郭嵩焘奏稿》,第342页。
[2] 《郭嵩焘日记》第3卷,第703页。

蚀，益无所惜。"① 结果是："十年以前，阻难在士绅；十年以来，阻难专在官。"② 薛福成向往"公家不过而问焉"、"自成一局"、"督以大员而齐其政令"、"酌拨漕粮而弥其阙乏"③。薛福成的《应诏陈言疏》呼吁体恤商情，毋许官吏需索稽留。郑观应对官督商办曾有着宽容的理解。他说："全恃官力，则巨费难筹；兼集商资，则众擎易举。然全归商办，则土棍或至阻挠，兼倚官威，则吏役又多需索。必官督商办，各有责成：商招股以兴工，不得有心隐漏；官稽查以征税，亦不得分外诛求。则上下相维，二弊俱去。"④ 郑观应看到企业活动，尤其是涉及征地等事务，有不得不依赖于政府力量维持的一面。后来他在实际工作中认识到官督商办的不足："我国创一厂，设一局，动称官办，既有督，又有总，更有会办、提调诸名目，岁用正款以数百万计，其中浮支冒领供挥霍者不少，肥私橐尤多，所以制成一物价比外洋昂率过半。……今欲扩充商务，当力矫其弊，不用官办而用商办。如民间有能纠集公司精心制造者，地方官查勘属实，即应奏明国家为之保护，并仿照西例……而商务之兴可立待也。"⑤ 早期改革派呼吁民办的合法合理性，实际上就是呼吁经济民主化，给予商人与企业更多的发展现代生产和自由贸易权力。

早期改革派主张以经济原则裁撤一些经济管理部门。《校邠庐抗议》的《汰冗员议》和《盛世危言》的《汰冗》集中论述了这一问题。他们的基本观点是漕运部门是国家为从南方运输粮食而设，由于西方新式轮船的兴起，南粮北运开始由河运改为海运。在这种情况下，漕运部门的存在已变得毫无价值，理当裁

---

① 杨坚点校：《郭嵩焘诗文集》，第254页。
② 同上书，第240页。
③ 丁凤麟、王欣之编：《薛福成选集》，第541—542页。
④ 夏东元编：《郑观应集》下，第973页。
⑤ 夏东元编：《郑观应集》上，第718页。

撤。凡漕督以下一切官弁兵丁以及粮道、督粮同知、管粮通判、主簿之类，皆当全裁；河务部门凡河督以下一切官弁兵丁，皆当全裁；各关监督，监督织造，皆当全裁；盐务部门，应酌量裁撤；驿站应以邮政替代。

为加强国家对商品经济的宏观管理，早期改革派主张设商部。"如西洋各国，有商部尚书以综核贸易之盈亏，又有商务委员以稽查工作之良窳是也。"[①] 郑观应主张"比于六部之外，特设一商部，兼辖南北洋通商事宜"[②]。就郑观应所列举的商部所主管的范围来看，它是"先讲种植制造，次讲贩卖销售。如种茶树棉，养蚕缫丝，织布纺纱，制造毡毯诸事；倡立鸦片、煤、铁、瓷器、火油等诸公司，必使中国所需于外洋者皆能自制，外洋所需于中国者皆可运售"[③]。因此他所谓商部事实上是包括轻、重工业在内的行政指导机构。

为更好地发展新式经济，早期改革派思想家要求对建立在农耕社会之上的传统的财政思想作出某些改革，要求建立预算制度。关于这方面的思想集中体现在薛福成的《西洋诸国为民理财说》《筹洋刍议》和郑观应的《度支》等当中。薛福成、郭嵩焘关于财政的原则和指导思想是三代"量入以为出"和西洋"量出以为入"相结合，"其入焉者，无不旋出焉者也，其出焉者，无不旋入焉者也"，即随收随支或随支随收。[④] 量出以为入的缺点是财用太侈，优点是可以满足地方工程之用，为百姓经营生计，着眼于更好地发展社会生产力，培养自觉纳税的民俗；量入以为出的缺点是只是为了满足朝廷和官府的各项日用开支，即

---

① 丁凤麟、王欣之编：《薛福成选集》，第616页。
② 夏东元编：《郑观应集》上，第616页。
③ 同上。
④ 丁凤麟、王欣之编：《薛福成选集》，第416页。

主要都是用于消费,而不是用于生产。① 郑观应欣羡西方出入度支皆有定额,进出各款,岁终刊列清账,布告天下,国税重而百姓不怨。他建议清政府仿效泰西国例,议定一国岁用之数,调查全国税收之数,编立清册。②

郑观应在《易言·论借款》《盛世危言·国债》中主张仿西人之法筹借民款。1879年马建忠作《铁道论》和《借债以开铁道说》,提出了借外债造铁路的主张;1890年马建忠又在《富民说》中提出用借外债的办法以解决讲求土货、仿造洋货、开采矿藏所需的款项,并建议仿西国设一商务衙门,作为借外债的专门机构;外债可用于治道途、辟山泽、铁道等兴大利的领域。关于借外债的办法,在《借债以开铁道说》中,马建忠为了防止借债时少数外商银行互相勾结,垄断为奸,提出要自行承办,派人直接到英、法都会,同官私银行当面商榷,还可以考虑向外国民间借贷。薛福成在《代李伯相议请试办铁路疏》中,提出借债之法要防止洋人把持铁路权;不准洋人附股;议明借款与各海关无涉。郑观应在《国债》中认为中国若要借外债,借自英、俄、法,不如借自美利坚,要多借,借银还银。

早期改革派劝募私人资本投资企业。郑观应认为中国商人所以视公司为"畏途",就是因为"盖中国公司集股时,官则代为招徕,股散时官则置之不理,是则视为畏途,无敢再与股份者"。他主张仿"西国定例,倘国家欲举一大事而力有未逮,国家让以利益,且为保利若干,亏则官为赔补,多则官取赢余,股虽数百万咄嗟可办"③。早期改革派主张吸引外商直接投资。《新政始基》认为,中国兴办铁路如能入洋股,则"中国之民亦

---

① 《郭嵩焘日记》第3卷,第711页;《郭嵩焘日记》第3卷,第448页。
② 夏东元编:《郑观应集》上,第578页。
③ 同上书,第686—687页。

必勇于附股",因为"官者止能胁制华人,必不能胁制洋人,则与洋人合股,庶几免此胁制矣。官者只能刻剥华商,必不敢刻剥洋商,则与洋商合股,庶几免此刻剥矣"。"是则欲集群策以鼓群力,而为铁路之大利者,非洋股不可。"①

3. 货币制度和金融体系与市场

在中国,银钱、铜等货币投放量的充分增长,方便民众实现交易,支付各种偶然的需要和满足资产流动的要求。农民、手工业者和服务行业的人员都有足够的资金,来预付劳力和原材料的开支,并赚取以铜币和白银支付的可观利润。但至19世纪30年代以来,经济形势发生了很大的变化,银子被用来购买鸦片导致了银元的外流。铜对银的兑换率急剧上升,并出现银两囤积。通货紧缩的结果使城市商人缺乏银两购买原料;使农村的农产品供应者缺乏卖商品换银两以雇佣劳动力的动力;城乡之间的商品交换减少;家庭控制开支导致当地市场内部及远距离市场之间的交换量变小;银子缺乏增加了农民的赋税负担和债务负担,削弱了市场需求。《儒教与道教》一书就是从货币制度来考察中国资本主义的发展这一问题的。该书认为贵金属拥有量的急剧增长,无疑导致了货币经济的大幅度发展,特别是在国家财政方面。但是,这种发展并没有冲破传统主义的束缚,相反倒是强化了它。从这里可以看出,资本主义的现象并没有明显地被激发出来。

在西方经验的视角看来,中国货币制度的缺陷在于货币用于艺术的目的和战争的需要经常导致货币危机;政府放松对货币铸造的权力就会导致通货膨胀,结果封闭部分私人货币铸造又导致货币供应不足;国家担心货币流失和外币大量涌入的考虑妨碍了

---

① 郑大华点校:《新政真诠——何启胡礼垣集》,第195页。

私人参与对外贸易的发展；城市银行本位的建立和用银两支付薪水使得中央政府的强化财政的企图遭到较大的抵制，使得在货币税赋基础上建立起统一预算的企图归于失败。货币的社会化程度不高，主要表现为实物地租经常被部分地恢复，由于战争和成本、技术等原因导致铸币金属储备不稳定，降低货币成色和强迫使用低成色货币有较大的阻力，货币未成为明确而可行的流通标；货币成色不统一；多种货币缺乏统一和稳定的比价，兑换率经常发生变化等等。货币改革对于建立市场经济就显得非常必要和迫切。

早期改革派主张改革钱法，这集中体现在《盛世危言》的《铸银》中。韦伯曾指出中国的货币制度兼有极古老的和明显的现代特征，贵金属拥有量的剧烈增长导致了货币经济的大幅度发展，但是，这种发展并没有冲破传统主义的束缚。[1] 要推进中国经济现代化的进程必须改革货币制度。早期改革派对中国货币制度的不足有着深刻的认识，并提出了改革的方案。这些改革方案实际上有利于所谓的"资本主义的现象"的激发。"大率钱法之弊，至中国而极，即高丽、安南亦远出其上，勿论日本，勿论西洋。"[2] 传统货币制度的不合理之处在于：外国货币与中国货币在国内市场并行，且驾驭中国货币之上，而外国银元数量又繁多；作为本位货币的银两的成色各地也很不统一，不能互相流通；制钱的质量标准和计算标准也很不统一，不便于流通。前者给中国经济带来了很大的危害。"自此达江浙两省，市用皆洋钱，呼之为花边，其理有极难解者。纹银每两价一千八百馀，洋钱每元七钱二分，乃至抵价一千七百馀。用银换洋钱，须九钱一

---

[1] 马克斯·韦伯著，洪天富译：《儒教与道教》，江苏人民出版社1993年版，第18页。下同，从略。

[2] 《郭嵩焘日记》第3卷，第648页。

分五厘乃得一元。此间因开正,稍抬数厘,然总须九钱外也。西洋铸此钱,用银六钱六分、铜四分、铅二分,其间已暗占六分之利,无故而抬价至二钱余,以外洋市用之具,加诸中国银钱至宝之上,群相与习而安之,不以为异,此殆非人意所及也。西夷之患,岂一朝一夕之故哉。"① 银元和现银的比价不统一给外国商人投机提供了可能。"英国收买其洋元尤多,所行之中国者,皆由英商操之以居奇也。大率墨西哥以洋元贸易货物,视各国银价常廉。英人以此操中国利权,而权百货轻重以制其要会。中国甘心受役而不自为计,此真无如何也。"② 早期改革派对此有着一定的认识。

早期改革派请求国家统一铸造银钱货币,在国内以银币为主,在与外国交易时以金币行之。关于铸币的具体操作,郑观应认为不能学习西方的办法,交由私人铸造。他说,"西人好利而守信,又有化学师监造,故成色一律……华人嗜利而寡信,又无化学师监造,故流弊百端。"③ 他建议中国铸银交由政府进行,务必"严定章程,由户部设一总局,惟核收而不铸造,分饬各省督抚拣派廉洁精于会计之大员,专司鼓铸银钱之事"④。按一定标准铸成后,先由督抚躬亲考验,再提千、百元送户部总局核验。近代早期改革派重视纸币的发行与控制问题,认为这是现代社会所必不可缺少的。郭嵩焘在探讨如何改革国内钱法时,还曾探讨过统一国际货币的可能性。

《盛世危言》的《银行上》和《银行下》集中论述了早期改革派关于发挥银行的作用实现国家对经济宏观管理的观点。郑

---

① 《郭嵩焘日记》第1卷,第18—19页。
② 《郭嵩焘日记》第3卷,第510—511页。
③ 夏东元编:《郑观应集》上,第693页。
④ 同上书,第694页。

观应认为商务之本莫切于银行。设立银行有利民利国的十便,其要点为:聚通国之财,收通国之利;国家种种工程可以代筹经费;国家有急需可随时通融;国家借款不需重息;国家借款无须关票作押;各殷实行家、银号、钱庄周转不灵时,银行可力为转移,不至败坏市面,商务可借扩充;各省公款寄存银行,不致被射利之徒暗中盘算;官民收入可以存款生息;出洋华商可以汇兑,不致为洋人掣肘;市面银根短绌,可借汇票流通以资挹注。"有此种种利益,是民生国计交相倚赖者也。"① 在中国,钱庄放款较多,设立银行非常迫切。郑观应主张中国也设官商及官商合营银行。

近代早期改革派初步认识到了税收和政治管理的密切关系,力图推进税收的合理化。其思想集中体现在《盛世危言》的《革弊》、《税则》、《厘捐》、《弢园文录外编》的《除弊》和《校邠庐抗议》的《均赋议》等文中。首先是地税。在古代中国地租并没有转变成固定的土地租税。地丁的税率根据土地的面积、气候、肥瘠的不同,确定不同的税率。这种情况不适应土地价格变动和财政支出大大增加的需求。同时由于官员和征收胥吏舞弊而带来诸多弊端。在中国统一土地税收的政策一直没有取得较好的效果。欧洲人通过扩张所创造的资源基础肯定优于中国人通过开垦边疆地区土地所创造的资源基础。冯桂芬、郑观应认为,要做到地丁征收的最大化,必须先正疆界,以杜赋税不均之弊。冯桂芬说:"赋税不均,由于疆界不正,其来久矣。"② 如何正疆界呢?郑观应说:"欲正疆界,须将各省田亩一切度以工部尺,而增减其赋。"具体办法是:"拟先绘图,然后明定亩数"。这样,"以一县之赈地敷一县之粮科,

---

① 夏东元编:《郑观应集》上,第679—680页。
② 冯桂芬著,戴扬本评注:《校邠庐抗议》,第108页。

按亩均收,自泯偏颇,不得藉口田多丝毫增额。如是则豪强无欺瞒,良懦无遗累矣"①。郭嵩焘强调要勤地力,重地税。"西洋各国皆然:经制所入,皆地税也。"② "国家经制所入,一取之地税。其勤地力至矣。"③

漕粮是田赋的一部分,但在税制上,它却和地丁的征解完全分离,构成一种独立的制度,以保证京师的粮食供应,也借此把江南富庶地区直接置于中央的控制之下。它的不合理之处在于必须维持一个庞大的运转组织,上下交利,不正常的费用高。冯桂芬希望通过市场解决京师粮食供应问题:"价高招远客……但令市中有米,即不必宫中有米。"④ 郑观应更干脆提出停运漕粮,将漕粮折收漕银,在天津等地购买粮食。

盐税在封建社会里是仅次于田赋的另一项重要税源。何启、胡礼垣在《新政始基》中认为盐课数应以人数多寡为标准;变官商经营为私商经营;降低营销成本。郑观应在《盐务》中认为应平减赋则;制造洋船以运盐;广建盐仓。

冯桂芬《变捐例议》和郑观应《捐纳》呼吁停止捐纳,引导捐纳者将资财投向近代工商业。早期改革派呼吁增加税种。在传统道德规范外尽力征取各种税收,包括征收赌博税、鸦片税等。薛福成在《西洋诸国为民理财说》中介绍了西方税种繁多,但由于用之于民,所以民众能够接受的情况。何启、胡礼垣两人在《新政论议》中表达了同样的看法。

郭嵩焘又曾记法国税收情况:"法国关税分为三等。日用之物,民生所不能缺者,其税薄;粉饰铺排,及非衣食应有之

---

① 夏东元编:《郑观应集》上,第465页。
② 同上。
③ 杨坚点校:《郭嵩焘诗文集》,第192—193页。
④ 冯桂芬著,戴扬本评注:《校邠庐抗议》,第128页。

需，其税厚。物之与国人争利者，其抽税与国内时价等，欲以绝其来也（如烟及脚毡之属）。"[1] 法国的后一做法，就是近代一些国家实行的保护关税制度，其目的是为了保护本国工商业的发展。

何启、胡礼垣提出了防止吏胥上下交手作弊的具体操作办法，名之曰："善收其课，而使财无干没"。其要点有四：加强日报的舆论监督；行担保之法；行竞争之法；提高收银人员薪俸，使其无养家之累。[2] 关于中国税收的不合理性，韦伯曾指出政府薪俸比例小，靠租税和捐税支付行政费用，官吏没有形成自己固有的财产体系，个别官吏地位朝不保夕，为获得官位费用高。"对传统的经济和管理形式的任何干预，都会侵害到起决定性作用的阶层的利益、影响他们难以估计的进项和俸禄。"[3] "在西方各种所得机会……道路税、手续费等等，均永久性占有，使得相关的利益一目了然。然而在中国，这是不可能的。位于最高支配地位的官吏阶层并不个别地占有得利机会；得利机会毋宁是由可以任免得官吏所构成得整个等级所占有。他们集体反对任何干预，并团结一致，怀着极端得憎恨，迫害那些号召'改革'得理性主义理论家。"[4] "在中国，即使是诸侯相争时期，行政与经济的合理化进展程度，都比西方要小得多。"[5] 韦伯的税收合理化的概念是建立税收与官吏之间的直接联系，何启、胡礼垣基本上还是主张在现有的经济和政治的关系的基础上，完善税收和官吏的关系。

---

[1]《郭嵩焘日记》第3卷，第525页。
[2] 郑大华点校：《新政真诠——何启胡礼垣集》，第144—145页。
[3] 马克斯·韦伯著，洪天富译：《儒教与道教》，第74—75页。
[4] 同上书，第75页。
[5] 同上书，第76页。

4. 技术进步与市场

从西方的市场经济经验观察中国，由于在中国市场充分发挥了作用，避免了供应的短缺，结果对能工巧匠来说，摸索和寻求节省劳动力方法的诱惑力就变得极其微弱了。财物的消费取向妨碍了技术革新的投入。在力图节省土地的同时，技术发展反倒专注于能更密集地使用劳力的手段。中国人对技术擅长求精，而不擅长于彻底改进。然而就其本质来说，精英们最关心的乃是正当的道义行为和正当的统治方式。政府不鼓励新的技术，对技术发展有所忽视，技术变化并不会产生令政府焦虑的结果也使得技术失去了政府发展的推动。家庭手工业者仍满足于传统的方法，使用新技术成本太高，要求较多的劳动力和新的组织管理等等妨碍了技术的全面进步。哲学思想的特性也被认为是中国缺乏发展西方样式的科学技术的原因之一。还有一种观点认为，如果没有障碍，技术变化也不一定会持续发生。韦伯在《中国的宗教：儒教与道教》一书中，试图论证中国之所以没能成功地发展出像西方那样的理性的资产阶级资本主义，其主要的原因在于缺少一种特殊的宗教伦理作为不可缺少的鼓舞力量，东方社会没有经过宗教改革的宗教伦理精神对民族的资本主义发展起了严重的阻碍作用。其中也包括对现代化所必需的科学技术发展的阻碍作用。但在韦伯写于1915年的这本著作中，近代的新变化，以及中国文化对近代化和现代化的积极意义，是缺乏实际的考证的。韦伯所描述的儒家文化阻碍科学发展的情形在中国确实是存在的。"非常突出的是，在中国的教育里，甚至在小学教育里，缺乏任何计算的训练。……在历史过程中，计算在官绅阶级的教育里节节后退，最终终于完全消失；受过教育的商人只好在账房里学习计算。自从帝国统一和理性化倾向在国家管理中衰退之后，官员就是一个有教养的士人，而不是一个有'闲暇'从事计算的人。"① "在中国，系统化的、自然主义的思维也得不到发展"，"缺少任何这种导致理性主义的功名心（西方文艺复兴意义上的）的原动力"，"获取禄位的竞争""把其他所有的追求都扼杀了"②。但在近代，早期改革派等思想家，对于儒家文化发展出科学技术是作了艰苦的努力的，这证明了儒家文化并不是一元的，不是永远阻碍科学技术和机械的发展的。

在早期改革派看来，要振兴商务就先要通格致、精制造，商务之原就是制造和机器。这就要兴商学，设立机器、技艺、格致书院给予学生以地理、数学、外语、现代管理、贸易等方面的训练；设立博物院罗致各国货物。大力发展邮电、铁路等新的系统。郑观应在《商务四》指出"大地贸易兴旺之故"就在于"讲求天生物产、百工技艺两大端"③。发展商业就要以工业化为核心发展新兴产业，并形成比较合理的产业结构。为此，应该发展科学技术，实行专利技术。"如有能制新奇便用之物，给予凭单，优予赏赐，准独享利息若干年，不许他人仿制，而又酌其资本，代定价值。"④ 如此，科学技术必然会得到发展。

5. 工业化：原始和现代

在西方经验看来，生产成本低，使手工业者仍颇具有竞争能力。平分遗产，小自耕农和佃农，为农村工业在中国的普遍发展创造了条件。中国农民在从事商业性手工业生产并把这些制成品卖给竞争性的买主方面，与欧洲的许多同行相比有相当大的自

---

① 马克斯·韦伯著，洪天富译：《儒教与道教》，第148页。
② 同上书，第176页。
③ 郑观应著，王贻梁评注：《盛世危言》，第315页。
④ 丁凤麟、王欣之编：《薛福成选集》，第598页。

由。手工业生产能够在家庭劳动利用模式的基础上对机会和价格作出反应。

但中国传统的手工业主要通过分工的发展实现适度的人均增长，资金积累度不高。行会具有强烈的家族色彩，使得手工业本质上仍然保留了宗族和部落手工业的性质。农村手工业维持了日益庞大的人口，并无促进重大资本化及技术变化的刺激。农村工业并未创造出一个类似的无产阶级，从劳动人口游离出来而得以进城工作。农村半无产者是一个不稳定的群体，不是一个能够自我再生的阶级。经济对穷人生育率的限制，使得处于贫困境地的人们具有繁衍大量无产者后代有了可能。农夫与农村工人之间的区别很小。某些始终为家庭使用而生产的特殊产品全然不顾以市场为基础的效率观。为市场劳动的逆向换位是休闲，是对完全由市场驱动的生活方式的抵抗。农村工业化未能直接导致城市工业化。城市工业化需要新的社会变革。

早期改革派认识到机械对解决生产力的基本矛盾—人与物即人口生产和物质生产的矛盾的意义。中国发展机器和大工业是道器合一的要求，因为火轮舟车是载道而行的。薛福成在《振百工说》中指出西方以工为体，商为用。体用合一也要求发展工业，推动机械化。如果从经济产出这个角度来理解经济合理化概念，把早期改革派对经济的一些思考权且称作是经济合理化构想的话，结合薛福成对养民新法的基本看法，早期改革派关于经济合理化的构想之一是以科技为基础，以讲求艺学（机械化）、发展商务为核心，推动产业均衡发展和产出，满足不同阶层民众提高生活水平的需要。

早期改革派对养民问题的思考，首先想到的养民新法就是以科学技术为基础，以机械化、商业化为核心，全面改造原有的产业，改变优先发展军事工业的发展路线，使各产业均衡地发展。郭嵩焘在出使英法期间，曾写信给李鸿章，要求将派出国学习军工制造和驾驶技术的学生,改学民用技术,并建议清政府学习日本政府的留学方针,从西方政治、经济、社会、法律等立国之本的制度学起。郑观应也主张移国防经费用来发展民用工业。他说:"我国家讲武备战数十年来,所耗海防之经费,及购枪械船炮与建炮台之价值,岁计几何,胡不移彼就此。以财战不以力战,则胜算可操,而且能和局永敦,兵民安乐。"①

中国社会历史的合理发展必须实现农业生产力水平的提高。早期改革派对这个问题有着一定的认识。首先要坚持农业在国民经济中的基础地位。冯桂芬在《兴水利议》,《筹国用议》中坚持了这种观点。"居今日而言裕国宜何从?曰:仍无逾于农桑之常说,而佐以树茶开矿而已。"② 农桑为富国之大源。马克斯·韦伯曾认为农业的小土地经营阻碍了技术的进步,阻碍了中国资本主义的发展。早期改革派也认识到这一点。

在近代全球化初步发展的情况下,农业的发展必须与世界经济发展的形势相结合,扩大农产品的出口。"数年以来,华货滞而不流,统计外洋所用丝茶,出于各国者,几及三分之二。若并此利源而尽为所夺,中国将奚以自立?"③ 薛福成呼吁朝廷千万不可再增加丝茶的出口税,切实保护丝茶的出口优势。提出"商战"口号的郑观应,自然要从对外通商的角度谈如何发展农业。他在《盛世危言》中,详细列举了一系列适合与外商进行商战的产品,诸如丝、茶、烟土、布匹、呢绒、卷烟、蔗糖、酿酒、棉纱、香花等,这些产品均直接或间接与农业有关。显然,没有农业的发展,中国就不可能在商战中取胜。郑观应和陈炽都认识到中国产品技术含量和技术附加值不高的缺点。中国货物优

---

① 夏东元编:《郑观应集》上,第590页。
② 冯桂芬著,戴扬本评注:《校邠庐抗议》,第148页。
③ 丁凤麟、王欣之编:《薛福成选集》,第542页。

于天工，绌于人力；中国出口生货，西人进口熟货。应该实行进口替代和出口替代相结合，扩大出口，减少进口。"欲中国之富，莫若使出口货多，进口货少。"①

要扩大农产品的出口，必须利用机械和科技提高整个农业的生产效率。薛福成的《西洋诸国导民生财说》一文，提出了整个农业生产的效率问题。他认为"西人于艺植之法、畜牧之方、农田水利之益，讲求至精，厥产已颇胜于膏腴之地"②。中国只有讲求农学，采用机器生产方式，才能和西方诸国一样成为地球最富国家。郑观应强调引进西方国家各种农学学会的最新研究成果。"今欲华人能知取益防患之法，必得会中新出之书考究仿效，所裨诚非浅鲜。欲振兴商务者宜知之。"③ 在发展农业技术方面要发扬国家机器的作用："小民可与乐成，难与图始，非得贤牧令尽心民事以教道而倡率之，未易遽有成效也。"④ 郑观应强调要用"开渠种树"的方法发展水利建设。名材美木可以获利，树旁之田瘠者可以变而为腴，无水者变而有水，御旱御水。

早期改革派呼吁发展矿业，认为开矿可以解决硬币缺乏问题，解决流民问题，增加就业。薛福成说："夫开一矿，仰食者不下数万人，或数千人。"⑤ 他又说："矿务既兴，则运送必有舟车，淘炼必有工匠，未始非小民谋食之资。"⑥ 开矿能致国家富强。王韬说："煤铁之利开，则不独机器船舶局中自饶于用，即以供诸国之用而无不足。每岁西人自其国中载运煤炭前来中国通商各口岸，供应轮舶所需者，计不下一千数百万金，铁亦不下三

---

① 郑大华点校：《采西学议——冯桂芬马建忠集》，第126页。
② 丁凤麟、王欣之编：《薛福成选集》，第367页。
③ 夏东元编：《郑观应集》上，第628—629页。
④ 同上书，第735页。
⑤ 丁凤麟、王欣之编：《薛福成选集》，第430页。
⑥ 同上书，第546—547页。

四百万,矿务既兴,其利皆归于我。"① 郑观应也说:"历考泰西各国所由致富强者,得开矿之利耳。"② 何启、胡礼垣也指出,中国拥有矿产而不自开,"能保外国不来取乎"?"今中国以宝藏闻,是所谓冶容也,而不能采取,是所谓慢藏也。故欲禁外人之来取,莫若中国之自开。"③

早期改革派主张利用科学技术和机器发展矿业,"必先明夫地学","必先谙夫化学",选矿师,购精器,采用机器开矿,事半而功倍。鉴于中国工贱可以以人力为主,所不及者以机器之力济之。官府要支持开矿,视矿之衰旺定税之多寡。不应为风水迷信所局限,但也要讲究环境保护的"风水"。郑观应重视与当地民众关系的协调,主张利用购地给价和股份制的办法以降低开矿的阻力,强调开矿与军事结合起来,主张采用"矿屯"之法。④

早期改革派呼吁发展铁路建设。关于铁路建设的思想集中体现在马建忠《适可斋记言》、《铁道论》、《借债以开铁道说》,王韬《弢园文录外编》、《建铁路》和郑观应《盛世危言》、《铁路上》、《铁路下》、《修路》和薛福成《创开中国铁路议》等文章之中。⑤ 他们认为发展铁路交通便于调兵,降低运输成本,便于商务开展,有利于国家财政收入的好转,近代交通基础设施的多寡是一国贫富的标志。在军事上,铁路一开,不会引敌入室;在就业上铁路不会夺小民生计;修铁路可以避免冢墓必遭迁徙,禾稼必被熏灼,随着经济的发展习俗可以渐化。为了弱化铁路经过地区民众反对的压力,可以股份制和就地招工感化人心的办法

---

① 王韬著,陈恒、方银儿评注:《弢园文录外编》,第75页。
② 夏东元编:《郑观应集》上,第702页。
③ 郑大华点校:《新政真诠——何启胡礼垣集》,第153页。
④ 夏东元编:《郑观应集》上,第702—713页。
⑤ 分别见《采西学议——冯桂芬马建忠集》,第135—152页;《弢园文录外编》,第148—149页;《盛世危言》,第333—345页;《薛福成选集》,第108—113页。

解决。中国百病丛生之社会、广阔的平原、材铁充盈,人工省啬决定了修铁路可行、当行、不能缓行。布局铁路交通要着眼于军事上的意义,重视边疆主权的保护;着眼于经济上的意义。修筑铁路可以商办和官督商办,利用人们对财富的追求,用商力来弥补官力之不足。要发展海上交通,向国内各通商口岸扩展,向外洋扩张,开辟驶往新加坡、美国旧金山等航线。

在近代中国,通讯业主要指电报、邮政两端。通讯业的发展也是早期改革派关心的问题。郑观应的《电报》、《邮政上》、《邮政下》、《驿站》篇比较集中地论述了这个问题。[1] 他认为通讯业有利于军务的展开;发展通讯业便利信息交流,经济上有好处。关于邮政的建设部署,郑观应主张仿效泰西各国经验,于国中城乡市镇商民聚集之区,遍设书信馆,统以大员,派员经理;在邮政收费问题上,郑观应主张价格高一点。

薛福成在考察西方的过程中认识到了人和自然的矛盾、人口生产和物质生产的矛盾。人口问题还是一个世界性的问题。他在奉使西欧期间,还同当地知识界人士研讨"今人类既日生日繁,而旷土亦日垦日少,倘再千百年后,地力不足以养民生,将若之何"的问题,从而对世界人口的不断膨胀同自然界所能提供的生活资料之间将会出现的矛盾,表示极大的关切。他指出:"苟无新法以养之,则必有人满之患。何以养欲而给求耶?"[2] 西方用什么办法解决人与自然,解决生产力的矛盾呢?

薛福成看到关键在于机械的使用。"泰西特以器力助人力之不足耳。"[3] 机器有利于人口生产和物质生产的协调发展,有利于转移剩余劳动力,有利于实现经济生活中人的合理化。薛福成

---

[1] 郑观应著,王贻梁评注:《盛世危言》,第346—356页。
[2] 丁凤麟、王欣之编:《薛福成选集》,第614页。
[3] 同上书,第620页。

已明确看到近代工业制造给西方国家经济发展带来的巨大推动："英人用机器织造洋布,一夫可抵百夫之力,故工省价廉,虽棉花必购之他国,而获利固已不赀,每岁货价之出中国者数千万两。"① "噫! 彼以此法治民,虽人满何尝不富也,而况其能使不满也;若中国之矿务、商务、工务,无一振兴,坐视民之困穷而不为之所,虽人不满,奚能不贫也,而况乎日形其满也。"② 他指出:"西洋各国,工艺日精,制造日宏,其术在使人获质良价廉之益,而自享货流财聚之效,彼此交便,理无不顺。所以能致此者,恃机器为之用也。有机器,则人力不能造者,机器能造之;十人百人之力所仅能造者,一人之力能造之。夫以一人兼百人之工,则所成之物必多矣。然以一人所为百人之工,减作十人之工之价,则四方必争购之矣;再减作二三人之工之价,则四方尤争购之矣。然则论所成之物,一人可兼十百,论所获之价,一人可兼二三,加以四方之争购其物,视如减十减百之便利,而谓商务有不殷盛,民生有不富厚,国势有不勃兴者哉。"③ 机器取代了人工,造成产品具有"质良价廉"的强大优势,使其在市场上获得四方"争购"的竞争优势,从而使拥有机器生产的国家也随之取得了"货流财聚"的丰厚经济效益。令人信服地诱导国人应从产品价格、成本和利润等视角来认识机器大生产乃是大幅度提高劳动生产率、推动社会生产力进步的巨大杠杆。

近代早期改革派认识到机器大工业对于提高现有的生产力水平和产业竞争力的重大意义。薛福成认为中国传统特产茶叶出口的逐年递减而俄国、印度、日本等国茶叶产销的日渐兴旺的原因是印人讲求种茶之法,包括摘茶符合天时,机器制茶等保证了货

---

① 丁凤麟、王欣之编:《薛福成选集》,第542页。
② 同上书,第367页。
③ 同上书,第420页。

色一律，不受天气的影响。中印茶叶盛衰的差距在于茶叶种植和制作过程能否运用先进的科学技术和工业化。英人用机器织造洋布，一夫可抵百夫之力，工省价廉。薛福成关心科学育蚕的问题。薛福成认为印机为西人独擅，木板与活板各有利弊；格致之学可使天下无弃物。薛福成认为制瓷必赖化学。

工业化是不是具有不合理性呢？近代早期改革派初步认识到了工业化的不合理性。对于工业化带来的人与机械的矛盾，早期改革派认为会带来失业，强夺民力的问题，但根本上二者是协调的，就业可以通过其他途径解决；工业化带来的人与自然的矛盾，用现在的话讲就是过度工业化会带来对自然的过度改造和可持续发展的问题。

工业化会给人类带来自然资源和能源危机。"宇宙间开辟日久，人民日多，攻取日繁，千万年后必有销竭之时。"[①] 薛福成发问："英之商务所以甲于地球者，恃煤铁也。若一千年后，恐英之商务竟至衰歇，将并轮船、轮车无以驾驶矣。"[②] 他还列举中国地上巨大木材千百年来采伐将罄，地下美玉、金和铜等矿产"销磨熔铄，日用日少"的事实，得出认识："若宝物之稀，盖因中国开辟最早，取之愈尽，用之愈竭。虽西洋矿师谓中国宝藏甚富，然其上层，古法所能取者，殆已罄竭无余。若用机器开挖之力，则中国未泄之宝气，犹多于外洋。盖因千余年来，矿政不修，转得藏富于地之道。迩来觊觎者多，势难久闷，是矿政必将陆续兴办。再到四五千年后，当有告罄之势，而外洋则必已先罄。彼时物产精华，中外并耗，又将如何？此余所以不能不为地球抱杞人之忧也。"[③]

---

① 薛福成著，安宇寄点校：《出使四国日记》，第104页。
② 同上书，第62页。
③ 同上书，第105页。

工业化会对人类生存的生态环境造成破坏。薛福成认为"盖利病相倚,丰耗相因,循环之理也"①。薛福成敏锐地看到欧美资本主义工业化给生态平衡造成的严重破坏。光绪十八年五月二十六日(1892年6月20日)的日记中,他记下意大利生态平衡遭受破坏的状况,提出用"栽种树木花草,使地转有生机"的办法,来保持生态平衡。

机器也具有应用上的主体价值的不合理性。他曾对西方列强为了争霸于世界而穷兵黩武,不惜耗费巨资研制毒气弹、机关炮等等新式武器的行径,发出强烈的义愤。王韬在《普法战纪后序》中指出"至用火器,亦不仁之甚者矣"②。他在《火器说略后序》中认为,从人事和天道相结合来看,火器之废必在后日,火器将导致有生同尽,人类胥亡,这不是仁者之用心。

早期改革派对西方科技理性合理性的评判包含着科教兴国战略的初步认识。早期改革派认为商业必须有科技理性作基础。工业化是西方富强的经验。"然论西人致富之术,非工不足以开商之源,则工又为其基而商为其用。"③早年大力鼓吹发展商业的郑观应转而鼓吹工业:"西人之富,在工不在商。盖商者运已成之货,工者造未成之货,粗者使精,贱者使贵,朽废者使有用。有工艺然后有货物,有货物然后有商贾耳。"④其他早期改革派思想家也殊途同归。技术工艺是货物和商业的基础,科学技术是第一位的生产力。早期改革派初步认识到西方重科教对于兴国的意义。马克思在《资本论》中曾指出:"真正的经济科学,只是当理论研究从流通过程转向生产过程的时候才开始。"⑤早期改

---

① 薛福成著,安宇寄点校:《出使四国日记》,第238页。
② 王韬:《弢园文录外编》,中华书局1959年版,第232页。
③ 丁凤麟、王欣之编:《薛福成选集》,第540页。
④ 夏东元编:《郑观应集》上,第729页。
⑤ 马克思:《资本论》第3卷,人民出版社1975年版,第376页。

革派经济思想从"重商"到"重工"的转变,表明中国经济思想从农本思想向近代现代化思想实质性转变的完成。早期改革派对自然与人、机械与人、机械与自然的关系的认识包含着对可持续发展问题的初步认识和以科技为基础的可持续发展道路思想的萌芽。无疑地,在他们的论述中看到了这样一种倾向:学习西方,又不局限在西方,要注意从西方的发展中剥离共性的理——全球化必然趋势中的必然的理,指导中国的建设,超越西方;而其超越的理性基础就是在科技理性和价值理性的有机地统一的基础上整合中西方文化资源。

6. 城市化与市场

在中国,城市的兴起也包含着贸易的动因,地方的和地区性的商业整合是清代发展的一种重要的力量,商业的增长同日益密集的聚居模式有关;但中国的城市,就其形式上所显示的,主要是理性管辖的产物,城市缺乏政治上的特殊性和相应的政治力量,手工业和商业处于边缘状态。有钱的消费者并不云集在城市,中国社会的许多奢侈性消费乃发生在农村地区,商人和工匠的分布特别带有农村导向。中国的城市是星散在无数乡间小道上的关节点。中国城市缺乏精英生活,移居城市意味着分割宗族联系。城市的目的是打通各地的物质交流,城市不能发动实质性的变革。虽然商品化农业已经很盛行,但流通模式一般偏向于使交换集中在聚居一团的小村镇,而没有加强与大城市的联系。货物以地方流通为主,进入大城市为次。对一个前现代社会来说,可谓流通量相当大的商业,主要沟通着农村各地区的内部交换。在中国,有一个巨大的农业部门和手工业部门一直延续了下来。在一种二元经济模式中,存在着制造业与农业的组织不对称,而在制造业与农业之间,又缺乏相关的制度机制来沟通各种生产要素。中国市场经济的成长和城市的商业化及相对的政治特性的发展密切相关，更为重要的是要解决城乡二元性经济结构的问题，实现城乡结合和城乡的和谐。郑观应还探讨了口岸城镇兴旺的原因，指出商业和城市化进程之间相互促进的关系。

7. 消费、投资、分配和市场

地区的和地区性的商业整合是清代发展的一种重要的力量。商业发展避免了地区物质匮乏的长时间的发展并达到了比较严重的地位。市场能够将紧缺物资的信号传达到其他地区，商人们自然也就会把所缺商品运进来。好年成商品供应充足，物价稳定，农业和手工业者能够获利，城市居民的经济福利也就会得到改善。各家各户从事资源复杂的交换弥补了资源不平衡和局部性短缺。每一个力所能及的家庭成员都参加劳作，以增加家庭的收入。他们利用自己或者亲戚朋友的积蓄来组织生产，采用比较便宜的原材料和劳力来替代较贵的那些，以维持较低的生产成本，他们还懂得如何充分利用各种市场机会。高度竞争的市场结构促进了对各种资源的精细利用，具有多个高度竞争性的市场体制。政府对治安的维护、救荒、增加货币投放，降税，乡绅修建基础设施，教育的捐助，财产的不断再分配，保证了供给的增长。稻米、棉花、茶叶、大米是四种主要的商品。

这在一个方面说明，中国并不是没有市场经济，而是这种市场经济并没有有效地导致经济增长。经济增长是很缓慢的。需求分散，物质的高度积累不足。利润根据市场波动，但增长不大。人口也在长期的膨胀之中。人口的增长反过来提供了广泛可用的劳动力，而劳力又导致了经济缓慢地增长；人口的增长削弱了中国应付外来的现代化努力的基础。跨省贩运是由私营经济完成的。生产和销售都是劳动密集型的。市场是相互分割的，但相互分割的市场都极具竞争性，它们从未通过大规模的组织纵向结合起来。直接远距离的商业发展不充分；交换地方化，交换模式仍然是分散型的。

清代的一个时期，恳辟和耕作新地的动力下降了。17世纪末至18世纪初，清政府取消了大地产所有者们不出劳役或者不纳地税之类的特权；大地产所有者无法雇佣奴仆继续来经营其地产。加上奴仆逃亡，一些地区的地主们开始在永佃权的基础上将土地分给其奴仆家庭耕作，这种永佃权可以由承佃者传给自己的子孙，或出卖给他人，亦可用于转佃征租。土地私有权的增长，无疑给予各家庭以强大的改善土地的刺激，促使他们走上专业种植的道路并为市场而进行生产。此种发展更加削弱了中国社会中既得地位的作用，而增强了契约的作用，各个家庭从而都可获得社会流动和发财致富的机会。在小规模的土地集中占压倒优势的基础上存在大量小地主。中国农民与土地的联系比欧洲农民更紧密。《大分流——欧洲、中国及现代世界经济的发展》一书认为，中国比欧洲大部分地区，包括西欧大部分地区，更接近市场驱动的农业。但市场的竞争性具有中国的特点。那些想要出售、典当或出租其土地的人通常必须首先向亲戚或同村人提出。中国存在着非正式的劳力市场，但这支队伍处于随意的状态，这支自由漂泊的劳动力队伍连一天也未曾组织起来过。土地和劳力市场相当灵活和开放。平分家财，礼仪开支等使财产再分配的程度更为显著。

清代中国的经济，产量和交易的扩大依靠的是不断投入更多的不付报酬的家庭劳动，每单位劳动的收益很小。这种收益帮助家庭满足了或多或少固定的消费需求。低利润和接近于零的绝对工资结合在一起，使投资于节约劳动的机器失去意义，把人们拴死在低效率的工作上，只给非维持生计必需的产品留下一个小市场。财富相当大的一部分用以维持他们舒适的生活方式，只有很小一部分用于技术革新和资本积累。商品的价值还较多地停留在基本的、生态的、维生的需求方面。奢侈品的需求并没有创造出一个极为发达的生产体系，而是创造出较多的店主和店员。

薛福成从传统农业社会的中国跨进西欧工业社会，对中西消费观念的巨大落差予以必要的反思。他发现"奢豪"之风，洋不如华。薛福成在日记中曾对中西社会追求"奢豪"的风气作如下比较：中国的饮食、穿衣、房屋等方面的消费都超过西洋。早期改革派思想家还不能从西方的消费观念中发现西方经济增长的某些秘密。

8. 组织变化、契约与市场：经济组织的合理化

西方经验论者认为，中国经济成长的动力，未包含有那些在欧美早已变得十分重要的特殊类型的组织变化。中国经济的现代化要解决经济组织的现代化问题。关于经济组织的合理化，韦伯认为资本主义是"（形式上）自由劳动的合理的资本主义组织。"① "为使向人类供应物质商品的组织合理化而进行的劳动，无疑一直是资本主义精神的代表，终身事业的一个最主要目的。"② "所谓前资本主义，是指永久性企业中的资本的合理使用和合理的资本主义劳动组织，还没有成为法定经济行为的支配力量。"③ 在古代中国，家族是基本的经济组织形式。这一组织形式在近代遇到了很大的挑战。近代早期改革派呼吁公司制度。郑观应在《商务四》中指出了中国存在坐贾（专业收放者）、行商（贩运出境者）、独商、伙商等。西方公司是比较有效的一种商业组织形式。这一制度具有韦伯所说的经济组织合理化的性质。

郑观应这样解释公司："按西例，由官设立办国事者谓之局，

---

① 马克斯·韦伯著：《新教伦理与资本主义精神》，陕西师范大学出版社2002年版，第19页。下同，从略。
② 同上书，第50页。
③ 同上书，第31页。

由绅商设立为商贾事者谓之公司。"① 公司有着很强的合理性。"迄于今日,西洋诸国,开物成务,往往有萃千万人之力,而尚虞其薄且弱者,则合通国之力以为之。于是有鸠集公司之一法,官绅商民,各随贫富为买股多寡。利害相共,故人无异心;上下相维,故举无败事。由是纠众智以为智,众能以为能,众财以为财。其端始于工商,其究可赞造化。尽其能事,移山可也,填海可也,驱驾风电、制御水火,亦可也。有拓万里膏腴之壤,不藉国帑,借公司者,英人初辟五印度是也;有通终古隔阂之涂,不倚官力,倚公司者,法人创开苏彝士河是也。西洋诸国,所以横绝四海,莫之能御者,其不以此也哉。"② 外洋公司的合理性包括两个方面,一个是科技理性方面的,集合众智,严密的组织化管理,即章程密,禁约严,筹划精;一个是具有伦理合理性,即众志齐,人无异心等。"夫外洋公司所以无一举者,众志齐,章程密,禁约严,筹画精也。"③ 但中国的公司具有很多的不合理之处。中国开埠以来,国内也模仿"西洋纠股之法",创办了诸如轮船招商局、水陆电报局、开平煤矿局和漠河金矿局等类似股份公司的经济实体,但同外洋公司相比,总显得"气不厚,势不雄,力不坚,末由转移全局"④。更令人痛心的是:"曩者沪上群商,亦尝汲汲以公司为徽志矣,贸然相招,孤注一掷,应手立败,甚至乾没人财,为饮博声技之资,置本计于不顾,使天下之有余财者,相率以公司为畏涂。"⑤ 光绪初年上海某些商贾和无业游民,曾打出"立公司招商股"以开矿的旗号,常常集股数十万金,但经不住这些家伙"恣其挥霍,饮博声伎,穷极奢

---

① 夏东元编:《郑观应集》上,第612页。
② 丁凤麟、王欣之编:《薛福成选集》,第480页。
③ 同上书,第481页。
④ 同上。
⑤ 同上。

豪",致使"商本早罄"①。究其原因是朝廷的不重视导致中国缺乏必要的兴公司的风气:"中国公司所以无一举者,众志漓,章程舛,禁约弛,筹画疏也。四者俱不如人,由于风气之不开;风气不开,由于朝廷上之精神不注。西洋旧俗,各视此为立国命脉,有鼓舞之权,有推行之本,有整顿之方,明效应之,捷于影响。中国骤行此法,无力者既懵然试之,当轴者辄惶然置之,风气岂有自开之理?是故风气不变,则公司不举;公司不举,则工商之业,无一能振;工商之业不振,则中国终不可以富,不可以强。"②薛福成认为不兴公司则不能发展工商业以致富强。

股份公司必须依法成立,要加强对公司资格的审查。"凡创商贾公司,必须具禀列明:股董何人?股本若干?所办何事?呈请地方官注册,如不注册,有事官不准理。庶几上下交警,官吏不敢剥削,商伙不敢舞弊。"③

必须建立健全公司内部的组织制度。早期改革派主张科学决策。"商务一端必须统筹全局,果有把握而后可行。"④ 关于人事管理郑观应叹称,用人实为企业"第一难事"。他以银行业的发展为例指出:"用人既多,钻谋必众。附股有荐举,亲友有恳求,达官显宦有嘱托,远近踵至,良莠不齐,偶有疏虞,即生弊窦。薪水或支用过度,钞票或作伪混行。甚至荐托愈多,无从位置,推而却之,恐碍情面,乃提送干修,少则数金,多至数十金,年复一年,漏卮无底。是皆有损于银行而贻无穷之弊者也。"⑤ 如何解决这种状况呢?郑观应提出"宜仿照西例",即学习股东的财产保值和升值。他指出:"西人胜于我者,以能破除

---

① 丁凤麟、王欣之编:《薛福成选集》,第 429 页。
② 同上书,第 481 页。
③ 夏东元编:《郑观应集》上,第 613 页。
④ 同上书,第 621 页。
⑤ 同上书,第 684—685 页。

情面，延揽人才，官绅属托有所不顾，亲友推荐有所不受，是以所用司事人等不但事情悉熟，且为守兼优。董事由股东而举，非商务出身者不用。"① 由股商公选他们信任的、能维护其利益的人进董事会。郑观应提出："一切应办事宜，由股商中慎选一精明干练、操守廉洁之人，综计出入；另举在股董事十人，襄赞其成。"为督促董事会努力工作，维护股商利益，郑观应还提出对董事会诸公，应"重其事权，丰其廪饩，激以奖劝，警以刑诛，庶利多而弊少耳"②。公司用人实行保荐人连坐法，督促保荐人推举优秀的人才。郑观应指出，若保荐人"荐而作弊，举主作之，倘有亏蚀，荐主罚赔"。他认为这样"以众人之耳目为耳目，以天下之是非为是非，则弊绝风清当亦庶乎其可也"③。郑观应认为，"勤核功过，责任必分而始专，考察则合而愈显，赏罚所在，荣辱系之。上下联属，巨细毕贯"④。企业用人应以熟悉商务为标准。他解释说："总办为公司领袖，如不熟悉商务，则不能知人善任，凡事为人所愚，措置失当。"⑤ "船栈各司事，宜慎选熟谙商务、勤慎职守者，方可任用。"⑥ 郑观应还对如何用人发表了看法，指出："人才固属难得，得才尤贵器使，事之不举，则不器使之过也。"⑦

财务管理要健全财务制度，提高当事人犯错误的成本，健全监督机制。郑观应认为，公司要办好，必须仿照西例，"董事由股东而举，非商务出身者不用。另举一极精书算之人，按月一查

---

① 夏东元编：《郑观应集》上，第618—619页。
② 同上书，第684页。
③ 同上书，第685页。
④ 夏东元编：《郑观应传》，华东师范大学出版社1985年版，第46—47页。
⑤ 夏东元编：《郑观应集》上，第619页。
⑥ 夏东元编：《郑观应集》下，第807页。
⑦ 同上。

账目。有事则众董集议，无事则于结账时聚议。每年总办将账目及生意情形刊成清册，登诸日报，俾众咸知。董事亦各抒所见，以备采择"。总之，"凡有益于公司之事，董事须竭力维持"①。要有一套严明的财务规章制度："因地制宜，审其山川，察其井硐，核其成本，计其销场。毋滥用私人，毋苛待工役，毋铺张局面，毋浪费薪资。综计每年出矿若干，提出官息税银及支销各项，此外赢余，以若干存厂，以若干均分，以若干酬赠执事，以若干犒赏矿厂，按结报明，张贴工厂，使内外咸知。"②加强企业内部监督机制建设，加重惩罚力度，增加犯错误的预期成本，降低犯错误的预期收益；鼓励揭发。

营销管理必须重视市场调查研究。郑观应对那种不预先熟悉市场行情、急于求成的做法很不赞成，主张"创办一事必须小试其端，先立于不败之地，逐渐推广，方可有功。若亟求速效，务广而荒，必至一蹶不振"③。必须注重搜集信息，重视学习西方语言。要注重促销，注重广告等促销手段的运用。郑观应依据中国古代的兵法策略，提出了以我之长，攻彼之短的营销战略。他指出："彼务贱，我务贵；彼务多，我务精……"④

中国既有裙带关系，也有契约安排。契约安排是在家庭中心的环境中进行的，是以家庭关系为中心的契约。行会没有政治和军事力量，不能寻求实现"城市经济政策"，不是一种自由协作的、形式的、公认的组织形式，其中也缺乏独立于家族关系之外的法律契约。早期改革派思想家主张国家要通过法律的手段管理经济，制定商律。要"立保护公司之法，议整顿公司之规"⑤。

---

① 夏东元编：《郑观应集》上，第618—619页。
② 同上书，第705页。
③ 同上书，第621页。
④ 同上书，第590页。
⑤ 丁凤麟、王欣之编：《薛福成选集》，第616页。

要使全社会树立法制意识，确立尊重他人权益的观念。国家要通过必要的政策措施鼓励创造发明和保护工商业的发展，如"国家定例，凡创一器者，得报官核给凭单，专享其利"①。"凡创一业，官给准照，独享其利者若干年，剿袭诈伪者罚无赦。"② 早期改革派的国家管理思想具有现代思想的某些内容和特征，具有一定的启迪意义。

9. 分层、职业分布与市场：社会秩序的合理化

中国历史上的经济，市场没有割断和农时周期性需要的联系。非农业性职业完全屈从于当地农业分工的需要。中国是一个阶级开放的社会，没有什么法律障碍去堵死人们向上或向下流入任何一个主要社会阶层的途径。中国是一个官本位的社会，一个单一职业的社会。农村中的穷人多是佃农而不是工资劳动者。中国缺乏法人组织、职业团体和地位永存的城市精英集团，籍贯纽带潜在重要的地位就越发不可忽视了。短期的租佃契约（根据预期收成确定的年租额；定额租制）保证了佃农在该土地上的其他收获是不缴租的；土地所有者和佃农可以长期或短期（农闲）外出谋业（或将其部分劳力用于各式各样的职业和服务）。各村内部的职业多样化，反映了手工业和农业之间的紧密联系。推动职业多元化和职业现代流动就是发展市场经济的必然要求。

近代早期改革派对经济生活的思考的总的出发点是民富，其基本的精神是专业化、职业化，推动社会分工的进一步发展。早期改革派所讲的民，不单重视士或者农，他们强调了工商的重要性，并强调对流民、离岗的官员等进行社会救济和保障，强调四

---

① 丁凤麟、王欣之编：《薛福成选集》，第492页。
② 同上书，第611页。

民平等。薛福成指出："圣人之制，四民并重，而工居士农商之中，未尝有轩轾之意存乎其间。"① 在四民当中，如果说有不同的话也应当"工实尚居商之先，士研其理，工致其攻，则工又必兼士之事"②。早期改革派希望各方面的人物各守其责，各尽其职："牧以地得民"，"长以贵得民"，"师以贤得民"，"儒以道得民"，"宗以族得民"，"主以利得民"，"吏以治得民"，"友以任得民"，"薮以富得民"，"而使四民之业有所归。而后王者养民之政，分而属之于人，以联合之，而国本斯固"③。王韬在《重民上》中也强调各操其业，各尽其分："士农工商，使之各执其业，而各食其食。"④ 职业分工和职业精神的强调是与现代社会的发展趋势相吻合的。

早期改革派的经济合理化构想，是建立在经济主体合理化的基点上的。由于他们对四民相对平等的重视，他们的经济合理化的主体向度就是多元的。其中之一，没有放弃重士的传统。冯桂芬的《广取士议》和王韬的《原士》论述甚详。除了上文所讲科举取士的弊端以外，王韬认为农多则治，士多则乱。关键就在于托于、附于士的人很多，并且生活优越，多，容易获得，导致有名无实，士习、士风败坏。郑观应在《革弊》中主张以"杀"字革士流之弊。社会的合理化就是要使四民都以人才为衡量标准，来加以推进，而不是局限在某一阶层上面。近代早期改革派视角的重点在人才的合理化，以士为核心，其他阶层兼士之职能。他们希望通过教育和学术的合理化，培养专业化的实用人才来推进经济合理化的进程。他们强调在引进外国先进技术、设备

---

① 徐素华选注：《筹洋刍议——薛福成集》，第164页。
② 同上。
③ 《郭嵩焘日记》第4卷，第365页。
④ 王韬著，陈恒、方银儿评注：《弢园文录外编》，第63页。

的同时,要引进外国的软技术。郑观应提出:"由总署咨行出使大臣,访明彼国著名矿师曾经开采有实效者,不惜重聘,延订来华,则西人未尝不为我用。"① 他们认为应该培养国内技术人才,派遣部分匠徒跟随来华专家学习;开办新式学堂,培养洋务人才;派遣留学生。在《游历》篇中郑观应主张派王公大臣出国游历,以提高清最高当局决策的质量和效率。他们强调培养企业经营人才,培养官办企业家,培养大买办、官员企业家。

关于农的问题,郑观应主张招募内地闲民携家前往偏远地区垦荒,国家给予资金和舍宇堤防等的支持。他认为这样做的好处有五点:"内地贫民免迫饥寒流为盗贼,一利也。边陲要地自开遗利,免启戎心,二利也。他日敌人侵轶我疆,边民各保其家,人自为战,三利也。比年整顿海防,饷利已竭,安有余力以顾边防?如此则兵出于民,饷生于地,四利也。沿海贫民即可移垦台湾、琼州等处,何必远适海外为人轻藐欺凌,五利也。"② 他们还提出出国谋生,即通过向国外移民来解决"人满"问题。薛福成指出"今欲为吾民广浚利源,莫如准赴异域佣工"③。

马克思对社会合理化尤其是经济合理化的考虑,更多地是站在工人阶级的命运的基点上的,工人经济和政治生活的合理化始终是马克思思考的一个主题。马克思对劳动力自由雇佣的积极和消极意义有着充分的认识。近代早期改革派也存在关心工人生活合理化的视角。他们希望工在商先,兼士之事。他们认识到:"诸商之致此巨富,实众工人胼胝辛勤所致也。"④ 工会不是为了与上作对,而是维持生计的需要。"近数十年来,中国民穷财

---

① 夏东元编:《郑观应集》上,第711页。
② 同上书,第740—741页。
③ 丁凤麟、王欣之编:《薛福成选集》,第472页。
④ 同上书,第595页。

尽，小民竭终岁勤动之力，往往不能仰事俯畜。生计之艰，视百年以前，不啻三四倍焉；视二百年前，又不啻七八倍焉。"① 这种情况急需寻找养民新法。

近代早期改革派关心就业和劳动力的自由流动和拓宽工人来源的问题。这个问题是经济投入的经济合法性问题。早期改革派相信机器排斥劳动力是暂时的，中国人民的就业归根到底取决于机器生产方式在中国的发展和推广，并提出了机器养民论的主张。早期改革派还提出从事农业生产的办法解决就业问题。郑观应在《盛世危言·狱囚》一篇中，主张将狱囚作为工人的一个来源。关于商人，他们希望国家给予更大的权利，保护商人的经济权利和政治权利的实现。

早期改革派强调对民众的保护，主要保远民、禁游民等。早期改革派这方面的思想集中体现在《校邠庐抗议》的《收贫民议》及《盛世危言》的《善举》和《弢园文录外编》的《保远民》、《禁游民》当中。

主要涉及的社会阶层有：鳏寡孤独之穷民，官、士、医、僧道中的游民等。解决的方法有设领事馆、义庄、立养老室、育婴室、读书室、严教室等，养病院、义学堂、老儒会、绣花会、童艺院、设化良局（保良会）、疯人院、训哑院、保险法。目标是：无游民、无饥民、无妓女，使之获得基本的生活保障，或进入四民之中，各务本业。设立的方法可以学习西方，或者官设，或者出之善士。

早期改革派关心劳动力的自主之权。只有如此才能保证劳动力的合理流动，维护劳动者的权益，解决就业问题。为了降低劳工输出过程中发生的风险，薛福成主张，在和巴西、墨西哥两国订约时，应特别强调"在许华工自往，而不宜允其来招"。因为

---

① 丁凤麟、王欣之编：《薛福成选集》，第619页。

"华民适彼国者,苟获赡身家,蒙乐利,往返自如,出入无禁,则闻风者且源源而往,本无所用其来招",所以"务使人人有自主之权,去留久暂,悉从其便,则田主非但不能虐待,而挟制、扣留、转鬻诸弊,亦不禁自绝矣"。至于"洋人或挟重资,或驶巨舰。动辄来招数千百人,运往该国,辗转贩鬻,必当严立章程,悬为厉禁,自无疑义"①。在经济民主化的呼吁的基础上,早期改革派探讨了中国经济合理化的具体构想。

他们强调"赈济"就是通过社会救济等办法,让失业者或生活困难者得到起码的生活保证,以避免社会混乱。同时要加强社会福利建设,如建立育婴院等,郑观应的《善举》等篇论述甚详。

三 "泰西"政治生活的价值启示

早期改革派思想家从西方的政治当中获得了一种公共政治的理念。"盖其视所议之政为公共之政,公则以众为归也,所议之事为公共之事,公则以众为断也;惟其正谊明道姑也。"②

公共政治的基本价值当然是公平。公平是政治的基础:"然则公与平者即国之基址也。……公则明,明则以庶民之心为心,而君民无二心矣。平则顺,顺则以庶民之事为事,而君民无二事矣。"③ 公平与否应该以民信为根据:"夫一政一令……公否平否,当以民之信否质之,乃得其至公至平。……亦当以民之信否证之,乃得其真公真平。……然则公平者,还当求之于民而已。民以为公平者,我则行之。民以为不公平者,我则除之而已。公

---

① 丁凤麟、王欣之编:《薛福成选集》,第472—473页。
② 郑大华点校:《新政真诠——何启胡礼垣集》,第304页。
③ 同上书,第73页。

平无常局,吾但以民之信者为归。公平有变法,吾但以民之信者为主。夫如是,则民信矣。"①

早期改革派在寻找西方富强之源的过程中,看到西方富强的根本原因在于民权和民主,在于政治统治获得了群众较高的参与和支持。西方政治合法性首先就在于政治权力的合法性来源于群众,从而能够保证政治的长治久安。"而西洋以公之臣庶。一身之盛德不能常也,文、武、成、康四圣,相承不及百年,而臣庶之推衍无穷,愈久而人文愈盛。"② 但西方也存在着君权和民权不平衡的问题。"西洋政教以民为重,故一切取顺民意,即诸君主之国,大政一出自议绅,民权常重于君。去年美国火轮车工匠毁坏铁路,情形与此正同,盖皆以工匠把持工价,动辄称乱以劫持之,亦西洋之一敝俗也。"③

公平政治要重民权,行选举,行议院。"夫天下公器也,国事公事也,公器公同,公事公办,自无不妥,此选议员辟议院之谓也。"④ 郑观应在《议院上》开端处新增写文字曰:"盖闻立国之本在乎得众;得众之要在乎见情。故夫子谓:人情者圣人之田,言理道所由生也。此其说谁能行之,其惟泰西之议院。"⑤ 君主立宪制使"君民共治,上下相通,民隐得以上达,君惠亦得以下逮,都俞吁咈,犹有三代以上之遗意焉"⑥。郭嵩焘称赞英国的民主制度,认为英国强大的原因在于议政院议论国事,市长顺从民愿,士民议论国政,民气相通,下情无上达,君与民交相维系,而中国秦汉以来二千余年适得其反。郭嵩焘赞扬"泰

---

① 郑大华点校:《新政真诠——何启胡礼垣集》,第97页。
② 《郭嵩焘日记》第3卷,第548页。
③ 同上书,第506页。
④ 郑大华点校:《新政真诠——何启胡礼垣集》,第128页。
⑤ 郑观应著,王贻梁评注:《盛世危言》,第95页。
⑥ 王韬著,陈恒、方银儿评注:《弢园文录外编》,第65页。

西政教风俗可云美善",甚至对法兰克福议院辩论时,"其议论之公平,规模之整肃,使人为之神远。"①

郑观应认为欧洲诸邦能横于天下者,在乎上下一心,君民共治,我中国自强之道也应当是这样的。"凡事虽有上下院议定,仍奏其君裁夺:君谓然,即签名准行;君谓否,则发下再议。其立法之善,思虑之密,要皆由于上下相权,轻重得平,乃克臻此。此制既立,实合亿万人为一心矣。"②

何启、胡礼垣强调了平气对于新政的重要性,同时他们引用"英人碧玕言'为人君者,苟无火气,其国必颓'"③。强民气,议院是一个好办法。郭嵩焘认为两党制的不合理性在于议会不能最后决策,民气过强。"西洋议院之有异党相与驳难,以求一是,用意至美。"两党之间有时"其负气而不相下,又可笑也"④。"西洋立国,有君主、民主之分,而其事权一操之议院,是以民气为强。等威无辨,刑罚尤轻。"⑤"西洋犯上作乱视为固常,由民气太骄故也。"⑥他认为议会制"其间有利亦有病,民气过昌则主权日替。"⑦又说:"泰西政教风俗可云美善,而民气太嚣,为弊甚大。"⑧薛福成认为两党制的弊端在于植私党以广扶持和散财货以延虚誉。

郭嵩焘曾指出:"日本勇于兴事赴功,略无疑阻,其举动议论,亦妙能应弦赴节,以求利益。其勃然以兴,良有由也。"⑨

---

① 《郭嵩焘日记》第3卷,第622页。
② 郑观应著,王贻梁评注:《盛世危言》,第100页。
③ 郑大华点校:《新政真诠——何启胡礼垣集》,第28页。
④ 《郭嵩焘日记》第3卷,第470页。
⑤ 同上书,第534—535页。
⑥ 同上书,第605页。
⑦ 同上书,第739页。
⑧ 同上书,第771页。
⑨ 同上书,第378页。

"勇于兴事赴功"已超出了一般的社会风气的范畴,实质上涉及民族精神。在近代早期改革派看来,国民性与道德的合理化具有十分重要的意义。"代议制度之是否能实现,民意代表之是否有价值,国家大法之是否能完美,此其责不在政府,而在我国民也。何则?政府纵有以公共统治权托诸国民之诚意,而我国民不诚意报之,而不善于运用,致生种种弊窦,如国民选举不良,议会组织不善,法律编制不备,则仍不能置国家于轨道之上。其危险甚大,我国民不可忽视也。"[1] 郑观应认为从中国国民的道德,以及道德的文化基础、社会基础来看,中国当前的政治制度实行君主立宪更合宜。

郭嵩焘说:"圣人之治民以德。德有盛衰,天下随之以治乱。……西洋治民以法。……其法日修,即中国之受患亦日棘,殆将有穷于自立之势矣。"[2] 郭嵩焘非常关心西方的律例之学。

律例之学,郭嵩焘认为有性理之学和考据之学之分。本书在性理学部分讨论就是因为早期改革派更多地是以情理来作标准考察西方的法律。其中涉及公法的合理性评判。1863年美国传教士丁韪良把1836年出版的惠顿(Henry Wheaton)所著《国际法原理》(*Elements of Lnternational Law*)译成《万国公法》。王韬在《瓮牖余谈》卷五中讲:"言律例之学者,如丁韪良之《万国公法》,采取广富而断制详明。"[3] 对公法合理性评判比较典型的说法是:"其所谓公者,非一国所得而私;法者,各国胥受其范。然明许默许,性法例法,以理义为准绳,以战利为纲领,皆不越天理人情之外。故公法一出,各国皆不敢肆行,实于世道民生,大有裨益。然必自视其国为万国之一,而后公法

---

[1] 夏东元编:《郑观应集》下,第340页。
[2] 《郭嵩焘日记》第3卷,第548页。
[3] 王韬著:《瓮牖余谈》,岳麓书社1988年版,第120页。

可行焉。"① 在谈到万国公法章程时,郭嵩焘说:"各国交际,轻重得失,反复较论,以求协人心之平,而符天理之宜。西洋诸国所以维持于不敝,皆由学士大夫酌理审义,相与挟持于其间,所以为不可及也。"②

他们认为:"西律原情。……原情则惟求通情,故不敢用刑。然理可遁饰,情难弥缝。……西律似宽而实严。"③ 西方法律制度的合理性在于能够体现仁爱之心。郭嵩焘在参观英国一座监狱后,曾为之题辞:"……观其用心曲折,一主于劝戒,而若有甚不忍者,使人油然生其仁爱之心,亦足以见留贻之远且厚矣。"④ 他赞叹香港、新嘉坡系囚处的清洁,伦敦监牢的规模、教养之经、课以工艺"使其出而皆可以谋生,尤服其用意之深厚"⑤。薛福成记载了"虽犯罪不得相屈辱"⑥,"监狱清洁无比,又教以诵读,课以工艺,济以医药"⑦ 等措施。教士讲经、药室、病房、书库可以使人散闷、警觉改悔。"无拘挛,无鞭挞,而人皆知畏刑,不敢犯法,几于道不拾遗。"⑧ 郑观应说:"惟西国之法犹能法古人明慎之心,苟能参酌而行之,实可以恤刑狱而致太平。"⑨

用这一标准衡量西方的司法制度有着一定的合理性。"夫不信问官,岂独中国为然,即外国亦然。外国不信问官而设陪审,

---

① 夏东元编:《郑观应集》上,第66—67页。
② 《郭嵩焘日记》第3卷,第452页。
③ 薛福成:《出使日记续刻》卷六,台北华文书局1969年版,第59页。下同,从略。
④ 《郭嵩焘日记》第3卷,第269页。
⑤ 杨坚点校:《郭嵩焘奏稿》,第386页。
⑥ 丁凤麟、王欣之编:《薛福成选集》,第621页。
⑦ 同上书,第627页。
⑧ 同上。
⑨ 郑观应著,王贻梁评注:《盛世危言》,第226页。

秉正人员佐官判案,不容犯人之狡展以抗公评,而于是真情出矣。"①

薛福成对西洋律例中关于"私罪"和"公罪"的认定和处理,持不苟同的态度。他介绍西洋人"大抵最重奸盗拐骗之罪","虽不抵死,亦必与以终身监禁苦工之罚,盖犹中国所谓私罪也";然而,"至于隐图弑逆篡夺,或谋为君主,或要结众心,谋为大伯理玺天德,虽未成发觉,亦只驱之禁之而已,不甚予以重辟。而舆论非惟不贬绝之,转有钦佩其为英雄者,盖犹中国所谓公罪也②。"他指斥西洋对犯有"公罪"者的宽容与放纵乃"不知春秋大义之故也"。理由是:"夫大逆不道,不能不重其辟者,所以定一尊而禁邪谋也。故胜则为王,败则为寇,古今通义。今西人则于其败者,并不指为寇焉,人孰不思侥幸以希神器哉。"③

王韬推崇法国的教育制度。法国教育有太学、国学、小学三级之分,而重点全在乎小学、国学。普遍设立各类新式学校。兴普通学校的同时,主张根据现实富强活动的急迫需要建立某些专门学校。曾具体提及的专科学校有下述几种:外语学校;武备院;水师院;舵工馆;艺术院。

教学方法方面郭嵩焘主张旁推交通,使之反隅的启发式。他在英国期间曾参观本国和殖民地协会学校,并记下该校的启发式教学方法。"西洋成就人才,使之为童子时嬉戏玩弄一以礼法,又群萃而歆起之,以不至生其厌斁之心。殆亦尽善尽美矣!"④

郭嵩焘说:"至泰西而见三代学校之制犹有一二存者,大抵

---

① 郑观应著,王贻梁评注:《盛世危言》,第227页。
② 丁凤麟、王欣之编:《薛福成选集》,第602—603页。
③ 同上书,第603页。
④ 《郭嵩焘日记》第3卷,第395页。

规模整肃,讨论精详,而一皆致之实用,不为虚文。宜先就通商口岸开设学馆,求为征实致用之学。"① 他在英国期间,曾考察牛津大学考试之法,知道该校的考试文凭,"虚为之名而已,并不一关白国家","所学与仕进判分为二。而仕进者各就其才质所长,人国家所立学馆,如兵法、律法之属,积资任能,终其身以所学自效。此实中国三代学校遗制,汉魏以后士大夫知此义者鲜矣"②。郑观应说"三代以来风俗敦庞,取士之途,乡举里选,惟重实学至行"。西方国家学术重视实事求是,重视行:"坐而言者,可起而行焉。"③ 这是和三代精神一致的。王韬也曾利用英法和日本等国的先进教育样板来反衬清朝教育的不合时宜。

王韬指出,中国也应模仿西方,给予妇女广泛接受教育的权利和机会,像西国一样,重女教,各省立女学校,延女师教之六经六学。"六经"指四书合为一经,加原五经并称之;"六学"指西学中几何学、化学、重学、热学、光学、天文学、地理学、电学、兵学、动植学、公法学等中的任意六项。郑观应更是在《女教》篇中对女教问题进行了详细的论证。

四 "泰西"社会文化生活的价值启示

王韬反对那种认为西方只"攻其下"的观点,认为西方也是"攻其上"的。西方对"上"的攻的主要表现就是"性理之学"。早期改革派对西学的合理性评价的一个主要内容就是对"性理"即价值理性的合理性的评价。"然形而下者谓之器,形

---

① 杨坚点校:《郭嵩焘诗文集》,第196页。
② 《郭嵩焘日记》第3卷,第352页。
③ 夏东元编:《郑观应集》上,第104页。

第二章 "泰西"价值的全面发现

而上者谓之道。西人亦只工其下焉者已耳！至其言教之书，迂诞支离，显悖名教。天堂地狱之说，徒拾释氏之唾余；爱人如己之论，亦窃墨子之近似。言其平淡不及儒之纯，言其幽奥不及佛之奇。固无一而可者也。不知西儒何尝不讲性理哉？上帝作之君作之师，因地而生，各异其俗。"① 西方人也讲性理。

早期改革派所指的西学主要是自然社会科学，本书引申为西方文化更广泛的问题。这里的西学是原本的西学和早期改革派理解的西学相统一的概念。早期改革派理解的西学是一个包含内容广泛的概念。早期改革派对西学进行评判的缘由有两个方面的主要原因：一个是对西方富强的原因的寻求。早期改革派认为西方政教制造出于学，是富强的基础。另一个就是因为在近代针对西方文化出现了广泛的讨论。如同文馆之争等提出了一些问题需要解决，如中西方道德的关系、科技与道德的关系等。近代早期改革派对西学评判的向度是中学的向度和中国社会的向度。评判的尺度是道的尺度和实事求是的尺度。他们认为西学有合理性，也有不合理性，并且要区分时代的不同特点，不能一概而论。评判的结论是应该学习西方。近代早期改革派对西方的很多学术门类都进行过一定的介绍、研究和评判。比较突出的是西方哲学、宗教、伦理和自然科学。评判没有局限于某一学术门类本身，而是着眼于学术本身蕴涵的理性内容，着眼于学术指向的对象和学术应用的结果。他们基本上是按照道（性理）器（象数）两个标准和尺度进行，把西方学术从精神内涵上分成了器数之学和性理之学两个性质的学术。和器数之学相近的概念是象数之学、格致之学、考据之学、艺学等；和性理之学相近的概念是文学等。

冯桂芬把学术用经学、史学、辞章、格致来加以说明。《采

---

① 《西国天学源流》，第27—29页，转引自柯文著，雷颐、罗检秋译：《在传统与现代性之间——王韬与晚清改革》，第161—162页。

西学议》认为格致包括了算学、重学、视学、光学、化学等，认为他们皆得格致之理。初步认识到各学门类的质的差别。薛福成介绍美国学校教育时曾有如下划分：经学，专论教中事，相当于宗教；法学，考论古今政事利弊及通商事宜也，相当于政治学和经济学；智学，格物兼性理文字、语言诸事也，相当于自然科学技术和哲学、语言文字学；医学，博考经络表里及制配药品也。他在智学的范围内进行了学术性质的区分。马建忠把书籍分为性理、格致之书，很自觉地按照其性质进行了整体归类。郭嵩焘用心性之学指称古希腊罗马的伦理哲学，用实学指称近代哲学和近代科学技术。王韬在《变法自强中》中把学术分为文学和艺学两部分，并把学术全部归结到实用。文学就是经史掌故辞章之学；艺学就是舆图格致天算律例。文学包括了经学、史学、政治学、文学；艺学包括了地理学、天算、光学化学等其他自然科学技术、法学。这里性质的划分已经很成熟了。

近代早期改革派这一理论构思，用今天的合理性观点来省察，基本上属于目的—工具理性（科技理性）的合理性和道德价值理性的合理性的省察。象数之学指向自然，指向器物（工具）的制造，具有自然科学方法论的内容，属于科技理性（目的—工具理性）的内容，对其评判就是对科技理性的合理性的评判。这种评判可以看做是对西方科学主义传统的评判。本书将从早期改革派对西方器数之学的具体介绍和研究入手，分析其中包含的理性的合理性及其哲学根源，以及相对于中学和中国社会的合理性，进一步分析其技术化的结果器（机械化）的合理性问题。性理之学指向人及其伦理、精神、社会生活本身，具有人文社会科学的内容，属于道德价值合理性的范畴，对其进行评判就是对西方价值理性的合理性评判。这种评判可以看做是对西方人文主义精神的评判。

一般人们讲的目的—工具合理性是指能够以数学形式进行量

化和预测后果以实现目的的行为，它以合理地选择达到目的所采用的最有效的手段、工具以及合理地权衡确立行为的目的为特征，而拒绝考虑行为的目的是否符合终极价值或是否与终极价值相关。而科学往往被当成了目的—工具合理性的典范。一般人们认为，科学何以成为合理性的典范在于科学知识的可靠性和实用性；在于科学方法的合理性。费耶阿本德认为，在科学中，根本不存在为科学所特有而为其他思想形态所缺乏的方法，使得科学家的思维和行动比其他思想家的思维和行动更合理。科学受尊敬是因为科学的实用性使国家将科学制度化，宗教化，意识形态化。本书把科技理性看做是和工具—目的理性等同的概念。所谓价值合理性行为，是指行为者在采取行为或选择时，不以成败得失和功用效益为取舍准则，而只关注如何履行某种道德上或宗教上、政治上的义务责任，服从道德良心的感召。价值合理性行为，即是为某些意识到的伦理的、审美的、宗教的或行为的其他形式的价值本身的信念所决定的行为，它与成功的希望无关。价值合理性行为受激情、理想、信仰等非理性的力量驱动，它被称为合理性的是由于行为者明确地意识到他追求的信念，有意识地将自己的具体行为控制在理性的指导和调节之下，虽然其动机是非理性的，但其实现过程却是合理性的。

早期改革派明确是在自强的目的下，经过理性权衡的结果认为器是达到这一目的的有效手段，论证了科学技术的合理性。其论证的过程，是按照外在的机械化—科学有用性—科学方法—科学中的道和心—科学的传承机制和社会动因展开的。对西方科技理性的评判他们力图构建一个中学的相关视角，但由于中学这一视角本有的匮乏，他们的努力是艰难的、不系统的，给本书的梳理带来了极大的困难。这是读者不需加以体谅的。而对西方道德价值的考察，是完全有机地按照儒家伦理哲学的一贯的进路，从人（人伦）开始，首先考察五常的德性问题，然后考察人与人的伦理关系,在其中论证了西方实、真、智、自由、民主、人权等精神内涵的合理性。同时也旁参了中国哲学其他流派的有用成果。这两个脉络在早期改革派那里是独立的,但不是绝对对立的关系。他们承认二者的转化:"由是本末具、虚实备,理与数合,物与理融,屈计数百年后,其分歧之教必寝衰,而折入于孔孟之正趋;象数之学必研精,而潜通乎性命之枢纽,直可操券而卜之矣。"[1] 实际上,二者的互相包含在早期改革派的论述脉络里也是存在的。私利和自由自然想到专利的问题,由此就找到了科技的伦理价值动因;以维护中学为目的,但中学本身又被他们赋予了科技理性和伦理价值理性的双重内涵;以国家富强为目的,但于国家本身就被他们理解为君民的伦理关系;智应该属于科技理性的问题,但在早期改革派那里属于伦理的一个范畴;道德还是科技的争论都是把道德和科技放到手段的层次上考虑问题的。在早期改革派那里实际是为了实现二者在批判反思西方和中国古代及现实的基础上实现一个新的统一。

这种倾向应该说是近代一种主导的倾向,即便是反对科学技术的论证,往往是手段上的争论和要不要学习西方的争论。这种反对的观点往往认为天文算学是"机巧之事","读孔孟之书,学尧舜之道"的儒家君子不必学,要学只能让钦天监的天文生与算学生去学;或者认为,天文算学为"一艺之末",即使学得再好,也只能培养一些"术数之士",恃术数不能起衰振弱。末艺即使不讲习,也于国家大计无所损伤。要学也不必向"夷人"学,认为中国的科学技术胜过西方,不必向西方学习。学习科学技术为用夷变夏,将使中华文化传统遭受伤害,民心士气遭受打击,正气不能伸张,助长邪气,结果就是民众归于夷。科学技术即使实用也不能是立国之本。这些争论涉及了工具理性和价值理

---

[1] 郑观应著,王贻梁评注:《盛世危言》,第57页。

性的关系及其作用的评价。

在中国近代,科学技术中所包含的合理性和合法性问题包含以下一些内容:科学技术主要指西方的科学技术,这就存在一个西方科学技术在中国的合法性问题。科学技术在西方军事和经济生活中的应用已经给一部分中国人以很深的印象,一些人开始呼吁它对于中国的经济、政治、外交、军事是有价值的。这种呼吁更多的是一种社会合理性的呼吁。也就是说承认西方科学技术对中国社会具有主体的、实用的价值,可以产出中国社会需要的物质力量。这种呼吁以早期经世派中的魏源为代表。这种认识的潜在的前提是科学技术对中国社会(包括政治、军事、经济、教育等)具有合理性。当洋务派在军事和民用工业中进行科技合理化的具体尝试时,他们使科学技术取得了一定的政治合法性支持(皇帝和部分大臣),得以进入教育系统,取得了合法的教育机会。但与此同时也刺激了科学技术合理性的大争论。争论的结果是科技理性被逐步认可。关于价值理性的争论也是如此。早期改革派对儒家伦理价值的钟爱和保守派等具有一些共性。中国文化应该走科技理性的路子,各派也有较大的相容的空间。但要注意到,近代早期改革派虽然认为中国所固有,但结论却是要学习西方科学技术。

马克思认为西方资本主义文化创造了崭新的文明,同时也造成了物和人对人的奴役。韦伯的评判是西方现代化就是合理性化,是形式合理性和工具理性化。这种合理化与关注正义和公平的价值合理性是相矛盾的。哈贝马斯则肯定了二者的相容性。中国文化浸润下的早期改革派有自己独特的对西方文化合理性的判定;一方面肯定工具合理性的作用,一方面肯定价值合理性对于避免科技理性的局限的意义。

西方文明的合理与否除自身的理论合理性和适应西方社会需求的合理性以外,还有一个和中国国情相适应,产出适应中国社会和文化、适应中国国家和民众的需要的文化因子的问题。应该说，西方来华人士是追求西方文明在中国的合理地位的主体，近代早期改革派是一支重要的力量。二者立足的价值落脚点不同。近代早期改革派肯定西方文明的合理是以维护和发展中国哲学文化的合理为前提，是用中国传统哲学文化的合理性来批判论证的，是为改革和完善中国哲学文化，为中国哲学文化产出新的文化因子服务的。因此是一种有限地承认西方文化的合理性。近代早期改革派首先肯定了西方文明的合理，肯定了其根本文化观念与中国哲学文化的相容性，以及现实完善中国哲学文化的必要性。近代早期改革派承认中国哲学文化在根本上的合理性，是承认被他们重新解释了的传统的合理性，是承认其对中国现实发展还有根本的价值，对现实的中国文化则存在着不合理、不合法的怀疑和批判。因而和洋务派、保守派等不同。洋务派对现实的质疑不彻底、保守派则根本不怀疑。从合理性评判的角度审查，早期改革派评判得出的基本结论是西方文化具有一定的合理性，中国现实的哲学文化和社会具有一定的不合理性，但中国哲学文化具有传统的和根本的合理性，中国哲学文化具有生命力。

应该说，近代早期改革派对西方的记载和评判是否符合西方的实际并不重要，重要的是在这种记载和评判中表达出了他们的理想和渴望；近代早期改革派对西方的评判是否有系统的理论根据和可靠的结论并不重要，重要的是他们触及的问题本身的价值。

1. 西方哲学和宗教的价值反思

早期改革派把西方哲学家叫做"西儒"，他们用"性理之学"、"心性""理势"来把握西方哲学，进行中西哲学的合理性对比，并通过对比解决了西方哲学的合理性问题。

关于西方哲学源流，郭嵩焘指出希腊讲"性理"比较多，并记述了泰利斯、毕达哥拉斯、苏格拉底、柏拉图、亚里士多德、色诺芬尼、安提西尼、第欧根尼、伊壁鸠鲁等人的哲学观点。指出苏格拉底爱真实，认为人心善良，教人聪明、德行和富气。马建忠指出，西塞罗讲"守心之法"，就像儒家所讲的"存心养性"；英国人讲"性理"的哲学家是洛克，法国人开始讲"性理"的是笛卡儿。

早期改革派注意探讨中西哲学文化的历史姻缘。这一思想后来没有展开，早期改革派大多数人持"西学中源"的看法，尽管包含想象的成分，但也为研究中西哲学的历史渊源提供了一些思路。

郭嵩焘以人文主义把握西方哲学，力图从比较中把握中西哲学的共同思想。一位英国学者称："推而言之，希腊、罗马各种学问，皆归本于心。心即天也，此天下各国心理之同然者也。"郭嵩焘认为是："颇为之服膺其言。"[1] 早期改革派用"性理之学"等名词来概括西方学问，力图探求中西学问的相通之处，符合西方哲学的实际，具有重要的意义，显示了近代哲学的人文主义的倾向。

早期改革派认为西方基督教就是"性理之学"。何启、胡礼垣认为"上帝生人"说与中国"天命为性之说"相同。王韬认为西方宗教在外表和儒家是相抵触的，而在内在方面来看则和中国人所讲的"道"可以沟通。西方基督教和中国的儒教在道方面是一致的，也是对道的一种认识，不能因为有基督教和儒教外表的不同，就否定道的唯一性。

郭嵩焘从基督教那里进一步确认了儒家"本天"的价值。[2] 基督教不离慈悲的宗旨。薛福成从耶稣教那里证明了"克己爱

---

[1] 《郭嵩焘日记》第3卷，第587页。
[2] 同上书，第774页。

人"的普世价值。郭嵩焘肯定摩西禁欲劝善和圣教是没什么差别的。王韬从基督教中的卜斯迭尼宗（卫斯理宗）发现了实事求是以求心安的价值。王韬认为耶稣教近乎儒，天主教近乎佛。这里讲的实事求是主要是就实事求是内在的、伦理道德的、人文主义的精神和方法论而言的。其落脚点和出发点是心之实，强调内求，不把上帝外在化、神秘化。王韬由此进一步发现基督教积极开拓，辅佐国家政事和商业，内涵有科技理性，化愚钝为文明的价值。他肯定了传教士设学堂、教文字、教技艺的积极意义。

但基督教毕竟是认识"道"的多元文化因子之一。基督教在很多方面是和儒教有冲突的，有很多局限性。在奉天方面的表现是私天，基督教"私天"是其不合理、不如儒教的地方。私天的结果把教义神秘化。在治人方面的表现是不知义，部分传教士品格的低下，擅作君权，过分的征服性。基督教以爱人而发展到损害"义"，就没有儒教合理。基督教崇尚在天主面前的平等是和张载的思想相吻合的，但不注意每个人情况的不同，就不能适宜每个人，自然就不能符合义的要求，要求每个人都信其教理也就是不现实的。正是因为基督教不知义，就必然缺少对其他文化的包容性，容易走向强迫其他不信基督教的人信仰的地步。基督教具有一定的征服性，在包容性方面不如儒教。王韬提醒西方传教士要以基督的博爱精神在中国布道。基督教不知义导致了基督教与政治过分紧密的关系，成为西方商业扩张和殖民侵略的工具。基督教力图化异己而使之同，中国士大夫激之使异，必然导致冲突，危害国家。基督教与商业、西方殖民侵略密切相关。

基督教是有"道"的，基督教传到中国，已成了一种历史的事实，去异存同，以成大一统，就是一个历史发展的必然趋势。早期改革派依据大同思想期望出现一种中国之道与基督教义合二为一的局面。文化多元有利于实现文化一统。基督教的传入似乎昭示了历史发展的某种合目的性，也就是大道行于天下。早期改革派对基督教的态度,足见他们在"道"论下面所持的多元主义的文化立场。

2. 西方社会伦理的合理性

西方社会伦理和基督教尤其是新教伦理是二而一的关系,早期改革派对西方性理的考察和评判,除了触及哲学和宗教层面以外,最直接的接触和论述就是对社会伦理本身的观察与理解。习惯于用道的视角品评中外文化的中国人,首先遇到的问题就是外来文化是否有道的评判。早期改革派指出不能说泰西礼仪之教不及中国。西方富强的根源不单在甲兵诈力,还在于教化、礼仪和仁信。郭嵩焘指出:"此间富强之基,与其政教精实严密,斐然可观,而文章礼乐不逮中华远甚。"[1] 而中国圣人之教,只不过是资之以涂饰文具的。"西国所以坐致富强者,全在养民、教民上用功。而世之侈谈西法者,仅曰精制造,利军火,广船械,抑末矣。"[2] 西方伦理到底有哪些优缺点呢?

西方社会伦理的合理性之一是崇实。郭嵩焘认为,西方社会求实,实事求是是西洋之本,政教之本,二者是相通的。西方政治上的议会民主制度,政事公开,养成了一种敢于求实、直言的政治伦理和政治风气。西方在人己关系上,一切都是为己也为人,没有隐讳,坦然自若,注重实际,没有虚文谦让。他在日记中写道,英国人并非不知书达礼,英国的学校规条整齐严肃,所见宏远,得士人陶冶,政教修明;一些大城市灯烛辉煌,车马滔滔。郭嵩焘从自己对西方社会观察的结果出发,深入一步对比研究中国与西方在仁、义、礼、智、信等伦理道德准则上的共性与差异。

---

[1] 《郭嵩焘日记》第3卷,第147页。
[2] 徐素华选注:《筹洋刍议——薛福成集》,第148页。

其二是五常德性的合理性。他们指出,希腊等国莫不以五伦为重。郭嵩焘指出西方人在礼方面甚至超过了中国。郭嵩焘还看到西洋以智力相胜。郭嵩焘还谈到"信"的伦理准则,指出:西方国家以信义相先。

除了以上方面外,西方比较优胜的是义。西方的义是寓于利之中的,这是优点之一。他认为,西方国家的人们并不讳言求利,他们言利但不轻义、义中有利、利中有义,义与利二者并重。这种义利观鼓励人们求利的正当要求,促进了社会的发展和人民生活水平的提高。因而,这种义利观远远胜于中国。私利的重视为西方国家科学技术、商业、政治等的发展奠定了基础。西方伦理的合理性在于利和道德的统一关系。马克思曾指出,股份公司是社会主义的入口,私人资本取得了社会资本的形式,是私有制的消极扬弃。早期改革派不能认识到这一点,但他们模糊地认识到了西方对私利的追求所包含的历史必然性。人主观的私利追求,结果会导向公的结果。老子就认为天道会损不足补有余。早期改革派承继了中国文化对私利所持有的乐观态度。中国言义,强调以回归内心的仁为基础,西方言义以强调兼爱的爱人为基础,西方社会以开放为义,中国极力地以封闭为礼。

其三是父子、夫妇、君臣等人己关系的伦理秩序的合理性评判。在这方面各早期改革派人物的认识并不一致。薛福成经过对西方各国社会习俗的考察,得出的结论是:"夫各国当勃兴之际,一切政教均有可观;独三纲之训,究逊于中国。"[①] 何启、胡礼垣则彻底否定了"三纲",强调男女、父子、夫妻的权力上的平等和自由。

综合起来看,他们认为西方伦理秩序方面比较优胜的地方是男女平等和君民平等。如他们对西方男女一伦便持有肯定的态

---

① 徐素华选著:《薛福成选集》,第585页。

度。近代早期改革派论述较多的是男女平等。郭嵩焘关注男女就业上的平等。郭嵩焘还对男女在社会交往和游玩方面的平等有着一定的认识。西洋男女杂坐,谈笑而不及淫乱,正是养耻的效果。他们向往泰西男女无人不学,女学与男丁并重,郑观应的《盛世危言·女教》言之甚详。对男女的婚姻平等,薛福成介绍"西俗贵女贱男",在道上、宴会上、失身、外遇问题上"正与古者扶阳抑阴之义相反"①。

西方君民二者之间也是平等的关系。西方君爱民,并把爱民推广到其他国家没有请求的民众,并维护之是国家兴旺的重要原因之一。早期改革派还不能看到西方借口维护本国在外国民的民权和利益,以及维护其他国家民众的权益的侵略实质,但它看到了这一过程给西方国家带来的巨大利益,也是很有见地的。西方君主重民情,上下情相通是好的。西方君主重便民,在西方便民与利国是一致的,并以邮政为例指出这是西方富强的原因之一。西方君主重民权和民主。泰西君与民相共而共同维护了大公。这些都是西方君民关系的合理性内容。

但早期改革派的个别人物对西方的伦理秩序还是存在很多不理解的地方。如婚姻自主带来的与父母别居异财的问题。

另一方面,早期改革派也注意到经济因素对道德风俗的制约作用。"盖有恒产即有恒心者,吾于泰西风俗见之。"②

3. 西方"器数之学"的介绍和研究

在传统的道为核心范畴的视野中,科技理性无疑是器,这是基本的判断。但器中有道,器可以上升到道的高度。这个问题恰恰是推动西方资本主义兴起的精神内核。现代主义和后现代主义

---

① 徐素华选注:《筹洋刍议——薛福成集》,第100页。
② 同上书,第146页。

充分论证了科技理性的优缺点,在科教兴国的过程中,保持科学精神与人文精神的协调,使科技机械和人与自然相协调,实现可持续发展是时代的共识。这一课题缘起于近代,为近代思想家所发现和争论。分析早期改革派的看法无疑是有着启发意义的。

近代早期改革派是介绍、引进近代西方科学技术的先驱。在人物方面比较有代表性的是王韬。他对介绍、引进西方科学技术作出了重要贡献。他写作了《西学图说》、《西学原始考》、《泰西著述考》、《西事凡》、《西学辑存六种》、《西学源流考》、《西古史》等。他列举了介绍西方科学技术的典型代表,合信氏(Benjamin Hobson,1816—1873)的《博物新编》、丁韪良(William Alexander Parsons Martin,1827—1916)的《格致入学》、艾约瑟之《重学》、玛高温(Daniel Jerome Mac. wan,1814—1893)的《博物通书》、韦廉臣(Alexander William. son,1829—1890)的《植物学》等。他写了一些科学家的传略,如弗兰西斯·培根(Francis Bacon)、玛丽·萨莫维耳(Mary Somerville)。他简介了西方应用科学中的一些奇闻逸事。他还合写了一些著作:与艾约瑟合撰的《格致新学提纲》,与艾约瑟合写了《光学图说》,与伟烈亚力合写的《重学浅说》、《西国天学源流》。王韬主要参与翻译了以下几种西方科学书籍:《中西通书》,合作人艾约瑟;《格致新学提纲》,合作人亦为艾约瑟。王韬是个有心人。他在助西人译书的同时,细心研究西学知识,还独自编写了以下几本科学著作:一是《西学图说》,二是《西学原始考》,系在《格致新学提纲》基础上扩充,三为《泰西著述考》,考订从利玛窦到徐日升等明末清初来华耶稣会士西学著述。1889年王韬将有关西书修订出版,名为《西学辑存六种》,其排列顺序为《西国天学源流》、《重学浅说》、《西学图说》、《西学原始考》、《泰西著述考》、《华英通商事略》。从书中内容可知,此六种书基本上编于1860年以前,即王韬在墨海书馆工作期间。王韬在《弢园著述总目》中简介了它们的内容。近代早期改革派的介绍和研究涉及医学、天文学、数学、物理学和化学等。早期改革派肯定科学专门化的意义。"泰西诸国颇异于此……（任官）皆倚厥专长，各尽所用，不相揽也，不相挠也。……士之所研……治术如是，学术亦如是。"① 除了有代表性的人物王韬外，其他早期改革派人物的科学探索的兴趣也是很浓厚的。除了研究传统的科学技术问题外，他们对西方科学技术的进步备感惊奇，悉心记载，并略有评论，虽然散见各处，但不乏精彩之笔，在此仅略示一二。

首先看一看他们对西医的认识。薛福成对西医的评价是："中西医理不同，大抵互有得失。西医所长在实事求是。凡人之脏腑筋络骨节，皆考验精微，互相授受。……此其技通造化，虽古之扁鹊、华佗，无以胜之。"② 西医的长处在实证，有新的医疗诊断器械，注重解剖，这是通造化的，超过了扁鹊、华佗。王韬也看重西医在实证方法方面的优点。在《外国牙科》一文中，王韬对比中西医对牙病成因的不同解释，更明确地表示了自己对西医的推重。郑观应认为西医的方法是合理的。西医方法"然实事求是，推念病源，慎重人命之心，胜于中国之漫无稽考"③。西医讲究分析的方法，用解剖的方法剖析身体，中医重视整体，西医具有自己的合理性。西医研究神经和血液系统，中医研究脉络系统。"西医事事征实，日日讲求，又有显微镜能测目力难见之物，故能察隐洞微。中医多模糊影响之谈，贵空言而罕实效。"④ 西医的精确比中医的模糊优胜得多。"窃谓中西医学各有

---

① 徐素华选注：《筹洋刍议——薛福成集》，第161页。
② 同上书，第97—98页。
③ 郑观应著，王贻梁评注：《盛世危言》，第243页。
④ 同上书，第244页。

短长：中医失于虚，西医泥于实；中医程其效，西医贵其功。"①中医注重考核效果，西医注意过程和工夫。这一认识是有一定的见地的。

西医除了诊病这方面有优点外，在用药方面也有可取之处，主要是用矿物质比较多，质量一定，医生和医院已经制造好了，但对药性的把握不如中医。"西国多用金石，质有一定。且无论汤、丸、膏、散皆属医生自配，较之买自药铺，品味搀杂，炮制不精，自行煎熬，不谙火候者，功用故殊矣！"② 也许是郑观应也希望中药制剂能够进行西方式的现代化的批量生产。医治外症优于中医。"余谓西医之精者，其治外症固十得七八，但于治内症之法，则得于实处者多，得于虚处者少。"③ 即便是外治诸方也不能否定其是否受了中国的影响。西医外治诸方，俨扁鹊、华佗之遗意，有中国失传而逸于西域者，有日久考验弥近弥精者。其对中国文化的固执在这里也略见一斑了。

西医的合理性在于国家对医学的保护政策，国家对医学事业的关注是医学发展的重要的推动力量。"惟中国名医，数世之后往往失其真传。外洋医家得一良法，报明国家，考验确实，给以凭照，即可传授广远，一朝致富，断无湮废之虞。所以其医学能渐推渐精，蒸蒸日上也。其他诸学之能造深际，率恃此道，又不仅医学也。"④ 如果中国的官吏也能这样关注医学，中医将会有更大的发展。"中国之医能如是乎？中国之官吏能如是之认真考验乎？此不若西医者一也。"⑤ 中国医学的发展，在根本上缺少国家的支持和保护，这一看法抓住了问题的要害。

---

① 郑观应著，王贻梁评注：《盛世危言》，第245页。
② 同上。
③ 徐素华选注：《筹洋刍议——薛福成集》，第97—98页。
④ 同上。
⑤ 郑观应著，王贻梁评注：《盛世危言》，第244页。

除了医学外，近代早期改革派对中国天文学的发展给予了很大的重视。冯桂芬曾著《校正李氏恒星图》、《测定咸丰纪元恒星表》。《谈天》原名《天文学纲要》（*Qutlines of Astronomy*）是英国著名天文学家约翰·赫歇尔（John Hershel, 1791—1871）1849年出版的原著。李善兰和伟烈亚力合作，据1851年新版译出，1859年在上海出版。15年后，徐建寅又把1871年新版的最新天文学成果补充进去，1874年由江南制造局出版了增订版。《谈天》首先提出了实事求是的自然科学方法论。《谈天》译出后，深受国人重视，王韬在《瓮牖余谈》卷二中专门介绍了该书作者"侯失勒"，称《谈天》"有大功于世"[①]。天文学方面，王韬与伟烈亚力合写了《西国天学源流》，1858年出版。这是一部介绍西方天文学发展史的著作。《西国天学源流》的长篇附言对当时有关西学的各种陈词滥调逐一进行驳斥。《西学图说》是全部由王韬自己创作的。王韬独撰的《西学图说》在1889年至1890年出版。《西学图说》里阐述了哥白尼的日心说。在《西学图说》中，王韬的论题包括太阳说、赤道说、行星环绕太阳说、星气说、岁差说、空气说、声学说和光动说等。他的论述配以插图，基本上简明易懂、准确无误。王韬试图通过《西国天学源流》的传播使国人认识西历的精确性和科学测量方法。

薛福成通过亲眼观测，以及法国天文学家们的介绍和剖析，领悟到不少有关天文舆地的新知识，如地球自从具备土水风火以后，产生了植物，化生、湿生之物生，进一步卵生之羽族生，而胎生之毛族生，最后人类繁育。这些记载显示了近代国人对生物进化论的兴趣。

在数学方面，冯桂芬曾著《西算新法直解》。1859年，李善兰与英国传教士伟烈亚力合作，在补译《几何原本》后九卷的

[①] 王韬著：《瓮牖余谈》，岳麓书社1988年版，第46—50页。下同，从略。

同时，还把西方近代符号数学《代数学》第一次介绍给了中国人。《代数学》原著者是英国数学家棣么甘（Augustus De Morgan，1806—1871），原名《代数初步》（Elements of Algebra）。王韬在《瓮牖余谈》中赞扬《代数学》、《续几何原本》和《代微积拾级》等，"已深探历法之大凡，而大辟畴人之蹊径。"[①]

郭嵩焘强调数学的基础作用。早在咸丰十一年（1861），他在国内就听友人介绍："西洋算学近尤精，有代比微积拾级一书最佳。代、比、微积者，数学三法也。"[②] 到西方之后，通过许多实际事例，使他对数学重要作用的认识更加深了。例如，当他得知伽利略从教堂的悬灯被风吹动获得启发而发明用摆的悬钟时，得出结论："西洋机器，出鬼入神，其源皆自推算始也。"[③] 又如，当友人论及西洋房屋坚固，是因为"其制造之法，探考推算，穷极微妙，未尝稍有宽假也"。郭嵩焘接着指出："吾谓西洋一切以数字为基。……事事以数准之，无苟施造者，所以能坚固持久。工艺无大小皆得之学问之益，是岂中国所能几哉？"[④] 正是基于对数学重要性的这种认识，所以他在办学时首重数学。在马克斯·韦伯看来，科学的合理化问题关系到社会的合理化问题。"今天，这种资本主义的合理性，基本上取决于最重要的技术因素的可计算性。但是这主要是说，它依赖现代科学的独特性，尤其是以数学及准确而又合理的实践为基础的自然科学。"[⑤] 韦伯的话从另一个侧面证明了早期改革派的认识所达到的时代高度。

---

① 王韬著：《瓮牖余谈》，第119页。
② 《郭嵩焘日记》第1卷，第532页。
③ 《郭嵩焘日记》第3卷，第370页。
④ 同上书，第678—679页。
⑤ 马克斯·韦伯著，彭强、黄晓京译：《新教伦理与资本主义精神》，第23页。

关于物理学，李善兰和艾约瑟合作，把英国著名物理学家、科学与哲学史家胡威立（今译威廉·惠威尔 Wellem Whewell，1794—1866）的《初等力学》（An Elementary Treatise on Mechanics）译为《重学》，1859年刻印。王韬《瓮牖余谈》卷五中讲此书"制器运物，意精理妙，能开无穷之悟。"① 郭嵩焘认识到："西洋博物之学，穷极推求，诚不易及也。"② 他还曾在日记中详细记载当时正在英国留学的严复向他介绍的牛顿力学的基本原理："洋人推测，尤莫精于重学。英人纽登（牛顿）偶坐苹果树下，见苹果坠，初离树，坠稍迟，已而渐疾，距地五尺许，益疾，因悟地之吸力。自是言天文之学者尤主吸力。物愈大，吸力亦大。""格物致知之学，寻常日用皆寓至理，深求其故，而知其用之无穷，其微妙处不可端倪，而其理实共喻也。"郭嵩焘听了严复这些议论之后写道："予极赏其言，属其以所见闻日记之。"③

早期改革派对西方器数之学的初步研究已经触及了西方器数之学在近代中国的合理性问题的基本部分：研究方法的合理性、与西方社会的相互作用的社会合理性、相对于中国文化和社会的合理性等内容。

4. 西方器数之学理性内涵的合理性

通过对西方科学的具体的研究，早期改革派逐步认识到西方科学技术有着自己独立的发展源头，西方科学技术传统源远流长，有些器艺，尽管东西方相类似，并不能排斥各自独立发展的情况存在。在与伟烈亚力合写的《西国天学源流》的长篇附言

---

① 王韬著：《瓮牖余谈》，第120页。
② 《郭嵩焘日记》第3卷，第453页。
③ 同上书，第517—518页。

中，王韬针对当时有关西学的各种陈词滥调逐一进行驳斥。

何启、胡礼垣指出西学中源，以及寻找西方自然社会科学与中国哲学文化经典的有关论述之间简单的相似性是没有什么价值的。如果说有着源流的关系的话，也要进行推本的理性的考察。也就是进行实证方法的具体研究才会有结论；就是要从道和理古今中西相同的高度，从心对理的认识的不分地域民族、不分时代的高度才能得到认识；从形式合理性的高度，从中学中寻找和西学相似的部分；从逻辑推理和事实论证相结合的角度研究才会有结论。这样一来，西学中源的论述也就具有了解决中学所不具有的科技理性传统的问题，进行科技理性的解读，具有中学科技理性合理化的意义；同时也具有论证西学的传统合理性的意义。

韦伯认为传统社会的组织建立在传统的价值观念的基础上，统治的合法性和反叛的合法性都来源于传统；维系社会组织的不是明文规则，而是官吏对上级的忠诚；由根深蒂固的习惯所决定的行为是传统行为。在晚清的中国，保守人士基于根深蒂固的儒家文化习惯，排斥和贬低科学技术，否定其理性的传统行为经常发生。西方的科学技术要取得合理性的地位，也必须取得传统价值观的认可。在早期改革派看来，从传统的角度来看，西方的科学技术有一些是从中国传过去的，因而传统的合理性问题是不存在的。早期改革派也利用源和流来说明这个问题。薛福成说："非特机器也，即化学、光学、重学、力学、医学、算学，亦莫不自中国开之。"[①] 紧接着薛福成的论述明显地是从形式的合理性的角度考虑问题的。王韬也有这种看法。他说："中国，天下之宗邦也，不独为文字之始祖，即礼乐制度、天算器艺，无不由

---

① 丁凤麟、王欣之编：《薛福成选集》，第620页。

中国而流传及外。"① 紧接着王韬从事实的角度,逻辑推理的可能性的角度,形式相似性的角度论证了这一点。这样一来他们观点之间的矛盾性就得到了化解。郑观应指出:"今人自居学者,而目不睹诸子之书,耳不闻列朝之史,以为西法创自西人,或诧为巧不可阶,或斥为卑无足道。噫!异矣!"② 他是侧重从形式合理性角度考虑的。对于同一个西学中源,必须看到在不同思想家那里内涵的不同。正像马克思所指出的:"一切已死的先辈们的传统,像梦魇一样纠缠着活人的头脑。"但我们必须看到利用传统上存在着的质的差别。"在观察世界历史上这些召唤亡灵的行动时,立即就会看出它们中间的显著差别。"③ 近代早期改革派力图使自己的思想和西方的科学技术相结合,借助于传统来论证学习西方科学技术的必要性和中国哲学文化以及社会科技化道路的合理性。

科学技术所包含的理性是什么呢?早期改革派触及的内容主要包括方法的合理性、实用理性、价值理性以及由此带来的与社会互动关系。西方科学技术包含的方法上的实证理性具有合理性。象数之学"古神圣兴物以备民用,曰形,曰象,曰数,曰器,曰物,皆实征诸事,非虚测其理也"④。薛福成指出:"西洋制造之精,以汽学、重学、化学、电学为本原。人人用力格致,实事求是,斯其体也;国家定例,凡创一器者,得报官核给凭单,专享其利,斯其用也。"⑤ 西洋制造工艺迅猛发展的内在原因是科技工作者实事求是的钻研创新。近代早期改革派重实证,重闻见之知,力图为科学的发展开拓哲学思维的道路。郑观应指

---

① 王韬著,陈恒、方银儿评注:《弢园文录外编》,第39页。
② 郑观应著,王贻梁评注:《盛世危言》,第74页。
③ 《马克思恩格斯选集》第1卷,人民出版社1995年版,第585页。
④ 郑观应著,王贻梁评注:《盛世危言》,第75页。
⑤ 丁凤麟、王欣之编:《薛福成选集》,第492页。

出科学"然皆积百年研究之功,始得一旦贯通。其学神而明之,存乎其人,非偶然矣"①。郭嵩焘认为西洋人品学问蒸蒸日上有思维方法上的原因,实事求是的实学精神是根本。郭嵩焘尝言:"西人格致之学,所以牢笼天地,驱役万物,皆实事求是之效也。"② 郭嵩焘认为西方科学技术的发展是与寻根问底分不开的。对科学技术的认识不认识这一点是不行的。"今之学其学者,不过粗通文字语言,为一己谋衣食,彼自有其精微广大之处,何尝稍涉藩篱?"③

西方科学技术具有有用性,具有实践的合理性。西方文明注重实用,发明了大量的机械,对中国造成了极大的威胁,给中国人以极大的思想震撼。前文已述,郭嵩焘分析了数学对西方富强的关系。反过来,西方科技在知识传承的社会机制上比较合理,西方科学技术的发展与资本主义的发展密切相关。郭嵩焘认识到英国近代实验科学的发展是与资本主义的发展密切相关的。④ 他说明了正是英国资本主义的发展,促进了近代英国实验科学的发展。之所以如此是因为科学技术的实用性。这种对于科学技术和西方资本主义兴起的关系的考察,早期改革派初步认识到了科技理性与资本主义精神之间的关联。这为考察科技理性和价值理性的统一,科学技术中包含的价值理性问题奠定了基础。早期改革派对"利"与科学技术发展的考察,使科技理性的合理性评判出现了伦理的标准,如义利关系、私和自由、人权等。薛福成指出不能忽视国家运用专利权所产生的鼓舞、激励和保护的作用。在西欧,薛福成切身感受到,不少潜心研究的科学家,"因攻新

---

① 夏东元编:《郑观应集》上,第65页。
② 《郭嵩焘日记》第3卷,第766页。
③ 郑观应著,王贻梁评注:《盛世危言》,第76页。
④ 《郭嵩焘日记》第3卷,第371页。

艺而致贫困"，可是一旦发明成功，便可凭借专利而"富拟王侯"，"其君若相必从而宾异之，旌以显爵"，无比荣光。不仅如此，他还了解到专利权可以转让的规定。薛福成感叹："吁！此其所以能率数十百万人之心思才力，以窥造化之灵机，而尚无穷期也。"①"但另一方面，科学和有赖于科学的技术的发展，由于具有资本主义利益集团所关心的实际经济用途，因而从资本主义利益集团中得到了巨大的刺激。"② 早期改革派的认识和韦伯的认识是一致的。

"道"概念是中国人惯用的衡量合理合法的标准性的概念。早期改革派利用了这个概念在最抽象、最高的逻辑层面肯定了西方的科技合理性。1890年薛福成提出"西法为公共之理"说，论证了器的普遍性。"夫西人之商政兵法，造船制器，及农渔牧矿诸务，实无不精，而皆导其源于汽学、光学、电学、化学，以得御水、御火、御电之法。斯殆造化之灵机，无久而不泄之理。特假西人之专门名家以阐之，乃天地间公共之理，非西人所得而私也。"③ 薛福成认为，衣冠、语言、风俗是"中外所异"，而"假造化之灵，利生民之用"，也就是凭借创造发明为人民造福乃是"中外所同"，不分彼此的。如今西洋各国的科学技术比中国先进，这不过是"彼西人偶得风气之先耳，安得以天地将泄之秘，而谓西人独擅之乎？又安知百数十年后，中国不更驾其上乎④？"科学技术是没有国界的，创造发明更不存在什么夷夏之辨，先进科学技艺既不是西方人永远独享的专利，又怎知中国人在若干年后不可能由落后转变为先进，进而凌驾于西方之上呢？

---

① 丁凤麟、王欣之编：《薛福成选集》，第493页。
② 马克斯·韦伯著，彭强、黄晓京译：《新教伦理与资本主义精神》，第23页。
③ 丁凤麟、王欣之编：《薛福成选集》，第298页。
④ 同上书，第556页。

而道更是普遍的,贯通中西的科学技术就是道和理,直接把科学技术提高到道的层次,没有国界,不能独专。"列国之制,虽有攸殊,此心之理无不相同。"① 中西方有共同的心法、共同的理,共同的道。近代早期改革派没有停留在表面的简单的借助传统论证西方科学技术的合理性。而是注意寻找西方科学技术的内核,与中国哲学文化的共同性和可融通性。

早期改革派对西方科技理性的哲学根源进行了说明。郭嵩焘光绪四年七月二十日记有马建忠的话介绍了笛卡儿的认识论和牛顿力学之间的关系。② 郭嵩焘认为西方科学主义哲学源于亚里士多德:"近世格致家言,希腊皆前有之。希腊学问从亚力克山太(亚里士多德)以后传播天下,泰西学问皆根源于此。"③ 西方近代哲学和实证科学源于培根。郭嵩焘在日记中多次提到过培根,④ 1620年英国弗兰西斯·培根的主要著作《学术的伟大复兴》问世,其第二部分是《新工具》(Novum Organum)。早在同治十二年(1873)前完成的《瓮牖余谈》一书中,王韬就在长达八百字的文章中介绍培根。王韬把《新工具》译为《格物穷理新法》,并强调培根注重实事求是,必考物以合理,不造理以合物。这些记述显示了早期改革派科学主义的致思路向。

西学是合理的,应该学习,而不是漠然、嘲笑、抵制。早期改革派对中国士人对科学技术的合理性视而不见,对否定科学技术的态度嗤之以鼻。郭嵩焘对中国士人对待西方科学技术迅猛发展的态度深感担忧。中国对西方科技的迅猛发展:"中国漠然处之,一论及西洋事宜,相与哗然,以谓夸奖外人,得罪公议……

---

① 《西国天学源流》,第27—29页,转引自柯文著,雷颐、罗检秋译:《在传统与现代性之间——王韬与晚清改革》,第162页。
② 《郭嵩焘日记》第3卷,第605页。
③ 同上书,第803页。
④ 同上书,第268页。

以评论西人长处为大戒。中国士大夫愦愦如此，虽有圣者，亦且奈之何哉！"[1] 早期改革派对于传统士人利用传统来反对学习西方的科学技术是持反对态度的。

西方哲学的合理性主要是指分析论证的逻辑的合理性和实证的合理性。后来的冯友兰、金岳霖等都着重强调了这一点对于中国哲学近代化的意义。近代早期改革派对于这一点有着朦胧的认识，但还没有充分地展开，除了关心实证以外，道德的形而上学意义也是很关注的。

5. 制造之学

这里"制造之学"的概念来自《盛世危言》《商战下》。狭义所讲的器数之学是不包括机械化在内，早期改革派指称的是机械背后的自然科学。"形战者何？以为彼有枪炮，我亦有枪炮，是亦足相抵制矣。……心战者何？西人壹之志通商，欲盖已以损人，兴商立法则心精而力果。于是士有格致之学，工有制造之学，农有种植之学，商有商务之学，无事不学，无人不学。我国欲安攘外：亟宜练兵将，制枪炮备有形之战以治其标；讲求泰西士、农、工、商之学，裕无形之战以固其本。"[2] 但机械是工具理性的重要表现和内容，是器数之学的重要的衡量尺度。并且很多情况下，西学所指是包括西方文化的广泛的内容的。况且，早期改革派机械的合理性的评判，主要还是从文化角度考虑问题的，其中很重要的一点就是机械本身依托的自然科学及其工具理性，机械的评定是狭义器数之学的延伸，从早期改革派和现代的观点看都是对西方科技理性和目的—工具理性的合理性的一种合理性评判。他们对机械及其所包含的理性内容的合理性的评判具

---

[1] 《郭嵩焘日记》第3卷，第634页。
[2] 郑观应著，王贻梁评注：《盛世危言》，第317页。

有文化的评判的实质和内核。以这种评判为基础,他们触及了非常广泛的、并且是非常根本的社会历史哲学问题,得出了一些一般的结论,使对西方的思考和评判最终落脚在社会历史哲学的视角上。

第三章 "中国"的价值反思

一 "中学"价值的再诠释

这里所说的中学是原本的中学和早期改革派重新解读了的中学相统一的概念。早期改革派关于中学合理化的思考主要是找到中学具有的适应全球化进程和西学冲击，可以成为中国社会现代化的文化观念动因。其主要指向是形成带有普遍必然性的方面加以合理化，或是有着重大局限、急需加以改变的方面加以合理化。关于中学的合理化首先要解决的问题是：什么是中学。解决这个问题首先要解决的是在西方文化和社会的冲击下，在中国文化和社会出现了新的变化和需求的情况下，哪些学派是中学当然的代表者？因此就必须对中国哲学诸家进行评判，得出当然的代表，确定各家对中学合理化可以贡献的内容，推进中学的合理化。其次要结合西学的评判及中国社会需求确定合理化的基本方向和形态。而这一形态又必须是内在于中学之中的才能称之为中学的合理化形态。因此中国哲学诸家的评判和中学基本形态的把握就是二而一的问题。早期改革派基本上是从正学的道的高度，以实事求是为基本的精神和方法，按照道器合一的原则，紧扣贯通中西古今这一宗旨进行思考的。思考的基本结果是：中学在古代和现实的核心是作为道的伦理价值，中学合理化要以此为基础，但现实不如西方，遇到了危机，因此要结合西学和中国社会的发展需求进行合理化—中学的价值哲学形态和价值哲学的合理化方向；中学中以"三纲"和"夷夏之辨"为核心的关于社会历史的看法出现了适合全球化趋势的困难，因此需要合理化—中学的社会历史哲学形态和社会历史哲学合理化方向；中国古代圣人和中学有科学技术，有机械制造，崇尚智，但科技传统失传了，泰西续接或实现了这个传统，这是中国所必需的东西，因此需要合理化—中学的科技哲学形态解读和科技哲学合理化。早期改革派的学术思考说明：近代早期改革派和其他思想家一起对中国传统文化在近代遇到的传统文化不能生产适应西方文化传入和全球化时代中国文化和社会发展需要的观念因子的危机进行了解决的尝试；没有走上西方式的合理化进程的实质在于，这些新的文化因子因为其具有西学的理论特点，因为传统的力量过于强大，由于特殊的时代环境等原因，没有在现实的文化和社会生活中尽快取得自己的合理地位，没有成为一种在当时取得巨大的实际效果的合理化运动。但近代早期改革派指明的合理化道路并没有终结，这个过程在中国历史上还在继续着。

道是高于学的，中学要以阐发道，贯穿实事求是精神，坚持正学精神，贯通古今中西，服务于社会合理化为宗旨。为实现这一点，必须对中学诸家在道的格局下的秩序和地位进行评判，即中学诸家合理化评判，并进而对何谓中学，何谓符合时代需要的中学，即合理化的中学向度和形态作出思考。早期改革派得出合理化向度理论参考指向有二：西学；中国社会和生活于其中的个人。评判的主要依据是道和实事求是中所包含的几种基本的理性内核，这是得出中学合理化向度的解释逻辑和思想倾向性，是中学解释学的尺度问题。评判秩序格局和评判合理化的尺度是二而一的关系。评判的结果是推动了中学的自我启蒙，初步形成了中学新的合理化向度和形态。

中国哲学诸家相对于西方哲学、基督教文明、伦理道德、科学技术、大工业、商业和民主化，相对于个人和社会的实用合理性的意义是不同的。因而,中国哲学合理化,必须对中国哲学诸家及其相互关系进行重新的认识和解释。近代早期改革派对中国哲学诸家的考察和研究,是被置于个人和社会的有用性,以及西方文明提出合理性的挑战的视角之下的。

中国哲学诸家的合理性问题是一个复杂的问题。其中包括儒家以外的诸子百家相对于儒家文化的合理性问题,佛教相对于儒家文化的合理性问题;也包括儒家为代表的中国文化相对于西方文化的合理性问题,以及儒家本身各派的合理性问题。在中国文化的历史上学派合理性的论争持续不断。随着西方文化的输入,在中国文化自身的合理性论争的基础上,各派思想家又面临着一个中国文化的合理性的共同问题。在近代早期改革派所处的时代,西方哲学还没有广泛地传入,西方哲学的逻辑化的冲击还没有开始。鸦片战争和西方商业的入侵已经使中国近代早期改革派感觉到了西方科技化、工业化和商业化的力量。西方传教士的活动和影响的不断扩大,时而发生的教案事件,以基督教为指导和文化表征的太平天国运动的强大冲击,在科举制度体系下的儒学日益庸俗化,丧失了自己的生命力,这一切都促使近代思想家围绕着中国哲学及其诸家的合理性问题展开广泛的争论。今文经学、古文经学、宋学等脉络里的学者都有着自己的对待西方文化的立场。汉学和宋学之争论,今文经学和古文经学的分歧,宋学内部的分歧更多地是由于对待中国文化和西方文化的态度的不同造成的。

在近代早期,西方哲学的理论合理性、表达合理性还没有构成对中国哲学的逻辑化、体系化不足的考验。或者说,在近代早期,尤其是在近代早期改革派那里,继承了中国哲学的形式上的体系化不足的特征,在近代转换过程中,在思考中国哲学的现代性时,没有沿着西方哲学注重理论逻辑分析的合理性的道路前进,而更接近于晚近哈贝马斯所揭示的表达合理性的道路。对于处于近代哲学和文化纷争的时代来说，探讨中国哲学的表达的合理性也许更具有实际的意义。对于中国现代的专业哲学家来说，近代早期，尤其是近代早期改革派这样的思想家实在不能称之为哲学家，或者说，他们的哲学思想是贫乏的，还处在前近代的过程之中。在这里我们可以回顾一下，冯友兰先生在1933年出版面世的《中国哲学史》下卷第一章把汉代至清末的康有为称为"经学时代"。清末中外交通的大变动已造成了中国第三阶段，即近代的开始，但清末以来尚未有大的哲学体系产生出来。冯先生在这里基本上还是按照体系化、知识论、逻辑化的标准来看待哲学问题。中国哲学作为中华民族的一种系统化的世界观，它的合理性是由这种世界观指导下的实践的合理性决定的。在近代，全球化趋势的发展显示了中国哲学天下观和历史观的局限性，西方文明的导入，显示了中国伦理观的不合理性，西方科技文明的发展和商业化、工业化显示了中国哲学贬低器的不合理性。夷夏之辨，道器之辨，商农本末之辨，义利之辨，仁义礼智信等等都是中国哲学的核心观念，中国哲学世界观的合理性主要是由这些核心范畴及其合理性决定的。从这个意义上讲，近代早期改革派的思想可以称得上是"哲学"的，他们感受到了中华民族遇到的世界观的难题，对中华民族固有的世界观进行了反思，并力图使之合理化，实现了中学的自我启蒙。

早期改革派对中学启蒙的贡献集中表现在用西学的合理性评判作为参照，对中学的各派进行了相对平等的审视，并在根本上重新解释了中学，使中学的合理化出现了质的飞跃。早期改革派对中学的启蒙是逐步推进的，基本上有以下几个关键的环节：由超越汉宋到超越儒家，由超越儒家到超越中学。早期改革派对中学启蒙的贡献首先是儒学的自我启蒙。而儒学的自我启蒙在近代首先是对儒学各家进行合理地评判。由于具体人物的差异，本书不再描述早期改革派这个具体的过程，而只是把基本的逻辑层面进行交代。

1. 儒者不过九流之一流

早期改革派实现中学自我启蒙的一个重要层面是儒学和中国文化其他部分的关系。早期改革派既没有否定儒学的独特地位，又没有否定其他各派是中学的当然组成部分，是当然的代表者之一。其中被他们关注的主要有诸子学和佛教。早期改革派是在坚持儒家对于诸子学的主体性地位的前提下平视诸家的。薛福成1864年在《选举论上》中作了这样一个比喻："然譬诸水，六经，海也；诸子百家，江湖也。"① 在早期改革派心目中儒家的意识形态色彩已经很淡了，儒学变成了诸学派中的一种学说。"九流者，儒家、道家、阴阳家、法家、墨家、纵横家、杂家、农家、小说家也。是儒者不过九流之一。夫各流皆有其所谓精，亦有其所谓病，未可以一流而概众流也。以一流而概众流，势必是非蜂起，是率天下以相争也。且阴阳纵横等事明系孔孟之所不取。孔子以阴阳言易，不过就人事而探其消息盈虚。孟子虽好辩见，称何尝以说词而求其富贵利达。今以孔孟之道概众流，搔痒不着，虽赞何益?"② 他们认为以一种学说统摄其他学说势必是非蜂起。

其他各家合理地位的取得是西学对中学的启蒙的成果之一。正是因为对西学的合理性的认识和评判他们才提高了儒学以外各家的地位。因为论证诸子学和佛教具有相对于西方文明的合理合法性，是中学可以产出适应西方文明的文化因子的不能忽略的因素。在产出西方文明需要的文化因子方面，诸子学和佛教具有一些儒学无法比的优点。主要体现在科技理性方面、价值理性方

---

① 丁凤麟、王欣之编：《薛福成选集》，第1页。
② 郑大华点校：《新政真诠——何启胡礼垣集》，第362页。

面。为什么中学其他部分可以产出适应西学需要的文化因子呢?关键是儒学流变过程中对"道"的认识的片面性和中学其他部分中包含的对"道"的认识,相比较于儒学的某些优点。

就科技理性方面而言,墨子和管子的思想中就有很多的科技内容。如《管子》中的"'事者生于虑,成于务。不虑则不生,不务则不成'西国各学之重专家,各业之有公司,颇得此意"①。虑是知的问题,务是行的问题,事的形成是由知起,完成于行的。西方重视专家和公司的出现,是包含了重知行及其统一的合理的精神内核的。把科技知识应用于公司管理,体现了西方文化中所具有的科技理性内涵。在近代早期能够看到这一点,应该说是经过了深入的思考的。

就道德价值理性而言,中学中有平等的内核。早期改革派认为墨学和基督教相似。薛福成就把耶稣的学问理解成墨子的"爱无等差"之学。把耶稣教的源头看做来源于墨子。郭嵩焘也认为耶稣教的爱人和"视人如己"就是墨子兼爱的主旨。不仅如此,在科技方面以及政教方面都显出了墨学的价值。薛福成还认为父子在刑律上的平等也是本于墨氏爱无差等之义。早期改革派对墨学的重视基本上是为了适应基督教的冲击而提出来的。尽管他们对没有差等的平等颇有微词,但他们肯定中学中有类似的内容,倒是后来人们发展中学所能采取的一种思考方式。

《管子》中的民本思想和西方的民主思想是相通的。薛福成说《管子》和西学相通之处,不仅包括器物层面,还包括政教层面:"余观泰西各邦治国之法,或暗合《管子》之旨,则其擅强盛之势亦较多。《管子》云:'量民力,则无不成。不强民以其所恶,则诈伪不生。不欺其民,则下亲其上。'西国之设上下

---

① 薛福成:《出使英法义比四国日记》,岳麓书社1985年版,第253页。下同,从略。

第三章 "中国"的价值反思

议政院,颇得此意。"① 西方的上下议院就是体现了《管子》的不欺民、不强民的思想特点的。

诸子学中还有商业的内核,重利和富国的内核。在薛福成看来,西方行商政也与《管子》相同:"管子正盐荚而诸侯敛袂朝齐。是商政之足以奔走天下,古之圣贤有用之者矣!"② 薛氏的观点多为时人接受。何启、胡礼垣认为管子的思想已经包含了西国富强的基本原理。"管子天下才也,而其道尤善在通商以富国,富国以强兵。"③

诸子学以外的佛教和道教相对于道而言,相对于西方文化和现实的社会需要而言,又具有怎样的合理性呢?王韬认为:"有释,判乎儒者也。"④ 他没有彻底否定佛教,而是肯定了其中包含的价值伦理和应对西方文化的合理性。佛教中则具有自觉的道德修养内核,这是佛教的得"道"之处。关于佛教及其与现代化的交涉,近代早期改革派没有刻意利用佛教来为现代化服务。但他们肯定了佛教对于中国文化的现代合理化具有的特殊作用。其主要作用就是有利于保持中国文化的主体性地位。郭嵩焘所以推崇佛教,其目的正在于利用其"明心见性"之旨,以抵制耶稣教在中国的传播。郭嵩焘批评了晚清儒学在心性修养方面对民众感应力的缺乏。这也是儒学长期意识形态化的必然结果,如不加以转化,其最终会因赖以生存的经济和政治基础的丧失而失去合理性。

对于作为中学中另一大流派的老子学说,早期改革派坚持从学说与历史发展和现实社会的关联的角度来考虑其学说的合理合

---

① 薛福成:《出使英法义比四国日记》,第253页。
② 同上书,第83页。
③ 郑大华点校:《新政真诠——何启胡礼垣集》,第364页。
④ 王韬著,陈恒、方银儿评注:《弢园文录外编》,第35页。

法与否。在他们看来,道教的兴起自有其社会文化和心理因素。"夫二氏之教忽焉昌炽者,皆由于圣道之衰,儒术之蔽。……夫仙道贵长生,佛法贵无生。彼其世主始以一念之贪,欲永享万世之奉,故学仙求长生。"① 关于老子学说的合理性要从历史发展本身来寻找,不能过分地把历史发展的合理与不合理归咎于老子。"今以中国之不能自振而归其咎于老子之《道德经》,指甲骂乙,狂妄无有过于此者。"②

说儒家是众流中的一流,就是说儒家有局限性。这种局限性是相对于西方文化和中国社会需求,相对于其他诸子学和佛教的局限性。因为普遍性的道必须通过学术的相容性和多元文化的普遍适应性来体现。儒学在发展过程中出现的缺点主要表现为普遍适应性公理的缺乏。具体表现在"秦之儒者,法术刑名。汉之儒者,曲学阿世。宋之儒者,不近人情。元之儒者,进退失据。其流弊乃至于斯世也"③。从实质上看,汉学和宋学讲的是私理。私理是缺乏普遍适应性的。

就汉学来讲,考据学方法这一本来是其他学派可以应用的研究方法被某一学派作为了自己的标志,学派化必然形成和其他学派相排斥的局面。郭嵩焘认为汉学的缺点之一是能为其精而不能为其通,即排斥其他学说和不能随现实的需要而加以改变。他尝言:"自汉以来,治经者多能为其精,而不能为其通。"④

其二,汉学家们虽以"征实"相标榜,但有时又十分主观武断。郭嵩焘在《〈礼记质疑〉自序》中肯定汉学家"讨论研习之深,精义之发于人心,亦足上掩前贤"之后,接着指出:"而

---

① 郑观应著,王贻梁评注:《盛世危言》,第254页。
② 郑大华点校:《新政真诠——何启胡礼垣集》,第366页。
③ 同上书,第10页。
④ 杨坚点校:《郭嵩焘诗文集》,第129页。

援引附会，屈《经》以从其说者，盖亦多也。"① 又说："汉儒之释经也，强经以就己之说。"② 这些都是说的汉学家治经有时主观武断。正是鉴于这类教训，郭嵩焘主张治经时应"以经释经"。他以治《易》为例，认为应"以例从《易》"。这样做可能"无当于《易》之高深，而以经释经，由象以通其词，由词以通其义，亦期不以己意为歧说以乱经而已矣"③。

其三，汉学流弊之极，可能导致越礼犯义。郭嵩焘尝记思贤讲舍一学生行为之荒唐，"几于脱尽范围，越礼犯义。"他认为导致这种后果的原因，就在于此人"生平崇事汉学，排击宋儒，以为固漏，其行谊遂至于此"④。

汉学的合理性在于尊重历史和文献事实，进行详细的逻辑分析，其不合理性在于其对理论的道德合理性和目的本身的合理性缺少探讨，这也是它不如宋学的地方；除此而外，其不合理性还在于考据的方法和逻辑化的理论体系，表达的可批判性和可论证性，即义理之学和工具理性方面还存在缺陷；更为重要的是其在实用理性方面，在主体合理性方面，由于其不能很好地解决人生和民族发展的问题，而失去近代的合理性。近代早期改革派对考据学的态度，基本上是围绕这几个缺陷进行的。汉学是一种私学的判断就是一种学术缺少道德合理性的判断；汉学不能通，不能很好地研究义理，指出了汉学的逻辑和工具理性方面的不完善。

汉学如此，宋学又如何呢？何启、胡礼垣认为宋儒的不合理之处在于不近人情，其理则私。理没能尽情，没有达到公的要

---

① 杨坚点校：《郭嵩焘诗文集》，第22页。
② 同上书，第99页。
③ 同上。
④ 《郭嵩焘日记》第4卷，第215页。

求，宋儒推崇的理的合理性有着时代的局限。郭嵩焘则指出了他们的逻辑理性运用上的缺陷。宋儒对经义的分析有肢解、割裂之嫌。在谈到朱熹的《中庸章句》时指出："窃疑《章句》之书，求之过密，析之过纷。"①

宋儒重义理，但在真和实证的方面则有着缺陷。宋儒有的理解并不一定准确和符合经典原意。另外宋儒在目的理性方面还有不足。郭嵩焘认为宋儒治经存在不善于由文以通志的弊端。他说："窃以为治经当求通圣人之志，而非通其文，则志固无由通。"② 郭嵩焘认为，孔子的《易传》是阐发文王、周公演《易》之微旨的，而宋儒却因为反对孟氏《易》和京房《易》，而将文、周之《易》与孔子之《易》割裂开来，这样就无法通《易》之文，更无能通圣人之志。

儒家的不足，尤其是秦汉以后的儒家的不足，概括起来就是不善于进行自我批判和反思，往往先入为主，从而不能达到公理的要求。这一缺陷到了近代，在面临认识异质文化时其弊端就暴露无遗了。就是比较开明的近代早期经世派也有着这样的缺点："他如《经世文续编》，《海国图志》等书，为文坛巨制，尚言西国教门挖眼剖心之事，谣言捏造，诬惑人心。儒家者流，先入为主。"③ 其他的儒家人士对待西学的态度就可想而知了。中学相对于西学和现实之弊端，概括起来表现在两个方面。一个是科技理性方面；一个是道德价值理性方面。

早期改革派虽认为儒学有局限性，但并不是要从根本上否定儒学，如他们认为"三纲"并不代表中学的核心精神，"三纲"缺乏传统合理性。如何启、胡礼垣指出："夫中国六籍明文初何

---

① 杨坚点校：《郭嵩焘诗文集》，第 125 页。
② 同上书，第 178 页。
③ 郑大华点校：《新政真诠——何启胡礼垣集》，第 254 页。

尝有三纲二字。"① "三纲"在秦以后，经过《礼纬》、《白虎通》，董子、马融、朱子的阐发才成为一种历史传统。"三纲"是秦以后适应封建专制主义制度而产生的。早期改革派认识到了这一点。孔子的"道"是"情理"，而"三纲"是和圣人之道相违背的。儒学的上述缺陷说明独尊儒学是不可以、也是不现实的。早期改革派的对儒学缺陷和其他学派合理性的认识客观上推动了诸子学和佛教复兴。

早期改革派关于诸子学和佛老的思想虽然不多，但显示了近代诸子学和佛学复兴的思想动向。他们的思考构成了这一复兴过程中的一种有独特倾向性的潮流。梁启超等人所谓的"诸子学复兴"主要是指先秦非儒学派的崛起。清末民初的一些学者、文化人也往往把儒学与诸子学分开讨论。同属儒家的荀子则与孔孟有所不同。荀学在秦汉以后基本上不居正统。宋明理学盛行时期荀学更是被视为异端而遭排斥。清代的考据家都是把《荀子》归入子学中加以研究，而他们对荀学的阐扬更需要相当的胆识。近代诸子学包括《荀子》。但近代诸子学的核心内容当属道、墨、法三家。子学复兴实质上是相对于正统儒学的异端学派的崛起，是一种思想解放潮流。真正的思想解放不仅需要发展、改造正统学说，而且必须肯定、阐扬有价值的非正统思想。诸子学在近代遇到了两个问题，第一个问题是相对于儒家正统文化的存在合理性问题；第二个问题是相对于西方文化和中国社会的发展需求的合理性问题。近代思想家发现，相对于儒家文化，诸子学里面包含着很多和西方文明，如基督教、科技工业和商业、民主法制相对应的思想，具有很多可以用来指导现实生活的有用的观念。这种发现促使他们，尤其是考据学者转向诸子学的研究。十九世纪下半叶，今文经学者、考据学者、理学者等共同推动了诸

---

① 郑大华点校：《新政真诠——何启胡礼垣集》，第355页。

子学的复兴。各派复兴的路数有所不同，考据学者对义理的阐发明显不足，时代感和对西学的呼应明显不足；部分今文经学和理学者，虽然力图调和子儒关系，表现出一定思想解放的倾向，但就整个时代的发展趋势而言，他们并没有主动地、客观地分析子学与西学的关系，更多地是坚持中华文化本位主义的立场。薛福成、陈炽、郑观应、黄遵宪等先进知识分子谈"西学中源"是为了突破"夷夏之辨"的落后观念，把西学纳入中学的范畴之中，从而倡导采纳西学。近代早期改革派没有像考据家那样潜心研究子书的文字，但他们的思想阐述体现了西学的渗透。他们以西方文化为参照，一一发掘诸子学与西学的相同或相似之处，寻找嫁接西方文化的中学根基，从而推广西学，进行文化革新。他们彰显了先秦诸子的思想价值，创造了推重子学的文化氛围，推动了诸子学与西学的会通。他们虽然没有采用西学方法系统地阐述诸子学说，但会通中西的言论不乏对诸子思想的零散阐发。这使得诸子学打上了西方思想的初步烙印，从而使诸子学开始具有一定的现代性，为20世纪诸子学研究的巨大发展奠定了基础。

早期改革派对中学的启蒙是通过普遍性的道理化、西学化和现实化实现的。儒学的合理化就要在普遍性的道下面，在对应西学、适应现实的需要方面解释儒学。其结果是在儒学的理解中包含有西学的内涵、道的内涵。

2. 儒家的本质是情理：普世化的思想倾向

儒学的局限性是相对的，儒家的原本还是离"道"比较近的。早期改革派儒家思想的基本理论取向是向抽象化、普遍化和超越化、平民化方向发展，坚持儒家思想的普世价值。儒学的本质是情理。早期改革派对儒家本质是情理的把握体现在对儒的本质、孔孟之道、儒家经典和各流派的认识当中。这一认识既是他们认识的前提，又是中学启蒙的最终结论。

什么是儒及儒的本质呢？在早期改革派看来，儒就是一个对带有普遍性的"道"的认识者和追求者。努力求道、并达到通天地人者都可以称为儒，不分古今中西。儒的标准就是通。"古曰：'通天地人之谓儒。'又曰：'一物不知，儒者所耻。'"① 在近代，儒应该通中西。通既包括空间的天地人的通，也包括时间的古今的通，尤其是对人己关系的通，对自己的通。"夫所贵乎通儒者，博古通今，审时度势。不薄待他人，亦不至震骇他人；不务匿己长，亦不敢回护己短，而后能建非常之业，为非常之人。"② 这是就儒者的最高境界和最终追求来讲的。根本上儒应该是通天地人的，但并不是要求儒知道所有的知识。《劝学篇书后·农工商学篇》指出荀卿认为儒不能知农工商之所知是合理的，贤者不能遍知、遍能、遍辩、遍察他人之所知等。"儒"在早期改革派那里不是一个中国人独有的概念，他们常常称西方学者为"西儒"。

那什么是孔孟之道呢？孔孟是认识道的一个典型和比较成功的楷模。孔孟圣人之道是超越古今中西的。圣人之道的普遍性体现在其不偏不倚上。它是超时空的。③ 这一点决定了圣人之道将来一定会遍行五大洲。④ 这就是因为孔孟之道合情合理。

情理不是时文、禅理、考据、辞章。"浅陋之讲章，腐败之时文，禅寂之性理，离驳之考据，浮诞之词章，谓为非孔门之学，是则然矣。"⑤ 它如"博文约礼，温故知新，参天尽物，以此数者谓为孔门之学，是门面语耳"⑥。情理和朋党是对立的，

---

① 郑观应著，王贻梁评注：《盛世危言》，第73页。
② 同上书，第74页。
③ 徐素华选注：《筹洋刍议——薛福成集》，第94页。
④ 同上书，第119页。
⑤ 郑大华点校：《新政真诠——何启胡礼垣集》，第368页。
⑥ 同上书，第369页。

不能把孔子之道变为孔子所独有。"孔子曰'君子和而不同。'又曰'君子群而不党。'使人人沾其教泽,孔子之愿也。使朋党布满天下,则非孔子之心也。"① 孔子"无不学,亦无常师"②。何启、胡礼垣指出不能把孔子神化,教主化不是儒学合理合法化的方向。"孔子教人,必择人所能为者而教之,决无教人以所不能为者也。有教无类之说,乃人人所能为,何得谓惟我圣人如神之化能之?"③ 他们对儒学的发展史进行了总体的评判。他们指出:"知类者,以别善恶而言则可;以分种类而言则不可。"④ 表达了族类平等的意识。

孔孟之道散见在经典,可以通过经典管窥。早期改革派对儒家的经典进行了很多研究。王韬参与的《诗经》译本《中国经典》第四卷于1871年发行。王韬有《毛诗集释》30卷。《毛诗集释》"采择先哲之成言,纂集近儒之绪语,折中诸家,务求其是",其工作起始于1862年5月,成于1863年3月,前后花去将近一年时间。王韬在《弢园老民自传》中回忆说:"航海至粤,旅居香海,自此杜门削迹,壹意治经。著有《毛诗集释》。"⑤ 此类笔记大多没有刊刻,《弢园著述总目》中有部分目录。郭嵩焘著《毛诗余义》,2卷。《湘阴县图志·艺文志》录其目。此书乃郭嵩焘于同治五年(1866)罢署理广东巡抚后归湘途中所著。《郭嵩焘日记》同治五年(1866)六月初七日至八月初八日日记中,有很多对《诗经》义理的发挥,实即此书之主要内容。王韬和理雅各的合作,1865年7月,《尚书》译述宣告完竣,定名为《中国经典》第三卷刊刻行世。理雅各与王韬

---

① 郑大华点校:《新政真诠——何启胡礼垣集》,第337页。
② 同上书,第13页。
③ 同上书,第358页。
④ 同上书,第359页。
⑤ 王韬著,陈恒、方银儿评注:《弢园文录外编》,第383页。

合作的译本在一百多年后的今天仍被视作中国经典的标准译本。王韬曾著《礼记集释》,《礼记集释》现藏于美国纽约公共图书馆。郭嵩焘对《礼记》和礼的研究与应用在近代思想史上具有重要的意义。郭嵩焘在这方面有《礼记质疑》《校订朱子家礼》(著作稿本存湖南师范大学图书馆)。《礼记质疑》作于咸丰壬子(1852),三十余年后由思贤讲舍开雕。《校订朱子家礼》5卷,光绪十七年(1891)长沙思贤讲舍刊刻。《春秋》译本《中国经典》第五卷1872年发行。王韬有研究性笔记《春秋左氏传集释》60卷、《春秋朔闰日至考》3卷、《春秋日食辨正》1卷、《春秋朔至表》1卷。《左传》译本《中国经典》第五卷于1872年发行。郭嵩焘也对《春秋》进行了研究。王韬著的《周易注释》和《周易集释》现藏于美国纽约公共图书馆。郭嵩焘著《大学章句质疑》1卷,光绪十六年(1890)长沙思贤讲舍刊刻。郭嵩焘著有《中庸章句质疑》2卷,光绪十六年(1890)长沙思贤讲舍刊刻。

《礼记质疑后序》叙述了《礼》研究的过程,肯定了郑玄的贡献。[①] 总结改革的经验、安人心、通事变、复古是他研究礼的目的。郭嵩焘以情理把握礼的思想。

郭嵩焘认为礼必须要适应时代,才能具有历史合理性。在历史合理性的基础上,还有主客体的合理性,也就是合主体性和合事实性、合规律性。在对礼的含义进行新的定位的基础上,郭嵩焘强调礼对新时代的意义,这是他的研究的价值所在。"礼者,所以达仁义之施而立人道之准者也。"[②] 礼具有道德的合理性。何启、胡礼垣认为"有恭俭庄敬之常法,而名之为《礼

[①] 郭嵩焘著,邬锡非、陈戍国点校:《礼记质疑》,岳麓书社1992年版,第1—2、735—736页。下同,从略。

[②] 同上书,第268页。

经》者"①。

情理寓于这些经典当中,又不属于经典本身。如何对待这些经典?早期改革派强调不能宗经,强调对于儒家经典和圣人的思想启蒙。何启、胡礼垣认为列国之歌谣,羁商之钟鼓,殷周之法物都不适应现实的需要。"诗经之义不可宗也"②。何启、胡礼垣认为夏书、商书、周书主张对误占天者、群饮者等实行严刑酷法,故"书经之义不可崇也"③。何启、胡礼垣指出官礼以巫为官,仪礼主张贿赂等,故"礼经之义不可宗也"④。

情理寓于经典当中,但不是只寓于某一本经典当中。早期改革派强调平视六经和《四书》。何启、胡礼垣认为:"夫五经大义,经解一篇言之已悉。然内圣外王之道备于孔子,孔子之心法寓于六经,六经之精要括于《论语》,而曾子子思孟子递衍其传。故《论语》始于言学,终于尧舜汤武之政;《大学》始于格物致知,终于治国平天下;《中庸》始于中和位育,终于笃恭而天下平;《孟子》始于义利之辨,终于尧舜以来之道。"⑤ 当然,平视不是等同各经典的地位作用,各经典的地位作用当然有差异。何启、胡礼垣推崇《易经》的变易思想,并以其作为孔子思想的核心。如何启、胡礼垣在《循序篇辩》中说:"孔子生平所执,以为寡过之用者唯《易》。"⑥ 《易经》是讲述变易、交易、反易、对易、移易这一无常法的常法的。儒家的"道"是实理。对待经典要用于身心和经世:"吾闻学者之治经,将自事

---

① 郑大华点校:《新政真诠——何启胡礼垣集》,第12页。
② 同上书,第11页。
③ 同上。
④ 同上书,第12页。
⑤ 同上书,第368页。
⑥ 同上书,第12页。

其身与心，以俟用于天下。"① 古代的经典具有这方面的功能。

儒家流变过程中的各派虽然有着很多缺陷，但还是有着很多合理之处的。郭嵩焘不仅是湘军大员中在训诂考证方面成就最为突出者，而且是清代封疆大吏中在这方面成果最丰富者。关于这一点，陈澧在《〈礼记质疑〉序》中也曾论及。郭嵩焘在经学、子学、历史、地理等方面的训诂考证之作很多，仅以现在仍保存下来的著作为例，如《中庸章句质疑》、《大学章句质疑》、《毛诗余义》（存于其日记中），《尚书疑义》，《校订朱子家礼》、《诗疑义》、《乡党义》（这三部著作稿本存湖南师范大学图书馆）。在历史、地理方面有《史记札记》、《湘阴县图志》以及对王闿运所著《湘军志》的评论（见郭振墉所辑《湘军志平议》）。此外，他的训诂考订成就，散见于其日记和诗文集中者，还有很多。考据学的学术独立性追求，方法上的理性化、逻辑化倾向，科学的巨大兴趣，图书资料和学院的建设都是包含着很多的近代合理性的意义的。郭嵩焘对此都有着明确的认识。

近代早期改革派的大部分人物接受了王阳明的心学思想。尤其是以心为贯通中西和经典的根据，心同理同的判断是他们经常使用的。郭嵩焘虽不以王阳明的"格物"之说为然，但对王石城（王实丞）用阳明之说以非难朱熹的《大学》、《中庸》章句仍表示赞许，这说明他对阳明之说并不绝对排斥。

郭嵩焘对朱熹十分推崇。郭嵩焘一般被认为是晚清理学经世派的代表人物之一。他继承了宋儒内圣之学的道德和逻辑理性的基本观点，又有所发展。郭嵩焘认为宋儒治经的长处在于能通其理。郭嵩焘所说的理更多的是指逻辑理性，而不是道德理性。宋儒的长处就是言理。"惟其斟酌古今以求当于理，有宋诸子之所

---

① 杨坚点校：《郭嵩焘诗文集》，第527页。

长也。"①《大学》和《中庸》中的义理是宋儒使其变得清晰明白的。"《大学》一书,程子始表章之,而温公(司马光)实发其端。《中庸》一书,则自汉以来儒者多能明其义,而其辨之明而析之精,亦始自程子。"② 但郭嵩焘同样看重宋儒对道德合理性和实用理性的贡献。

郭嵩焘在很多著作或活动中,经常将周敦颐和王夫之并提,认为王夫之是儒家道统的真正继承者。在他所写的《船山祠碑记》《船山先生祠安位告文》中,将周敦颐与王夫之作为湖南古代学术上的两大丰碑。郭嵩焘认为王夫之治史的方法是有着合理性的。郭嵩焘十分推崇王夫之的《读通鉴捡》。郭嵩焘继承了王夫之的传统,他自己治史也是为了以史经世。郭嵩焘推崇王夫之很大程度上是由于王夫之的理论具有实用理性和逻辑理性、道德理性和工具理性相结合的特点。早期改革派对儒家及其各派的思想本质的把握在道和情理的主旨下,虽然对于逻辑合理性、道德合理性、实用合理性等各有侧重,但基本线索是清楚的。

3. "三代"、"泰西"、"致用"的儒学解释逻辑

儒家的本质是情理,实际上是一个综合性的结论。其中包含的解释逻辑主要的是三代—泰西—致用。近代早期改革派儒家思想的一个基本理论的取向是复归原始民主制和奴隶制背景下的三代之治与西方资本主义民主的精神对接。也就是薛福成所说的"默窥三代圣人之用意,复稍参西法而酌用之"③。郭嵩焘记述自己"考古证今,知其大要,由汉唐推之三代经国怀远之略,与

---

① 杨坚点校:《郭嵩焘诗文集》,第23页。
② 同上书,第25页。
③ 徐素华选注:《筹洋刍议——薛福成集》,第166页。

今日所以异同损益之宜，独有以知其深"①。这些都明确说明了他们的儒学，乃至中学的解释逻辑。

儒道集中体现在"三代"当中。冯桂芬指出"顾今之天下，非三代之天下比矣"②。他强调"三代圣人之法"③。薛福成认为中国唐虞以前是民主的国家。"所以三代之隆，几及三千年之久，为旷古所未有也。"④ "三代"是儒学普世性最好的证明："西学之渊源，皆三代之教之所有事。"⑤

"三代"的精神集中记载在六经，是孔孟进行整理和阐发才进一步明了的。六经就具有泰西文化的基本内核。何启、胡礼垣认为公理是日报之体，而公理恰好是《春秋》的志向和目的，《春秋》就是中国日报的开端。《春秋》以公理教天下使得"人皆知之，人皆言之，邪暴乱贼必无地以自容，无地自容，岂有不惧？邪暴乱贼惧，则孔子之惧庶几其消矣"⑥。通过上述论证，他们把公理、日报、乱臣贼子惧统一到了一起。

早期改革派还从适应现实需要的内涵方面挖掘中学及其经典的意义。郭嵩焘在《毛诗余义》的《自序》中指出《诗》的用处是从人事和世变两个角度探究盛衰兴废得失之的根由。郭嵩焘在读《毛诗故训传》时，从《诗经》字句中曾得出很多关于为政的一般方法论原则：评论《节南山》一诗说不要"引用私亲小人"⑦；阐发《沔水》的微言大义是为政不要为谣言、浮言所

---

① 陆玉林选注：《使西纪程——郭嵩焘集》，辽宁人民出版社1994年版，第143页。
② 冯桂芬著，戴扬本评注：《校邠庐抗议》，第209页。
③ 同上书，第67页。
④ 徐素华选注：《筹洋刍议——薛福成集》，第124页。
⑤ 杨坚点校：《郭嵩焘诗文集》，第68页。
⑥ 郑大华点校：《新政真诠——何启胡礼垣集》，第17页。
⑦ 《郭嵩焘日记》第2卷，第379页。

左右;① 阐发《节南山》中"俾民不迷"是防止"小人之为国也，利用民迷，若驱鸟兽而纳诸罟获陷阱之中……自秦任法吏骄虐天下，民之受其迷者二千余年"②。

早期改革派对中学的解读包含着以下一些主导的倾向性，这些倾向性是和他们确立的学术的评判标准相联系的，有的进一步发展出相对独立的系统，有的还比较零散。对中学进行解读的过程，可以看做是一个中学合理化的过程；对中学的解读比较系统的倾向性可以看做是一种中学合理化的形态。总体上看，早期改革派在上述解读的基础上，出现了三种比较系统的解释倾向，本书称之为中学合理化的三种形态。

早期改革派所说的"道"既包括性理之道，也包括表达和逻辑分析的科技理性之道，更重要的是实践理性之道。道包含了多种可能的哲学倾向性。在早期改革派那里，比较明显地显现出科技哲学、价值哲学和社会历史哲学三个思考的向度。

4. 科技哲学的解释倾向

关于早期改革派对中学的理解是否有科技哲学的形态，取决于在作为对中学的解释尺度时，科技理性本身是否具有一定的相对完整的逻辑结构和方法论层面；科技理性能否贯通到对不同学派的解释和评价取舍当中；科技理性能否贯通不同的思想层面，尤其是哲学层面。早期改革派有着一个强调实心、实证、实验，强调逻辑分析和推理的科技理性层面，他们把这一层面贯穿到对诸子学和儒家各派的合理性的分析评价当中，在哲学科技理性化和中学的形式合理化方面作出了自己的贡献，推动了中学的科技理性化进程。早期改革派把科技理性贯彻到了对宇宙自然及其规

---

① 《郭嵩焘日记》第 2 卷，第 379 页。
② 同上。

律的解释当中，推动了中国哲学的科技理性化；贯彻到了机械化的工具合理性当中。这在下文中得到了体现。不仅如此，科技理性还贯彻到对中学各学派的解释当中，贯彻到对中学本有的哲学内容和传统的理解。

其一，早期改革派把科技理性的内容贯穿到对中学各派的解释当中。如对老子和道家学说，早期改革派就强调从主体、事实、逻辑合理性的角度来看待道家学说的合理性问题。郭嵩焘著有《庄子评注》，原书虽不存，但郭庆藩在《庄子集释》中引证者近150条，保存了其主要内容。郭嵩焘尝云："能读《庄子》者，不待注而始明；不能读《庄子》，虽注之详终不明也。"① 对待《庄子》要符合庄子立言的宗旨，不论是字诠句释，还是以"玄学"的方式解释庄子。

关于郭嵩焘对《管子》思想的阐述可以参考岳麓书社1996年2月出版之颜昌峣著《管子校释》收录的许多郭嵩焘关于《管子》的批注。郭嵩焘比较注意字意的考证。郭嵩焘的考证，力求符合原意和事实，并从这种原意和事实中体会出中学和西方文化存在的某些相通之处，体会出中学对现实的意义。郭嵩焘不刻意地为了现实和会通西方的需要而任意解释经典。如什么是"三归"？注家历来莫衷一是。郭嵩焘在《史记札记·管晏列传》中，对"三归"进行了详细考证。他说："包咸《论语》注以'三归'为一娶三姓。《史记·管子传》注、《汉书》颜师古注、《国策》鲍彪注皆用其说。《说苑》以为台名。至金仁山氏始据以为算法，固为近之，而不能详其义。此盖管子'九府轻重'之法，当就《管子》书求之。……是所谓'三归'者，市租之常例之归之公者也。"②

---

① 《郭嵩焘日记》第1卷，第435页。
② 杨坚点校：《释"三归"》，《郭嵩焘诗文集》，第8页。

何启、胡礼垣指出韩非遭杀身不是因为覆韩,秦王悦之而未用,其心还是以保韩为急务者,杀韩非的是李斯之忌刻,读书要注重理性的分析。另外要评价诸子学说的合理性时要考虑其对于主体的意义。"《商君书》为贤人君子所羞称,孔明独好之,而蜀称治。是以人读书非以书读人也。"① 要依据典籍对读书人的主体合理性来评价古代典籍,包括《商君书》这样的著作。

郭嵩焘对《礼》的研究的另一个有价值的贡献就是使注疏更符合经典原意。"经以求之,而后儒所以为离合得失,可循考而知也。"② 这一点得到了同时代人的肯定。他注意准确地理解词义。《礼记·丧大纪》:"樟而从御,吉祭而复寝。"郑玄注:"从御,御妇人也。"郭嵩焘则指出:"从御者,尽乎事役之辞也。"因而认为郑注"非也"③。他正确理解经典的文句。《礼记·问丧》:"然则秃者不免,伛者不袒,跛者不踊。"郑玄注:"将踊先袒,将袒先免,此三疾俱不踊、不袒、不免;顾其所以否者,各为一尔。"郭嵩焘指出:"免以代冠,秃者冠矣,何为不免也?盖免所以约发,秃者无发,则免无所施,当遂去冠而袒踊,故谓之'不备礼'。若以其不能免,并踊袒去之,是废礼矣。此各据一端言之,注意非也。"④ 郭嵩焘注意全面准确地把握全篇主旨。

关于考据方法的意义,艾尔曼著《从理学到朴学—中华帝国晚期思想与社会变化面面观》已有详细的论述。郭嵩焘推崇考据方法的意义。郭嵩焘曾说:"自乾隆盛时表章《六籍》,老师大儒,承风兴起,为实事求是之学。其间专门名家言考据者又

---

① 郑大华点校:《新政真诠——何启胡礼垣集》,第374页。
② 郭嵩焘著,邬锡非、陈戍国点校:《礼记质疑》,第3页。
③ 同上书,第550页。
④ 同上书,第661—662页。

约有三途：曰训诂，研审文字，辨析毫芒；曰考证，循求典册，穷极流别；曰雠校，搜罗古籍，参差离合。三者同源异用，而各极其能。"① 郭嵩焘肯定汉学的贡献："国朝诸儒创立汉学、宋学之名，援其说以诋程心，亦足上掩前贤矣。"② 汉学家的训诂、考订，对人们准确、深入地理解儒家经典的本义，进而"寻求义理之所归"还是很有助益的。"国朝乾、嘉以来，标立汉学、宋学之名，得训诂古义寻求义理之所归，其言深当经旨，发明。"③ 他不仅肯定汉学家们治经的成就，而且肯定其治诸子学的成就。④ 就现代化的合理性要求的实用理性而言，考据学重手段和方法，轻目的是不利于建立现代化的实用理性的，必须导向实用理性。郭嵩焘认为，治经离不开训诂，但训诂只是手段而不是目的，治经的目的在于"立身制行"⑤。这些"绝技"，不过是学中之一艺。考据学方法和科技理性是相通的，后来的思想家多次证明了这一点。

其二，早期改革派对中学的根源，尤其是儒家圣人及其思想进行了科技理性的解释。这又包括三个方面：古代圣人及其思想重科学技术的解释；古代圣人及其思想重智的解释；古代圣人及其思想重机械的解释。

中学的科技形态的问题也就是中学有没有科学技术传统，有或没有科技传统的原因，如何才能延续或者嫁接科技传统的问题。在早期改革派看来，在中国科技理性也源远流长，它有着久远的哲学酝酿。科学技术具有中学根源上的合理性。换句话说，在远古，中学存在着科技理性的内容，或者科技哲学的内涵和形

---

① 杨坚点校：《郭嵩焘诗文集》，第28页。
② 同上书，第22页。
③ 同上书，第27页。
④ 《郭嵩焘日记》第4卷，第133页。
⑤ 同上书，第204页。

态。这里所说的科技哲学，不完全是现代意义上的对科技哲学。这里的科技哲学，更多地指对科技与社会、科技与机械、科技的认识论和方法论基础的一种思考。何启、胡礼垣从心和理推本的角度考虑这个问题，肯定了古代哲学中具有西方科学技术所蕴含的理，也就是具有西方科学技术所包含的理性内容。王韬从事实的角度，逻辑推理的可能性的角度，形式相似性的角度论证了中学的科技内涵和中学的科技形态。① 郑观应利用西学中源的观点论证了学习西方的合理性。②

的确，中国并不缺乏科学技术，而是缺乏像近代西方那样的科学技术；是科学技术在社会生活中的地位不同。中国的科学技术传统中宗教前提、美感满足、实用价值等非认知因素占据了很大的作用。中国固有的科学技术是建立在内省法基础上的，人及外在的对象在古代中国人那里，并不是一个分析的对象。在传统中国，科学技术在文化体系中处于从属的地位，价值的追求超过了事实的分析。仅就文化本身来讲，中国古代还是有着很多的科学技术发明的，哲学文化与科学技术之间有着密切的亲和关系。正因为如此，早期改革派力图从传统中"开出"科技理性来。传统合理性的寻找需要重新挖掘传统的资源，进行新的、融入了西方经验的新的阐释。因此中国近代早期改革派对传统的质疑、对西方科学技术的合理合法的肯定必然借助复古，即传统合理性来实现。通过上述方式的论证，早期改革派实际上肯定了中国哲学文化具有根本的科技合理性，中国哲学文化是可以发展出近代科学技术的。中国哲学文化不是静止的，中国文化本有科技哲学的形态。

早期改革派对各代圣人及其学问进行了重智的解读，如何

---

① 王韬著，陈恒、方银儿评注：《弢园文录外编》，第39页。
② 郑观应著，王贻梁评注：《盛世危言》，第75—76页。

启、胡礼垣就是如此。① 现在人们所说的内政之智、外交之智、理财之智、经武之智、格致之智、考工之智，"无不在其范围，无不经其指点矣"②。民智无时无地不有，无时无地不同，但民智有用与不用之别，用民智则国兴，不用则国衰。三君所用之智和民智是同有之智。③ 尧求民智、彰民智，舜通和收民智，禹恐违民智，成汤恐民智未达，武王奉民智为帝天，视民智如命脉。相反桀罔民智，纣害民智，厉幽则恤民智，始皇看到民智的可恃、可矜、可危、可畏，因而诬民智、困民智、压民智、塞民智。"秦曲民智而汉伸之，汉于是乎代秦。……元之代宋，明之代元，莫不如是。"④ 伸民智者将为帝王、霸主、割据、偏安等等。

　　早期改革派对古人的思想进行了重机械的解释。近代早期改革派用多种方式论证了工业和机器的合理合法性。从机器制造的源流来考察，它具有中国的源。古代中国的圣人都是"明于工政者"⑤。薛福成对中西"格致"之学的源流关系提出如下意见："昔轩辕氏见飞蓬而作车，见落叶而作舟，即中国制造机器之始。……然则机器之用，始于中国"⑥。郑观应在《西学》中举大挠、神农、史皇、轩辕、蚩尤、汤、挥、夷牟、公输子、墨翟、武侯、祖冲之、杨么作甲子、耒耜、文字、衣冠、五兵、飞车、弓、矢、木人、木鸢、木牛流马、千里、船楼等的例子说明机器的来源。工业化和使用机器是坚持考旧知新原则的必然结论。薛福成在《考旧知新说》中指出古代机械发明失传的情况，呼吁考旧知新，发展机械工业。这种解释倾向为后来他们推进中

---

① 郑大华点校：《新政真诠——何启胡礼垣集》，第462—463页。
② 同上书，第462页。
③ 同上书，第463页。
④ 同上书，第465页。
⑤ 徐素华选注：《筹洋刍议——薛福成集》，第164页。
⑥ 丁凤麟、王欣之编：《薛福成选集》，第620页。

学的合理化打下了基础。

早期改革派对科技哲学合理化的贡献体现在以下几个方面：科技理性向天道自然和宇宙层面，即哲学层面的贯通和科技理性形式化方面的贯通（具体科学研究层面），以及向工具和社会应用的贯通。

其三是哲学的科技合理化。中国哲学的科技合理化问题，也就是认识论和本体论合理性问题。认识论的合理性关心经验的支持，避免与科学技术知识不一致的臆断；本体论的合理性就是指采纳与同时代的科学技术知识相一致的世界观。而中国哲学的科技合理性问题离不开科学本身的合理性问题。

由于对社会自强的重视，引导早期改革派在科学技术中寻找强国的良方。他们又在科技的学习中，认识到中国文化要在抽象的哲理层面上推进科技合理性问题。在借助于传统的革新和新解来论证西方科技的传统合理性的过程中，他们实际触及了西方科技的传统合理性与中国哲学的科技理性化的道路问题这一至今还没有解决的课题。

科学技术凸显了现实的和被曲解了的中国哲学文化知识在有用性上的缺陷和不足，在知识的用途和人才本身在有用性上的不合理。首先他们由西方科技知识的有用性想到了现实的中国哲学缺乏实用价值。这体现在他们对科举制度的批判当中。早期改革派对中国哲学实用性问题的解决是沿着有利于个人的身心和有利于经世两个目的来考虑的。沿袭了古老的思路。学问要有利于个人，但又不是个人的功名利禄，主要是个人的道德修养，也包括个人才能的增长。知识要有利于经世的目的。郭嵩焘认为，士人不能只读经书而不了解自然和社会常识，读经要和科学技术研究结合起来，否则不利于经世致用。懂一些自然和社会常识，既有利于更好地理解经书，增进身心修养，又有助于经世致用。

中国哲学文化的科技理性合理化道路主要是西方式的科技理

性化道路。中国哲学要运用西方科学技术的知识论证自己原理的合理性。中国近代早期改革派不自觉地选择了这样一种道路。西学中源就是对中学科技合理化的一种论证。早期改革派在西学中源的相关论述中,论证了中学中存在着与西方相近似的科学技术、智和机械的内容。

宇宙论层面,是最难贯彻科技理性的方面。在早期改革派这里,也存在着宇宙本体论和本原论的向度,其基本的思想来源和依据是道家的思想和《周易》的思想。郑观应对宇宙本体论的思考没有脱离修仙的路子,尽管如此,也显示出了科技理性的思想影响。因此本书不把宇宙本体论看做是早期改革派一个独立的中学合理化方向。郑观应在《道器》中认为道涵盖宇宙古今,生成天地人物。他认为道生成万物的情况是自虚无—生气—凝太极—分阴阳—天地—(地在天当中)—二—三—万物。这里体现了老子思想、理学思想、易经思想和近代天文学思想的杂糅。因为天地就理解成地在天当中,这是一个具有近代天文学背景的结论。

薛福成在中西文化的撞击中寻求某种彼此皆能沟通的桥梁,以图达到和谐、协调,其中一个方面就是用西方科技知识论证中国哲学宇宙论的合理性。[①] 薛福成力图用西方的自然科学知识验证儒家学说的合理性,表现出了近代早期改革派儒家思想的近代科学主义的思想导向。

早期改革派在这方面成果不多,常常陷入矛盾。但却提供了启示。中国哲学的科技合理化不应理解为单一的西方式的理性化道路。在引进西方科学论证中国哲学的过程中,要看到西方科学发展立足的思维方式和哲学传统有很大的不同,简单地引进西方的科学知识论证中国哲学有着很大的局限性和不合理性。这种做

---

① 薛福成著,王有立主编:《出使日记续刻》卷三,第55—56页。

法极端化会肢解中国哲学的合理内涵。西方科学知识除了实用的合理性之外，在方法等方面的合理性是不断发展的，现代科学和近代科学就有着很大的不同。现在还用以太、原子来论证中国哲学就变成一件可笑的事情。而应用量子力学，相对论等论证中国哲学又变成一件时髦的事情。马克斯·韦伯就是按照西方的理性化来评论中国自然社会科学的。他认为中国虽然具有高度精确性的知识与观测，但天文学却缺乏古希腊人最早获得的那种数学基础。中国没有理性的化学；中国有高度发达的史学，却不曾有过修昔底德的方法；中国没有理性的法学，没有理性和谐的音乐；没有理性的、系统的、专门化的科学职业，以及训练有素的专业人员。中国科学技术有自己的理性和发展的逻辑，中国哲学的科技合理化道路必须注意挖掘这些逻辑，为中国科学技术的发展作出贡献。

在传统中国，科学技术没有被高度系统化、标准化，在方法上的不合理，尤其是严密分析的逻辑化和理性化的不足。中国哲学的科技合理化道路还应包括科学方法的引入和使用。中国近代早期改革派主要是从西方的科学技术研究中看到了实事求是方法的合理性。实事求是的方法包括了重视心的能动性和逻辑分析的理，实践和调查研究，实验、实证、实用等许多内涵。这一点我们可以结合早期改革派对实事求是的论述有个清醒的认识。稍后，进化论和实证的、逻辑分析等科学方法被一步步引到中国哲学当中。其利弊得失还不能盖棺定论。

5. 价值哲学形态

道德价值哲学是中国固有的哲学形态，不存在是否存在的疑问。在早期改革派这里，这也是一个重点要解决的问题，从而成为一种重要的中学表现形态。早期改革派用价值哲学理念对中学各家进行了贯通，认定伦理价值是儒家学说和其他诸家的本质内容。

早期改革派把伦理价值看做是儒家的本质。上文已述，这里仅举几例进一步说明。首先看他们对《诗经》的理解。郭嵩焘认为："诗上原于道德，下周乎民俗，其旨深，其言雅。"① 何启、胡礼垣也强调《诗经》对于道德和教化的意义。"其以诗书为教，不过使人知古有是事，以备择善而从，且非徒择善而从，当思善益加善。"② 郭嵩焘在分析《春秋》为何从鲁隐公记起时指出："平王东迁以后，周室衰微，政出诸侯。春秋之作必于是时。……春秋托始于隐，圣人盖伤之也。……春秋之义，正伦纪而已矣。此圣人之志也。"③ 何启、胡礼垣指出人伦是《论语》的核心思想，要把握其常变统一的内涵。《礼记质疑》卷四十二《大学》解释"大学之道"说："由人学以至小成、大成，推及于化民成俗，乃谓之大学之道。"④ 郭嵩焘认为："《中庸》一书，圣人之道推阐尽致，以慎独为入德之门，以知仁勇三者为造道之纲，以诚为体道之极，以制礼作乐为行道之验，以成物参天地为尽道之实，以尽人合天为修道之功。推究其极，总归入内省不疚、无恶于志八字上。要合三十三章为一章读之，求其次第浅深之用，乃识其妙。"⑤ 在这里可以看出，早期改革派把伦理价值看做是儒家代表性典籍的本质内容。

早期改革派承认诸子学相对于儒家的合理性实际上就承认了诸子学的道德合理性。如何启、胡礼垣强调荀子性恶论对于道德修养的意义。"荀子之言性恶，独孟子之言性善，是二说者，各有所偏，不若《中庸》言天命之谓性，率性之谓道，修道之谓

---

① 杨坚点校：《郭嵩焘诗文集》，第71页。
② 郑大华点校：《新政真诠——何启胡礼垣集》，第13页。
③ 《郭嵩焘日记》第2卷，第206—207页。
④ 郭嵩焘著，邹锡非、陈成国点校：《礼记质疑》，第693页。
⑤ 《郭嵩焘日记》第1卷，第167页。

教也。然孟子言性善,是欲人之返其天良,荀子言性恶,是欲人之化其气质,言虽不同,欲人之同归于善则一。"①

王韬认为道家是"变乎儒者也"②。郑观应受道家思想影响很深,他对道家的理解基本上是道教的理解,但也包含了儒家的内容。他认为道家以求仙为根本目标。"道者何?凡以求学仙者也。"③ 道家是以心性为基本理论基础的。"《道经》详言命而略言性,然《关尹子》及《清净经》、《心印经》、《悟真外编》亦颇略阐其妙。总此二家,胥不离心、性二字。"④ 道家的心性之学可以用来治心应事。郭嵩焘认为以老子为代表的道家和儒家的"本原"不同,但在"治心应事"等方面与儒家也有相合之处。如果脱离了心性伦理价值来理解道家思想就会偏离正确的解释和应用的轨道。如把老子作为清谈或获取功名利禄的工具就是如此。

早期改革派认为,佛教在道德修养上也有自己的独到之处,可以为近代道德的合理化服务,在这方面佛教的作用有超过儒家的地方,这使得佛法在修养上更胜一筹。为什么会出现这种情况呢?就佛法自身来讲,有什么地方比儒家更有吸引力呢?主要是佛法所言明心见性的道理与儒家是相为异同的。佛教主张的明心见性追求光明清净心。"夫印道者心,衍道者法。……何名佛心?清净是。何名法心?光明是。"⑤ 佛家的戒律是儒家所不能及的,这使得佛法在道德修养上更胜一筹。早期改革派认为佛法和道教是同源的。"要之仙、佛同源,佛法详言性而略言命,然

---

① 郑大华点校:《新政真诠——何启胡礼垣集》,第364页。
② 王韬著,陈恒、方银儿评注:《弢园文录外编》,第35页。
③ 郑观应著,王贻梁评注:《盛世危言》,第255页。
④ 同上。
⑤ 杨坚点校:《郭嵩焘诗文集》,第94页。

《金刚经》、《心经》、《六祖坛经》则已微露其端。"① 早期改革派各思想家对佛教的态度并不完全相同。王韬早年对佛教有感情；郑观应更崇尚道教；容闳、何启、胡礼垣受基督教的影响比较多；郭嵩焘一生，对佛教的某些教理、教规是持肯定态度的，而对其某些教旨、教义则不表赞同。他曾批评"佛氏知仁而不知义，以有舍身救世之说"②。而他拒绝诵经求延寿，亦为例证之一。③ 近代早期改革派的佛教观包含了以后佛教复兴的许多萌芽。

6. 社会历史哲学解释倾向

早期改革派关注社会历史问题，整个思想都以对社会历史的认识为基础。尤其是对中学各家，对儒家的思想进行了历史和世界历史的解释。这种解释包括如下几个方面的内容：学说自身的历史及其与社会历史的关系层面，包括兴起和衰落的历史条件，学说的历史作用，以及学说是否适合现实的历史发展要求等；学说本身的历史感和相关的社会历史内容的问题。关于前者，早期改革派注意学说自身的历史发展，并从与历史条件的关联中解释学说兴衰的原因，并分析其现实的意义。如早期改革派对道家学说的分析就是如此。但能够表明早期改革派存在一个社会历史哲学解释倾向性的主要是后者。

在早期改革派思想家的心目中，古代思想家是重视历史发展，尤其是各国历史发展的人，中国古代的哲学思想也是有着历史尤其是世界历史的背景和内涵的。如老子的小国寡民就有着特定的历史背景，"若史迁引老子之言，谓至治之世，邻国相望，

---

① 郑观应著，王贻梁评注：《盛世危言》，第255页。
② 《郭嵩焘日记》第3卷，第791页。
③ 《郭嵩焘日记》第4卷，第38—39页。

鸡犬之声相闻，民至老死不相往来云云，此则大不合于时事"①。相比较而言，儒家学说有着世界历史的普世性。这主要是因为孔子就是一个尊重和重视时代变化和历史发展的人。②

7. 形式合理化的贡献

早期改革派在构建学术体系方面也进行了一些努力，《校邠庐抗议》、《弢园文录外编》、《盛世危言》、《新政真诠》都有着一定的编排和论述逻辑。早期改革派力图使学术专门化，并对中西方学术门类进行整合。薛福成把格致和史鉴、历学、算学、语言文字、艺术并列。薛福成1864年作《选举论上》《选举论中》从朝廷的任官制度入手，痛斥科举制度坑害人才，为提倡经世实学而呐喊。他当时认为时文包括制艺（经术、史事、性理微言、经世要务）、律赋、试帖，制艺本来是得实学的，但现实的制艺则不是，实学是策论、掌故、律令等。时文祸国殃民、学用不统一。1865年他《上曾侯相书》记录自己的学问历程时说自己要研究经世实学，开始研究历史、用兵、天文、阴阳、奇门、地理，后来研究姚江王氏之学，知道居敬穷理不可偏废，进而研究六经四子、古体散文文章。后来又逐步融入西学的内容。郑观应和胡礼垣提出的天地人三学的框架实际上是在中学的天地人三才的基础上得出的，具有中西结合的特征。形式合理性就是客观化、专门化、体系化、普遍化、制度化、职业化。如韦伯所说"现代资本主义精神，以及全部现代文化的一个根本要素，即以天职思想为基础的合理行为，产生于基督教禁欲主义，这就是本文讨论所力图阐明的论点"③。这也可以看做是一个科技理性或

---

① 郑大华点校：《新政真诠——何启胡礼垣集》，第363页。
② 王韬著，陈恒、方银儿评注：《弢园文录外编》，第50页。
③ 马克斯·韦伯著：《新教伦理与资本主义精神》，第174页。

者目的—工具理性的合理化的一个方面。

薛福成专门作文论证中学专门化问题:"所谓西学者,无非中国数千年来所创,彼袭而精究之。分门别类,愈推愈广。所以蒸蒸日上,青出于蓝也。"① 他在论证西学中源时,参照西学,把古学进行专门的分类,显示了其对中学形式合理化的思考。

从形式合理(学术专门化)问题来考察,在西学评判中主要应归到性理之学中的社会科学的内容,在中学那里,西方式的分门别类的研究就属于科技理性的范畴。早期改革派的人文社会科学贡献的主要形式有研究、翻译、一般的介绍等几种形式,表现出了浓厚的科学兴趣,为治术的探讨奠定了一定的科学基础,也为后来的科学发展起到了一定的推波助澜的作用。早期改革派对中国文化合理化思考的一个重要内容就是推进中国人文社会科学的合理化,根据西方社会科学分科,相应地进行对比,分析各自的优缺点,探讨中国文化吸收西方相关文化因子推进自身合理化可能的途径。早期改革派对许多学科的中西方的优缺点进行了对比,基本上坚持互相补充和学习的科技合理性道路,并且似乎有着强烈的坚持从中国固有的科学及其分类中发展现代科学的愿望。早期改革派对中国社会科学相关领域的研究,推动了中国社会科学相关领域的科技合理化进程。而这个过程具有一定的内在性,是中国哲学家自觉的行为,是中国文化合乎逻辑的发展,同时也是在中国固有的自然社会科学的基础上进行的。现举几例简略地进行说明。

第一,他们推动了历史学研究的合理化。天下观和历史观制约着历史学的研究,同时历史学又不断地充实和丰富历史观和天下观。早期改革派对推进历史研究合理化的贡献主要体现在史学

---

① 丁凤麟、王欣之编:《薛福成选集》,第620页。

研究方法、价值取向和研究的内容和重点方面。

在史学研究方法方面,早期改革派注意运用西方科技知识考证中国历史的相关记载。王韬中国史方面的著作可分为近代中国史、中国学术史两种类型。王韬求助于西方天文学、数学知识,精确确定春秋时期的编年。王韬在这方面的著作已刊者计有《春秋朔闰日至考》、《春秋历学三种》、《春秋日食辨正》、《春秋朔至表》、《国朝经籍志》、《弢园经学辑存》等。郭嵩焘为了求证历史的真实,往往利用西方的历史地理知识解释中国古代的历史记载。例如,他在论及《后汉书·西域传》上的古地名时,对大秦、意大利、波兰国进行了考察,郭嵩焘对《后汉书》中"海西国"所在地的理解,与现代的研究结论是完全一致的。《史记札记》亦曾利用其对西方的历史知识解释《史记》中的某些关于西方的记载。此外,郭嵩焘还用他掌握的世界地理知识,对《大宛列传》中涉及的一些地名,或加以考证,以确定其方位;或加以订正,以纠正其不准确之处。郭嵩焘还坚持图志合一,以证地理。这些都是很有启迪意义的。

在史学研究价值取向方面,早期改革派强调历史的真实,并在历史真实的基础上强调历史研究为现实服务。郭嵩焘曾撰写了《史记札记》和《湘阴县图志》。郭嵩焘在自述其编纂《湘阴县图志》的宗旨时说:"是书之旨:事必溯其源,而不敢有苟略;语必详其实,而不肯有游移;文虽近于伤繁,而义必衷诸至当。"[①] 郭嵩焘在考证历史和地理时,是力图求真求实的。郭嵩焘曾言:"史之失诬,其原有四:或蔽于耳目之见闻;或牵于流俗之毁誉;或以一人之爱憎,而一二语之流传,又加以附会;或以一事之得失,而其人生平之大端,反为之曲饰。君子据

[①] 杨坚点校:《郭嵩焘诗文集》,第116页。

理以辨之,而无不可测也。"① 他曾论其读《史记》的态度:"读其文,推求当时事实,考知世变,因以辨正史公之得失,亦庶几有一得之愚。"② 郭嵩焘反对把神话传说当"信史"③。郭嵩焘主张历史研究要考知世变,以辨事情之当理与否。郭嵩焘往往通过历史研究来为现实服务。如他指出,中国古代各强盛的朝代都是实行对外开放政策的,对外开放具有传统的根据。他引证了《汉书·西域传》、《后汉书》、《唐书》、《明史》等,结合西方和中国现实进行分析,指出汉唐到清圣主都是实行开放通商政策的。④ 早期改革派的历史研究体现了当下发生的历史和过去的历史相结合、中西历史相结合、史地互证、价值和事实相结合的认识论特点。关于这一点后文历史哲学部分会有进一步的说明。

在内容方面,早期改革派注意研究当下发生着的历史,研究西方的过去的和正在发生的历史。近代早期改革派写作了大量的游记和日记,给后来的历史研究提供了丰富的历史素材。冯桂芬曾写《使粤行记》、《两淮盐法志》、《苏州府志》。郑观应在历史研究方面没有什么贡献,但曾经写作《西行日记》。此著作是郑观应自宣统三年七月十二日(1911)至民国元年(1912)1月12日往南京、芜湖、九江、汉口、宜昌、重庆等地进行业务工作的日记。此日记的最主要价值,是在此期间爆发了辛亥革命,从中可见郑观应对辛亥革命的漠视与反对态度。王韬的史学是新与旧、中与西相融合的产物。他所遵从的文辞规则和组织安排形式本质上仍是中国自司马迁时代以来一直遵从的规则和形式。但王韬所选的主题,却别开新境。他的特点是侧重于现实。

---

① 《郭嵩焘日记》第 1 卷,第 508 页。
② 郭嵩焘:《史记札记》,上海商务印书馆 1957 年版,第 5 页。下同,从略。
③ 同上书,第 19 页。
④ 杨坚点校:《郭嵩焘奏稿》,第 382、400、401、353 页。

对当下历史的重视，使王韬对世界史的研究成果颇丰。王韬的一系列政治主张与改革方案背后，都有其史学理论为依据。他的著作多为史著或可作史著视之，他的世界观、价值观、变法观与其历史观也是同一的。王韬写作了近代西方史和西方学术史。这方面的著作主要有：《法国志略》、《普法战纪》、《法兰西志》、《美利坚志》、《俄志》、《法越交兵记》、《西古史》、《西事凡》、《西学原始考》、《四溟补乘》等。1870年，王韬从欧洲回香港后，即撰成《法国志略》。次年，他根据南海张宗良口译的资料，参考何玉群、梅自仙、陈蔼廷等译述的其他文献，以及各种日报所载资料，按时间先后，汇编成书。同治十二年（1873）七月由中华印务总局活字版排印，共十四卷，后又重版，增补六卷。《普法战纪》是王韬为探讨强弱变化的内在原因、回应时事而撰述的当代国际战争史。《普法战纪》初版于1873年，为14卷本。第二、第三版分别刊于1886年和1895年，均为20卷本，内容基本上无出入。另日本军部1878年曾予以翻印；1887年日本大阪又曾再版。《普法战纪》是最早由中国人编译的、影响最大的一部欧洲当代专史。王韬认为法败普胜与人才、战争的准备、武器、两国制度优劣、民心向背具有密切的关系。书中第一次详尽地描写了巴黎公社起义的情况，第一次译出了法国著名的《马赛曲》，是中国人译法文诗最早的一首。书中还在译名上注意区分"君为主"、"民为主"和"君民共为主"这三类政体，以及帝、总统、王这些名词的差异。《普法战纪》不仅仅是对战争进程的描述。它涉及普、法两国政治、经济、文化和风俗民情各个方面。其中有许多是中国人闻所未闻的新鲜事，如巴黎公社、马赛曲、议会君主制、气球侦察、360度转炮、行军地图等，无所不有。日本学者冈千仞等都曾在其著作中提及王韬或他的著作《普法战纪》。王韬的外国史著作，大多取材于二手甚至三手资料，称不上杰作，但在当时的时代，对于推进中国历史学的发展贡献是巨大的。

第二，他们推动了语言文字学研究的合理化。在这方面，冯桂芬曾著《说文解字段注考证》。在使西过程中，郭嵩焘曾探讨中西古代文字异同。"乃知文字之始，不越象形、会意。泰西始制文字与中国正同。中国正文行而六书之意隐。西洋二十六字母立，知有谐声，而象形、会意之学亡矣。"[1] 早期改革派以声和意别中西："中国制字不以声而以意，故有六书。外国制字不以意而以声，故用切韵。切韵则能读其音即能知其意，六书则虽知其意不得其音，而读书之难易判然矣。"[2] 他认为"埃及古文极类中国篆籀，西洋数千年无识之者"。又记："英国精通埃及学问者二人，其一百尔治；其一戈谛生，现充上海按察司，亦因中国古篆多与埃及同，欲因以考求中国文字源流，因假一官以为久驻中国之计。"[3] 他说："埃及古碑文字，与中国三千年钟鼎文相仿佛；其石刻人物，与中国二千年刻像相仿佛。泰西人记载谓埃及建国夏初，亦以中国至夏始有年代可稽。以中国之年，纪埃及之事，正以埃及之年无可推，而中国犹可推也。……疑埃及二千年以前必与中国相通，文字制度尤可推见[4]。"这段话的某些观点虽不尽准确，但郭嵩焘努力探讨中西古代文化交流的精神却是值得肯定的。

文字学和语法学方面贡献最为突出的要属《马氏文通》。《马氏文通》融会了中西语法。1898年马建忠的《马氏文通》出版，创建了汉语语法学。百年来该书受到了极大的关注。《马氏文通》以西方语法模式，分析中国语言，使中国传统的训诂

---

[1] 陆玉林选注：《使西纪程——郭嵩焘集》，第70页。
[2] 郑大华点校：《新政真诠——何启胡礼垣集》，第376页。
[3] 《郭嵩焘日记》第3卷，第409页。
[4] 同上书，第577页。

学与修辞学研究发生了质的变化。马建忠继承了陈骙的《文则》（1170）卢以纬的《语助》（1311）和袁仁林的《虚字说》（1710）的语法分析传统，借用了许多词语，并对这些词语作了新的定义：名、动、读、句，以及实字和虚字。继承了刘淇《助字辨略》（1711）等训诂类著作的语法分析成果。他引用前人的论说，引用古注，引用雅书，字书、韵书进行了辨析。更为重要的是马建忠通过全方位的、多元化的语法比较分析专门寻找汉语和西方语言在语法上的共同点。据有关研究《波尔洛瓦雅尔语法》很可能是对他影响最大的语法书。字中的名字和名词、公名和普通名词、群名和集合名词、通名和抽象名词等都是一一对应的关系；词中的起词和主语、止词和宾语等也都是一一对应的关系；次中的主次和主格、宾次和宾格、读和分句，句和句子等也都是一一对应的关系。

《文通》具有中西融合的特征。《文通》的贡献还在于它透露出一种语法哲学观。它力求在共性中找到适用于各种语言的普遍性语法原则。许国璋先生认为《文通》可以解作普世语法。马建忠认为言为心声，字是用来记言的。马建忠揭示了人类语言的共同起源。马建忠还揭示了人类语法的本质特点，《文通·后序》第一节指出"字"可以群古今之意，从而保证了人的群体生活。马建忠认为表层的音韵文字千变万化，而深层的语言很少变化。

第三，他们推动了新闻学和办报理论研究的合理化。王韬在墨海书馆（印书局，属英国《字林西报》的附属机构）的工作，除了佐译圣经以外，就是负责出版文字的校对和发送麦都思创办的《遐迩贯珍》。1873年，王韬联合黄胜等人，集股一万墨西哥银元买下伦敦布道会印书局的印刷设备，成立了自己的中华印务总局。王韬凭着《近事编录》和《华字日报》的编辑经验，于1874年2月4日在香港创办了《循环日报》。《循环日报》每天四版（星期日休刊），载有述论、京报选录、羊城新闻、中外新闻等。它是由中国人完全自办自营的独立报纸。

王韬的办报思想和新闻理论有着强烈的民族主体意识。他坚持中国人自办报纸以避免西方办报措辞命意的弊端。《循环日报》不仅是为了获利，经常刊登社论，具有政论色彩。王韬是一位近代新闻理论的奠基者。王韬认为日报所载上关政事之得失，足以验国运之兴衰；下述人心之事，亦足以察风俗之厚薄。王韬认为，报纸是民情民心的一种反映手段。日报，有时清议所主，足以维持大局。王韬甚至把报纸的地位放在国家之上，期望实现一种报纸主导政策制定的局面。他认为，报纸至少有三重作用，即"通上下"、"通内外"和"辅教化之不足"，西国政事上行而下达，朝令而夕颁，几速如影响，而捷同桴鼓，是因为有日报为之邮传。王韬认为报纸能够破除中西之间的文化之隔，减少中外交往中的误会和仇恨。国人一纸在手，便可知彼之长，明己之短，从而丢弃夜郎自大、尊己轻人思想，采取正确的向西方学习的态度。不仅如此，报纸还可改变中国外交因内外不通而引起的动辄蒙辱局面。王韬指出，报纸将外情通之于内之后，清朝官员将不会再像过去那样昧于世界大势，办理外交时"颠顶不灵"、"拘虚胶固"以致于受辱。同时，报纸还可"译中事为西文"，将中情布达于外，俾西方之人了解中国，以免个别侵略狂播弄是非，颠倒黑白，煽动反华侵华舆论；使国人了解国政军情，留心西事，通外情于内。王韬充分认识到"教化"这一"形而上者"对国民精神素质的重要作用，而这一作用在他看来又是与报纸的作用连在一起的。王韬把教化概念扩展到公众舆论，竭力推重大众传播媒体对民德民智的塑造作用。王韬还对报纸的文字风格和编辑原则等问题进行了思考，主张朴素的文以纪实的通俗风格。除王韬以外，何启、胡礼垣也有着系统的论述。其他如在文学艺术方面早期改革派也有独特的贡献，在此不一一详述。

二 中国社会现实的价值反思

早期改革派对西方经济经验的借鉴在某种意义上已经包含了对中国经济生活的反思的内容在内。早期改革派这方面的思想是非常丰富的，由于作者不敢过分地涉足经济领域的问题，这个问题在此不作深入的探讨，仅就政治和教育方面的内容作一简单的介绍和说明。

1. 政治反思

早期改革派对晚清政治反思的一个方面是政教的对立和君道与师道的相继废弛。郭嵩焘认为清代不仅君道废，而且师道也废了，遇到的是秦以来延续的文化和社会政治的根本危机。现行的国体、政体，只能是："当国者如醉卧覆舟之中，身已死而魄不悟；忧时者如马行画图之上，势欲往而行不前。"[①] 早期改革派所面临的任务和所要达到的理想是对秦以来的文化和社会经济政治进行较为彻底的改革与反思，在"三代"和西方之道的基础上重新构建新的文化和社会政治。

近代早期改革派对道统和法统都进行了批判。他们认为"三代"以后政治的不合理性根本上在于君权、官权与民权严重失衡。70年代末，王韬在题为《重民下》的重要论文中生动地阐述了这个问题。民权太轻导致上下之情不通。清政府政治不修，民气郁塞到了极点。

民权太轻，民情太隔，使政治的道德合理合法性出现了问题。近代早期改革派坚持道德化的政治合理性的理想，但不仅仅

---

① 《郭嵩焘日记》第3卷，第858页。

局限于此。他们同时还看到了道德化合法性的政治非现实性。尤其是在权力不平衡的情况下。如郑观应就指出了这一点。评点历史,郑观应看到"仁君"并不能以道德的、甚至利害关系的说教造就。依赖于主体道德合法性的政治具有不稳定和不连续的缺点。这种情况到晚清发展到了极点,政治系统出现了严重的道德危机。这种危机进一步加深了现实政治的合理合法危机。

在中国近代早期改革派看来,中国政治的不合理之处首先在于政治主体的道德、权力、利益、能力及其关系不合理。首先是皇帝缺少勤奋的美德。朝廷是非不分,官吏缺少职业化的精神也是导致中国政治不合理的重要因素。

《校邠庐抗议》、《复乡职议》、《厚养廉议》、《汰冗员议》中列举出大小封建官僚寡廉鲜耻、道德沦丧的种种表现。比如索取民船钱财,民船避之如寇贼;官吏鱼肉贫民,瓜分公款等。郭嵩焘认为吏治不修已经有了衰败之征,必将导致天下之乱。郭嵩焘曾将晚清吏治的腐败集中概括为"三反":为私胆大,为公事不敢担当;在刑罚面前助巨奸求生,不顾惜平民;庇护下属道德堕落,反而说社会人心风俗之坏。郭嵩焘批评官吏"徇私枉法","相与网利","无复廉耻之存。"① 郭嵩焘还批评官官相护。他对放纵幕友门丁为非作歹极为痛恨。郭嵩焘指出晚清吏治日偷,纪纲大坏;文过饰非,作伪愈工。王韬在1870—1871年间致丁日昌的一封信中考察了官吏道德素质低下的问题。王韬抨击清朝官吏的颟顸不灵和保守僵化。

传统政治存在着政治制度和规范的不合理性。"家天下"君主专制的政治制度,无法避免君臣之间的权力攘夺和阴谋斗争。王韬指出中国官场因循苟且、推诿扯皮、不思进取等正与此制度弊端互为表里因果。郭嵩焘也揭露了"乾纲独揽"的体制方面

---

① 《郭嵩焘日记》第2卷,第127页。

的问题。

晚清，中国的政治行为日益变得怪异，诸如烦琐、奢侈、极端僵化充满混乱等现象，根本不能适应时代的需要。王韬提出律例混乱导致中国行政程序的混乱是多种弊端产生的根源。王韬指出吏治的制度性、规范性缺陷。晚清政治的制度性危机的核心是民权的缺乏，君主专制制度及其他制度要借助民权的思想来革新。早期改革派强调四民平等，对文化进行了新性质的创新，对法统进行了彻底的批评，使实政思想具有了全面的、彻底的改革内容，为近代改革思想向革命思想的过渡打下了坚实的基础。

早期改革派对晚清政治的反思涉及体制，更涉及政治的根本价值观。传统政治根本的价值观是"三纲"的既定的社会秩序、政治秩序和价值秩序。早期改革派集中对"三纲"的价值观进行了批判。

早期改革派对"三纲"的批判主要包括如下几个方面：其一是从"三纲"来源的角度批判其不具有传统的合理性。"三纲"并不代表中学和孔子的核心精神，它来源于秦以后的纬书，经董仲舒等的阐发才成为一种价值和伦理传统；其二，"三纲"不同于"五伦"，"五伦"中西都有，具有普遍性；其三，"三纲"没有自然和人性的根据，人生来就有父子、男女等差别，但这些差别不能说成是"纲"，而只能是"伦"，和人的情理需求不吻合；其四，"三纲"往往成为压制人的工具，"三纲"一味地用道德约束他人失去了道德的本义，变成了"假"、"邪"、"愚"、"虚"，其结果必然是造成社会的危害（伦理秩序）。政治的核心的价值观应该是公平、真实。

2. 政治合理化的构想

早期改革派对理想政治的价值期待包括如下一些内容：其一是真实和创新的政治。早期改革派主张实行"实政"、"新政"：

"故某以为省繁刑而崇实政,为今且之急务。……自古豪杰有为之才,所以运量天下者,岂有他术哉!以诚应物,以实行政而已。"① 实证的核心衡量标准和精神内核是实事求是。何启、胡礼垣要求以理、道、公等为标准考虑新政问题。郭嵩焘极力反对"欺民":"治粤有体,其体云何?曰:去欺。"② 将"去欺求实"当做政的"本体"。这些从认识路线上抓住了为政的关键。从这个认识路线来看,早期改革派的政治思想包含了改革和求新的精神。其改革构想包含有两方面的内涵:伦理内涵,以对君民、官民的伦理关系的思考为核心,以天下为公为基本的伦理准则,以民心、民气、民情、民权、民智为基本的出发点,反对欺民,愚民、夺民权、不通民气,失民心等都还是从伦理的视角来看待问题的;科技理性内涵,政治机构不合理、律例繁杂等等。

其二,是道德合理化的求"正"的政治。实指道德内涵的实心,民心,实政就是道德合理化的政治。近代早期改革派对政治合理化的思考是从两个方向展开的。其一是政治主体及其关系,亦即人治的道德合理化方向。近代早期改革派主张德治和法治相结合。这一结论是他们整合中西文化经验,观察中国当时的社会现实得出的结论。而后者往往是由前者推导出来的。

冯桂芬对以德治国进行了探讨。从社会伦理道德的角度,他提出"复古礼"、"立宗法",恢复"三代圣人之法",以此理顺紊乱的社会伦常关系,整肃腐败的道德风习,振奋人心,使社会获得稳定与发展,整肃社会道德的方案,同时也注意到选举的重要性。这一方案集中体现在《复宗法议》中。王韬秉承龚自珍

---

① 杨坚点校:《郭嵩焘诗文集》,第146页。
② 《郭嵩焘日记》第2卷,第331页。

的农宗思想,提出了他的"强宗法"主张。王韬认为,天下治乱的关键在于民心之得失;而欲得民心,必须"重民",联络民众,联络的最好方法便是以强宗维弱宗,小宗附大宗,各相为辅,并进而认识到君主立宪和议会选举制度是实现这一目标的最好办法。

郑观应更倾心于一个和谐的、道德化的世界。郑观应对议院在反映民意方面体现出的道德情感价值的看重,仍超过对议院全部的制度价值的看重。正因为对德治和法治的关系的上述理解,早期改革派对实政目标的理解基本上还是一种道德化的理解。何启、胡礼垣说:"新政者,将使君民如一,上下同心,自其外观之,君为君,臣为臣,而自其内观之,则君亦民,民亦君也。是故君之于民也,无私而非公也。民之于君也,亦无私而非公也。"[1] 郑观应也说:"必使天下无一饥民,无一寒民,无一愚民,无一莠民。"[2] 其核心就是安民。

郭嵩焘不反对德治,认为中国要致富强,首先要从人心风俗抓起。"自古世道之乱,原本人心风俗,而其患皆起于士大夫。"[3] 汉学家一意诋毁宋儒等原因导致了人心败坏,西方风教远胜中国,如果不从人心风俗抓起,使人人奋发向上,中国要自强是十分困难的。因此不强调德治是不行的。郭嵩焘通过对土耳其、日本与中国的比较,深深感到改变人心风俗之必要。他曾指出:"日本勇于兴事赴功,略无疑阻,其举动议论,亦妙能应弦赴节,以求利益。其勃然以兴,良有由也。"[4] "勇于兴事赴功"已超出了一般的社会风气的范畴,实质上涉及民族精神。在近代

---

[1] 郑大华点校:《新政真诠——何启胡礼垣集》,第 157 页。
[2] 郑观应著,王贻梁评注:《盛世危言》,第 109 页。
[3] 《郭嵩焘日记》第 4 卷,第 416 页。
[4] 《郭嵩焘日记》第 3 卷,第 378 页。

早期改革派看来，国民性与道德的合理化具有十分重要的意义。"代议制度之是否能实现，民意代表之是否有价值，国家大法之是否能完美，此其责不在政府，而在我国民也。何则？政府纵有以公共统治权托诸国民之诚意，而我国民不诚意报之，而不善于运用，致生种种弊窦，如国民选举不良，议会组织不善，法律编制不备，则仍不能置国家于轨道之上。其危险甚大，我国民不可忽视也。"[①] 郑观应认为从中国国民的道德，以及道德的文化基础、社会基础来看，中国当前的政治制度实行君主立宪更合宜。

其三是高效的制度化的政治。早期改革派的"实"具有认知和科技理性的内涵，实政是相对于繁琐、奢侈、极端僵化而言的，实政就是制度合理化的政治。制度合理化的政治要建立在法制更新的基础之上。一些研究者认为，中国在旧社会形成了一种传统，不大的纠纷基本上是寻求法律以外的途径来解决。这种非法制化的社会手段在维持社会价值以消弭冲突的同时，为乡村社会提供了符合这种价值的行为准则。中国传统社会也有法律，但中国法律以义务为本位，法律条文多禁止性规范，而少权力性规范，忽略和轻视人的独立人格、自由、尊严和利益；行政司法合一，司法高度政治化，法自君出，权力支配法律；重公权轻私权；礼法互补，综合为治；法的前提是维护既定的"三纲"的政治秩序，不能有效地保护个人的权利和利益。要想实现社会的现代化，必须实现法律的现代化。近代早期改革派已经初步地触及了中西法律的差异和中国法律合理化的方向这一主题。早期改革派对于法律合理化的思考集中在外交、通商、泰西人员来华、给予人以足够的尊重、维护政治的稳定等几个方面。在这些方面中体现了工具理性的普遍化方向和性理方向。

---

① 夏东元编：《郑观应集》下，第340页。

早期改革派认识到中国法的合理化要适应外交、通商等需要推进法律的普遍适用性，要沿着科技理性的方向进行。首先的一个方面是适应外交的需要，研究和加入公法的问题。因为中国在公法之外，不能受到公法的保护，应该用公法和外国周旋，赢得自强的时间和空间。中国法的普遍化还是解决外来人员和本国公民冲突的需要。中西法律在量刑和情理的差异，在现实生活中带来了中西的冲突与矛盾，其结果就是"为外人则照外国之例而从宽，为华人反依中国之例而从猛。是华人之生于中国，反不及洋人之来自外邦也"[①]。因而必须推进中国法的普遍化。中国法的普遍化还是通商的需要，要补充新的法规，学习和使用西方的法律。郭嵩焘建议朝廷纂辑通商例则，以避免和减少与外商打交道时的损失。

中国法的合理化还要沿着性理之学的方向进行。法的合理性就在于合乎理的要求："法即理也。理苟明矣，于法必无甚相抵牾者。贤者行法，皆益天下之资也。"[②] 法的轻重无关紧要，紧要的是要体现公平："治与乱皆由于君臣，于刑典之轻重何涉？刑典者惟有出之以平正斯可矣，非可任意轻重也。"[③] 法要体现情和道德的要求，尊重人的尊严和权利，体现人道的要求。"中国三代以上立法尚宽，所设不过五刑。读《吕刑》一篇，虽在衰世，犹有哀矜恻怛之意。自后一坏于暴秦，再坏于炎汉。有罪动至夷三族。武健严酷之吏相继而起，大失古人清问之意。"[④] 同情、慈悲是古人立法的本意，因而必然是宽的。后世的严刑酷法是不合乎这一要求的。后世的有罪推定更是失情理之远，不符

---

① 郑观应著，王贻梁评注：《盛世危言》，第 228 页。
② 《郭嵩焘日记》第 1 卷，第 555 页。
③ 郑大华点校：《新政真诠——何启胡礼垣集》，第 30 页。
④ 郑观应著，王贻梁评注：《盛世危言》，第 226 页。

合公的要求："讼之为字从言从公，谓言于公庭，使众共闻以分曲直耳。案既未定，何遂用刑？则问时要无打法。……故打之一法，行之以便审官之私图则可；若行之以畏平民之志，则决乎不可。"① 中国古代冤狱之多就是因为失去了情理的本质。朝廷不信任问官，问官不能以忠恕待人、以公明断事，不能以情理为手段和依据审案是冤狱多的原因。

中国法的合理化要培养懂法的人，并进行政治体制和司法制度改革。因为"徒善不足以为政，徒法不能以自行。故有其人，然后有法；有其法，尤贵有人。中西律例不同，必深知其意者，始能参用其法而无弊"②。因为清王朝司法与行政混而为一的旧体制是不能保证司法符合情理的要求的，必须进行司法制度的改革。郑观应呼吁建立独立的法官制度、陪审员义判制度和律师办案制度。

韦伯曾指出："在中国，由于缺乏一种形式上受到保证的法律和一种理性的管理和司法，加之存在着俸禄体系和根植于中国人的'伦理'（Ethos）里、而为官僚阶层与候补官员所特别抱持的那种态度，所以不可能产生西方所特有的理性的企业资本主义。"③ 早期改革派注重法的理性内涵，强调法的形式化的意义可谓抓住了中国古代法的局限性。但早期改革派的看法正好修正了韦伯的不足。

早期改革派希望实行议会制度和君主立宪制度，并建立高效的行政体制，但这些制度是为了实现君民相互沟通和和谐。

其三，进一步说就是有公平、君民和谐价值内涵的法治。早期改革派实政思想的基本出发点是：爱民、保民、养民、安民、

---

① 郑观应著，王贻梁评注：《盛世危言》，第227页。
② 同上书，第226页。
③ 韦伯著，洪天富译：《儒教与道教》，第124页。

利民、教民、重民、宽民。《盛世危言》《议院》篇中曰:"故欲行公法,莫要于张国势;欲张国势,莫要于得民心;欲得民心,莫要于通下情;欲通下情,莫要于设议院。"① 这基本反映了早期改革派对实政的思考。

实政要强民气、结民气、平民气,防止民气过强、民气骄。强民气,议院是一个好办法。郭嵩焘认为两党制的不合理性在于议会不能最后决策,民气过强。薛福成认为两党制的弊端在于植私党以广扶持和散财货以延虚誉。

实政之要在于结民心、得民心,上下一心。王韬把得民心看做是天下大治的基础。② 那什么是联系民心的最好办法呢?只能是"君民公利"③。郑观应认为欧洲诸邦能横于天下者,在乎上下一心,君民共治,中国自强之道也应当是这样的。

实政要达民情和信民。要把民情和人情作为制定政策、法律的依据。议院和君主立宪制可以使得君民共治,上下相通,民隐得以上达,君惠得以落实到民众。郭嵩焘称赞英国的民主制度,认为英国强大的原因在于议政院议论国事,市长顺从民愿,士民议论国政,民气相通,下情无上达,君与民交相维系,而中国秦汉以来二千余年适得其反。行民权要求一定的言论自由与政治公开性。行民权要求通下情和民众参与。上下否隔,就必然影响到对真实民情的了解,进而就会影响到统治者决策的正确性,这就要设议院:"夫议院之设,所以宣上德,通下情,使平日一政一令,必归于和,非特为大举筹饷而设也。"④ 议院有助于实现统治者和被统治者的和谐。

---

① 夏东元编:《郑观应集》上,第314页。
② 王韬著,陈恒、方银儿评注:《弢园文录外编》,第62页。
③ 郑观应著,王贻梁评注:《盛世危言》,第109页。
④ 郑大华点校:《新政真诠——何启胡礼垣集》,第400页。

实政要求宽民。郭嵩焘的德治主要是反对驭民以严为尚,而主张抚民以宽。他曾经考察中国历史上"治天下必任赏罚"与"自古欲治之君必先德化"的两种观点的对立,并由此得出结论:"临下以简,御众以宽,此常道也。……圣贤论治无以严者。"① 郭嵩焘认为,这是因为对于广大老百姓来说,统治者只有用道德教化的方式才能使他们不断上进,只有诚心诚意地帮助他们、教育他们,才能感化他们并使之衷心地拥护自己的统治。所以他说"圣人以诚动天下,未有严杀可以化民成俗者"②。郭嵩焘认为,强调宽以抚民并不等于不要纪纲法度。严惩巨奸盗贼是为了"彰善瘅恶,树之风声","刑一人而天下惩,杀人亦仁也。"③ 繁刑峻法不当其罪只能使人心解散,国计消靡,以迄于乱。郭嵩焘反对"繁刑峻法"和罚不当罪无否定法治之意。正因为郭嵩焘在肯定德教的前提下,不废法治,所以他在出使英、法期间,对西方的法律也作过相当深入的考察。

实政要行民智。行民智就是仁道。实政要以君民平权为基础。早期改革派在寻找西方富强之源的过程中,看到西方富强的根本原因在于民权和民主,在于政治统治获得了群众较高的参与和支持。西方政治合法性首先就在于政治权力的合法性来源于群众,从而能够保证政治的长治久安。但西方也存在着君权和民权不平衡的问题。早期改革派对政治民主化合理的呼吁,主要体现在对民权的重视方面。政治合法性的实质在于对统治权力的认同。西方的冲击,太平天国运动的风暴使对晚清政治权力的认同成了问题。早期改革派在同西方政治和古代政治的对比中,看到了中国现实政治的不足。不足的集中点就在于缺乏民权。在近代

---

① 《郭嵩焘日记》第1卷,第481页。
② 《郭嵩焘日记》第4卷,第322页。
③ 《郭嵩焘日记》第1卷,第481页。

早期改革派看来,中国唐虞以前就是民主的国家,民本和民权是相通的。民权意味着民众具有"推选"之权,"由民推选"出来的"议院员绅",起着"通君民之情"和"协民心为本"的效用。三代政治的主体合理性就在于"天生民而立之君,所以为民也。三代圣人所汲汲者,安民以安天下而已"①。郭嵩焘认为民权主义与民本主义的共通之处就是爱民,执政者注意通民情,司法行政注意便民利民。郭嵩焘运用中国传统民本主义的一些范畴,实际上介绍的是西方的一些民主思想和制度。王韬在《重民上》、《重民中》、《重民下》中认为"民心"决定国家治乱;"民"决定民族的强弱;民富则国富;民惟邦本,本固邦宁;与民同利、与民共其乐,上下交不隔阂是古代和现代西方社会富强繁荣的根本原因。天下为公要求以民权作为政治权力的来源和基础。"君民平权之政,而国始安。"② 近代早期改革派对老百姓的战争、灾荒、外国剥削之苦有着深刻的体认。在此体认的基础上,他们认为急需兴民权。

权力的合理化是权力合法化的基础。政治权力的合理化即行民权要求正确地处理集权和分权的关系。王韬很羡慕西方国家人民对国家对福利事业的支持,主张有选择地恢复中国"分封"时代的政治传统。他认为,"分封"制的内聚力在于它的权力分散。在强调分权与利益一致的联系时,王韬事实上发现了在任何制度下使国家强大的主要原因之一。人民在一个制度中占有的利益越大,他们对制度的捍卫就越坚决。政府更多地分权与人民更多地参与是相对应的。这可分为许多方面,包括通过发展新闻事业和扩大教育机会,以提高人们的知识水平。在经济领域则意味着取消对商业活动的限制,鼓励商人向未开发的领域冒险。政府

---

① 《郭嵩焘日记》第4卷,第69页。
② 夏东元编:《郑观应集》上,第331页。

也必须在诸如采矿、制造、铁路、造船等新兴事业中与人民共享其利。王韬关注不同政治阶层的隔阂问题。隔阂也是一种权力问题，解决办法就是重新分配两个层次的权力。合理化的政治要求具有良好的上下政治关系。

近代政治合理化要求夸大政治的阶级基础。尤其是扩大商人的政治地位与作用。郭嵩焘指出汉兴困辱商人，恶其专利，下视商贾；唐宋尚文，讲明性理之学，士重，商人的政治地位不高。综合西方的经验要提高商人的政治地位。薛福成指出西洋议绅出身富家，散财沽名，专顾体面，接受上等学问，结交豪杰，为众人重视所以能够自重。早期改革派主张贤能的政治，倡言吏的工作应由真正的贤人充任，而不是局限在士农工商的分别上。

在韦伯看来，理性化的行政体系至关重要，"合理的现代资本主义不仅需要技术生产手段。而且需要一种可靠的法律体系和按章行事的行政管理制度"[1]。马克斯·韦伯认为，在秦朝以后的家产官僚制国家里，由于皇室行政管理机构对地方控制疏松，地方政府各行其是，致使无法建立有效的理性化的行政体系。一直到清代，下属的官府通常都将中央政府的令谕看做是伦理性的、权威性的期望，而不是命令。韦伯认为，一般而言，传统中国社会的官吏阶层，以官为谋取土地财富的手段。这种模式的"经营"，在韦伯看来，只能算是"掠夺式的资本主义"，而与西方近代理性的资产阶级的资本主义恰好背道而驰。近代早期改革派看到了制度合理化的重要性。"仍当以讲求吏治为本。"[2] 郭嵩焘在致李鸿章的一封信中说："振厉朝纲，勤求吏治，其本也。和辑人民，需以岁月，汲汲求得贤人用之，其基也。未闻处衰敝

---

[1] 马克斯·韦伯著：《新教伦理与资本主义精神》，第24页。
[2] 《郭嵩焘日记》第1卷，第202页。

之俗，行操切之政，而可以致富强者。"① "朝纲"，就是朝廷的法度和纪律。郭嵩焘在光绪六年（1880）的日记中写道："天下治乱之原，全在吏治，而其根本则在朝廷。"② 纪纲法度操自朝廷，朝纲不正，要"和辑人民"是不可能的。早期基本的主张是提高制度的效率，简化规章，宽严得当。王韬的《尚简》广泛论述了这个看法。③ 王韬认为治天下不在于律例之多寡，而在于是否与民同休戚。王韬建议清朝统治者不妨对现存的一切律例和繁文缛节来一次全面的审查。凡属过时无用或阻碍行政效率者一概废除之；其有效可行者张榜公布天下，使全国官民咸有所遵循。王韬认为三代的简要法律，为民而设；后者是"全而密"的后世之法，为一家（统治家庭）而立，成为"混乱之源"。他反对无限制地、无必要地增加法律。

近代早期改革派对西方的议会选举制和政党制度表示出了一定的赞赏态度。王韬认为国会有公而无私，上下相安，君臣共治，符合中国三代以上的立法命意。《论议政》篇中有郑观应关于西方议会制度的最早论述。近代早期改革派主张实行君主立宪制。他们羡慕日本推行君主立宪制而致富强；推崇英国、意大利正在推行的"君民共主"的君主立宪政体；认为民主政治、君主立宪政体是世界历史发展的潮流、发展的趋势，中国是不能违背这种历史潮流或历史趋势的。

大约在1860年，冯桂芬提出了类似从下"荐举"的制度，这也很可能是受西方选举程序的影响。王韬在《重订法国志略》卷十六中提出官之贤否黜陟，须以舆论之美恶是非为断，当自下以达之上进行荐举。王韬在《纪英国政治》中写道，英国官吏

---

① 杨坚点校：《郭嵩焘诗文集》，第221页。
② 《郭嵩焘日记》第4卷，第77页。
③ 王韬著，陈恒、方银儿评注：《弢园文录外编》，第99页。

由荐举产生，任职之前必定有当地多数民众证明他们具有良好品行。而且他们一旦任职，对人民须仁慈正直。

薛福成非常关心官员的专职化。他推崇西方政府要员的务实图强精神。王韬反对一职数人的做法，并极力主张延长各级官吏的任期。早期改革派认为官制要有增有减。要参照西方增设农部、商部、邮部、外部等，同时要裁撤一些部门，从而形成精干，效率高，能适应现代工商社会要求的官僚机构。

3. 教育反思

早期改革派对中国教育的反思，集中体现在对科举制度的反思方面。在早期改革派看来，科举制度把读书和做官结合一起，引导读书人读八股文，使得读书人不懂得国计民生，人情风俗，兵、刑、钱、谷等实际事物，没有躬行实践的能力，导致"仕"和"学"两方面都走入歧途。

就"学"方面而言，导致今日之中国人心不肯向学问，不安分，读书者舍读书本业而求局务；百工技艺，亦各舍其本艺而求营务。原有的教育已经无法承担起富国强兵、兴学、化民俗的重任。这主要是由于原有教育的不合理性造成的。

科举不仅不利于科学技术的发展，还不利于工艺制造。薛福成还清醒地看到，中国近代工艺技术之所以落后，有着科举制的社会原因，用科举制度束缚知识分子，在举国上下形成一种"轻农工商而专重士"的病态社会风气，将从事工艺制造者"皆斥为粗贱之流"。于是，千百年来，知识分子只知"攻时文帖括"，读圣贤经典，对儒家经典以外的学问"僭然罔省"，"寖假风俗渐成，竟若非性粗品贱，不为工匠者。于是中古以前智创巧述之事，阒然无闻矣"[①]。在传统中国，科学技术的传播缺乏正

---

① 丁凤麟、王欣之编：《薛福成选集》，第482页。

规的渠道，没有超出个人私相传授的范围，国家缺乏对科技发明专利的保护，损害了科技发明者的积极性，这是中国文化缺乏科技合理性的一个重要原因。薛福成明确指出了这一点："中国则不然。此兴一艺而彼效之，此营一业而彼夺之，往往有缔造者大受折阅，摹袭者转获便利者矣。而一二千年以来，亦竟无一人研精阐微，为斯民辟妙用，为天下扩美利者，此无他，政权不足以鼓舞之也。一镜于彼之所以得，则知此之所以失矣。"①

近代早期改革派批判了现实教育对于政治而言也具有不合理性。薛福成指出，现实的学校，教学内容狭窄呆板，四书五经、辞章考据之外别无所学；与实政脱节；文武分途；教学上泛泛而谈，散乱无纪，学成为官，亦用心不专，今日治兵，明日理刑，故事事无成。王韬认为，八股科举制度是明清以来教育退化、人才不出、国家不振的根源，必须加以改革。王韬指出，时文取士造成了学非所用，进而导致了吏治败坏。科举制不能培养真才。科举制度造就的人才称为不知钱谷、兵刑，不识南北东西之向背的废人。令人窒息的八股文不是选拔人才而是压抑人才。王韬认为现行的标准太低，其严重后果是过多的人通过了科举考试，而士林声望低落，政府资助士子的能力减小；考试科目狭窄无用，妨害了开科取士。科举教育存在的诸多不合理性，早期改革派都有一定的涉及。在教育目的上，传统教育旨在培养统治阶级的接班人——官僚队伍，片面追求所谓的道德修养和心灵完善。明德、知礼、尊君被当做教育的金科玉律。在教育内容上，传统教育集中于读史诵经、吟诗作词、模拟帖括一类空泛无用的"虚学问"。在教育对象上，传统教育过于狭窄，虽然各州县皆有县学，但受教育者皆为身列庠序之士或诸生文童。因此，它实际上仍是一种"精英教育"。传统教育的改革必须在教育内容、对象

---

① 丁凤麟、王欣之编：《薛福成选集》，第492页。

和目的、方法和体制上进行改革，以实业教育为核心。

4. 教育合理化

教民问题在早期改革派的思想当中居于首要的位置。这与早期改革派对贫富原因的归结，与他们对教育和人才、学校的地位和作用的认识有关，与对中国教育现状的认识有关，是重视以学兴国的必然结论。"诚欲治天下，必自禁鸦片烟始。诚欲禁鸦片烟，必自挽回人心风俗始。诚欲挽回人心风俗，必自学校始。二千年来，人才所以日下，由学校之不修也。此关天下全局，非一时一事之计。"① 教育改革思想的出发点，是为了挽回日益败坏的人心风俗。因为，"朝廷者天下之本，朝廷正则天下自正。学校者人心风俗之本，学校修明，人心风俗亦将有感发振兴，转移于不自知者②。"

教民的任务是产出有才能的人和良好的道德风气。近代早期改革派关注受教育对象的合理化，把教育对象下移，普及化，工农兵商、男女老少均有受教育的权利，主张平民教育、职业教育。王韬指出，中国也应模仿西方，给予妇女广泛接受教育的权利和机会，像西国一样，重女教，各省立女学校，延女师教之六经六学。"六经"指四书合为一经，加原五经并称之；"六学"指西学中几何学、化学、重学、热学、光学、天文学、地理学、电学、兵学、动植学、公法学等中的任意六项。郑观应更是在《女教》篇中对女教问题进行了详细的论证。

近代早期改革派关于教育目标合理化的构想是推动人才的专业化。帝制时代的中国，人才就是掌握了儒学经典的理论原理和道德准则的人。他们认为，如各朝各代所揭示的那样，只要人们

---

① 《郭嵩焘日记》第 4 卷，第 322 页。
② 同上书，第 157 页。

弄清了这些原理并学以致用，就能自然而然地应付从政生涯中的任何局面。人们总是明确地把这种"通才"看做一种典范。虽有财政、司法及其他方面的专家，但他们只能从工作中获得专门知识，并没有教授专门知识的学校。而且，这种专门知识从来就没有成为取得社会声望和社会地位的公认途径。专门化是现代社会的主要特征之一，也是早期改革派关心的一个理论问题。薛福成的专精说最为典型。薛福成写作《学术治术在专精说》、《振百工说》鼓吹人才的专业化。王韬则认为教育应以富国强兵为目标，为现代化运动中的各行各业培养合格的实用人才、专门人才。传统的人才观标榜"君子不器"。官是传统人才的衡量标准和共通职业，"官"以外的其他方面的专门人才在传统人才观里不过是难登大雅之堂的与贩夫走卒相差无几的工匠或山野术士罢了，不在正规人才之列。王韬的人才观与上述人才观明显不同，他强调人才对民族发展的重要性是以承认人才的多样化、专门化为前提的。他不把士作为人才的唯一代表，强调四民的转化关系。他指出人才有很多种类，有吏才、将才、匠才、出使、折冲御侮之才、明体达用之才、应急济变之才。每一个种类下面又可以分成很多种类的人才。必须适应人才的特点加以使用，人才才能出现。

更为重要的是教育目标的合理化是要使人才的德与识相结合。他们认为只有德才兼备的人才，才能堪大用。以郭嵩焘为例，他认为"故道莫著于明伦而莫先于广识"[①]。"识解"是郭嵩焘评价和衡量人才的最高标准，他对那些人虽忠厚但缺乏才能的人常常表示遗憾。郭嵩焘对那些有才无德的小人，是坚决反对使用的。"心术尽正，人品尽高，终坐无学识。故为大臣者，以

---

① 杨坚点校：《郭嵩焘诗文集》，第506—507页。

识为主，而才次之。"① 人才合理化的标准不在于中西"一切专求乎实用"②。近代早期改革派反对轻视懂得西学的人才。

教育的合理化要有良好的识才、选才、育才、用才机制。"天下未尝无才，患所以求才之道未至"③。郭嵩焘强调选才、用才要出以公心，决不能以私意援引。对待人才应不以言貌取，不以资格拘，不以人地限。进用人才不能太骤，但又要敢于破格提拔。郭嵩焘在光绪十年（1884）写的《因法事条陈时政疏》中曾批评朝廷"进用人才太骤"④。用人行政，一切破格行之，是两楚（指湖南、湖北）旋转之大机。对待人才要赏罚严明。

近代早期改革派对现实教育不合理性的批判和对未来教育的合理性的追求的标准和依据是三代教育和西方的教育。在早期改革派看来，三代之时，学校教学内容甚为广备，是"德"、"行"、"艺"三者并重，全面发展；三代教育不惟其书惟其行，不惟其理惟其事，教之以实事，程之以实功，于是实才备出；三代之时，教者即官即吏，"教"与"治"、"学"与"仕"如出一辙，教学内容即为入仕为官之实际学问，礼乐刑法，钱谷算数莫不于学中具备，学其所仕，而行其所学；上古之时，文武出于一途，学校将射御并于文艺，学者既能文，又能武，一有征战，人皆知兵；古者学问有专，古人专学一事，学成而仕，终身不变其任，所以事专而功易成。郭嵩焘说："至泰西而见三代学校之制犹有一二存者，大抵规模整肃，讨论精详，而一皆致之实用，不为虚文。宜先就通商口岸开设学馆，求为征实致用之学。"⑤他在英国期间，曾考察牛津大学考试之法，知道该校的考试文

---

① 《郭嵩焘日记》第1卷，第517页。
② 王韬著，陈恒、方银儿评注：《弢园文录外编》，第100页。
③ 同上书，第292页。
④ 《郭嵩焘奏稿》，第408页。
⑤ 杨坚点校：《郭嵩焘诗文集》，第196页。

凭,"虚为之名而已,并不一关白国家","所学与仕进判分为二。而仕进者各就其才质所长,入国家所立学馆,如兵法、律法之属,积资任能,终其身以所学自效。此实中国三代学校遗制,汉魏以后士大夫知此义者鲜矣"①。郑观应说"三代以来风俗敦庞,取士之途,乡举里选,惟重实学至行"。西方国家学术重视实事求是,重视行"坐而言者,可起而行焉。"② 这是和三代精神一致的。王韬也曾利用英法和日本等国的先进教育样板来反衬清朝教育的不合时宜。

教育内容的合理化并不是要废除中国哲学和中国文化,不废除经史辞章。"然则文科可废乎?曰:非也。千古纲常名教,经济学问,皆从经史而出,悉由文义而生。惟须分列四科,拔尤表荐:一曰考证经史以觇实学。二曰策论时事以观卓识。三曰兼试诗赋以验其才华。四曰博询政事以考其吏治。拔真材以资实用,不愈于空言无补之帖括乎?"③ 郑观应认为教育应以满足当时官方外交和洋务企事业活动的需要为目的。教育内容的合理化主要是要加强科学技术的教育。王韬则把"艺"、"技"、"实学"放在首要位置。但科学技术的教育要注重创新和实用。在《论洋学》一篇中,郑观应却又对京师同文馆、上海广方言馆的西学教育模式提出了如下严厉的批评:"今中国所设之同文院、广方言馆,已历有年,而于格致诸学尚未深通。其所制造全仗西人指授,不过邯郸学步而已。何能别出心裁,创一奇巧之兵船,造一新捷之火器哉!且又从不讲求西国律例,凡交涉案件莫能办理,如延西国讼师代我辩论,则又恐从中袒护,不能力斥其非。"④

---

① 《郭嵩焘日记》第3卷,第351—352页。
② 夏东元编:《郑观应集》上,第104页。
③ 同上书,第104—105页。
④ 同上书,第109页。

郭嵩焘反复强调不要以"高官厚禄"去鼓励士人学习天文算学，而要引导人们注重实用。早在同治六年（1867）的同文馆之争中，他就指出："朝廷以实用求人，期使应时，须以宏济国家之艰难，出之以至诚恻怛，无不起而相应者。……以利禄为名而眩使就之，君子必引以为耻。"① 为了使学生真正学到天文算学以有裨实用，他强调要加强考核，以防止走过场。

教育合理化要推动教育体制和教育形式的合理化，建立新式学校和书院。王韬所倡办的学塾在教学内容与教学形式上都是一种创新。它不教授四书五经，单讲外语和自然科学，这与旧式书院授"文"不授"艺"、授"中"不授"西"的教学，与洋务派"中学为体，西学为用"的欲进还退的教育均大相径庭；它不传授宗教教义，这与传教士在沿海商埠办学旨在传教的方针亦属南辕北辙。它的授课形式采用班级制，教学分门别类进行，虽然其规模不大，且断断续续不甚成功，但这在中国近代教育史上实是中国主办课堂教学的滥觞。

学校的合理化要讲求实学。郭嵩焘说："予谋别立书院，讲求徵实致用之学。"② 郭嵩焘认为学校非实不可，取才非诚不能，学校合理化要走职业化、专业化的道路。郭嵩焘指出，"三代学校之制，七岁而入小学，十五入大学，至二十成丁；任为士者，修士之业，任为农工商者，修农工商之业。四民各有所归，而学亦终不废③。"学校并不是士的专利品。"师"、"儒"都不过是一种社会分工。

学校合理化要兴讲学之风，而不能一味为了功利的目的。他尝言："西汉时，其时县有学，乡有校，斯云盛矣，而使天下之

---

① 杨坚点校：《郭嵩焘诗文集》，第69页。
② 《郭嵩焘日记》第3卷，第919页。
③ 《郭嵩焘日记》第4卷，第318页。

人奔走功令以希进取,则亦学校之所由衰也。"① 要吸取汉武帝把学问引导到科名富贵的教训。书院发展到后来,也变为以科举为目标了。对此,郭嵩焘做过分析。他警告说:"而一以利诱之,于学问源流本末,全失所以为教,直使败坏人心风俗,有损无益。"②

王韬设想了一种并重中学西学的考试制度,要求唯兼通者方能得中。他主张,中学合四书五经为六经,以《易经》为首,西学以几何学为首,其次则化学、物理、天文、地理、兵学、动植物学、公法学等等。王韬的改革主张中最引人注目、最根本之处,在于他强调西学应成为常规考试内容的一部分。王韬创立考课制度,促进士人研究现实问题,认为有益于日用行常者,皆谓之实学。从考课题目分析,它们大多是与西学和现实密切相关的"时代焦点"。王韬为题目划定的总方向是"务归实用"。1886年至1893年,格致书院所出季课、特课题目共有77道,其中格致类或科学知识类有22道,富强治术类25道,人才类4道,教育类4道,国际局势类3道,边防类6道,语文类2道,社会救济类2道,其他类5道。

在教学方法方面郭嵩焘主张旁推交通,使之反隅的启发式。郭嵩焘认为,宋人倡办书院,也是重视启发式教学的。郭嵩焘在办学过程中特别反对关门考课的方法。

早期改革派主张建立公共图书馆。薛福成曾对云石山房的遗址重加修治,更名曰"后乐园",用洋药税的多余款项,选购了一批书籍,以供士人学习,从而开创了在宁波设置公共图书馆的先例。郑观应著有《藏书》一篇,呼吁学习西法,在藏书楼基础上,建立现代图书馆。王韬著有《征设香海藏书楼序》,认为

---

① 杨坚点校:《郭嵩焘诗文集》,第111页。
② 《郭嵩焘日记》第4卷,第365—366页。

图书馆能体现大公无我的精神。

教育合理化包括教育改革进程的合理化。王韬认为改革旧式教育最好采用"先增新、后废旧"的战术。第一步在科举内容上略加调整,除首场考题照旧外,"二场之经题宜以实学,三场之策题宜以时务;同时在制科以外,加设专科,以通达政体、晓畅实务者充其选"①。第二步是废除时文考试,将教学和考试内容区分为才、学、识三途和经学、史学、掌故之学、辞章之学、舆图、格致、天算、律例、辩论时事、直言极谏十科,不论何途何科出类拔萃,皆得取之为士,试之以官;同时于武科废止弓石刀矛考试,而改以学、艺、力三科取士。王韬还建议对那些捐纳出身的官吏和候补人员增加一次考试,考试内容为:沿海省份试以洋务西学,内地省份试以理财钱谷实事。王韬宣称,此举一来可裁汰一部分不肖、不才、不能者,二来可扩大实学和西学的影响,有利于官场和士林学风的转变。第三步,即在新的地基上建立全新的西方式近代学校。他推崇法国的教育制度说,法国教育有太学、国学、小学三级之分,而重点全在乎小学、国学。普遍设立各类新式学校。兴普通学校的同时,主张根据现实富强活动的急迫需要建立某些专门学校。曾具体提及的专科学校有下述几种:外语学校;武备院;水师院;舵工馆;艺术院。

教民的问题也就是一个教育合理化的问题,也就是教育产出的合理化问题,也包括教育投入的合理化问题。从中国的视角考察,近代教育的合理化就是中国教育产出具有西方文化素养的适应新的社会发展需要的人才和培养有道德的民众,改善社会风俗。而要做到这一点,就必须改变教育内容和教育形式。就教育内容来讲,为培养新式人才就是要给予西方以科技知识为核心的文化以合法的形式,把其纳入教学内容,使西方文化,主要是科

---

① 王韬著,陈恒、方银儿评注:《弢园文录外编》,第57页。

学技术产出适合中国需要的内容,和中国文化相结合即内容的合理化;同时结合西方的价值理性,推动中国伦理教育内容的合理化。在形式上,逐步改革科举制度等等。在近代早期改革派的教育思想中"实学"贯穿了教育的目的和落脚点、教育主体和对象、教育的内容和方法、教育制度和体制及相关的教育设施的论述等方面。早期改革派的教育思想指向为政治经济等提供必要的文化支持。以文化为基础向社会合理化的贯彻需要密切政教的关系。

第二部分
正学・实学和新学

第二部分　正学・实学和新学

此部分的正学、实学和新学问题主要是探讨早期改革派所建构的学术合理化形态问题。这里的学术概念基本上是从薛福成的《学术治术在专精说》那里借用来的，指称与经济、政治等对应的文化问题。它包含现在所说的学术的含义。早期改革派追问到了西方社会富强的学术根源，他们明确表示要以实学化中国，通过学术的合理化来解决中国自强的问题。那么他们是否实现了这个目的呢？他们在学术方面作了哪些工作？成绩如何？他们对西学的介绍和评判，对中学的反思都取得了哪些成果？他们是否形成了相对一贯的尺度和标准，是否超越了中学原有的状态，是否超越了西学的脉络，形成了一个新的有价值的学术形态呢？是否可以把他们划到西学里面或者传统中学里面，或者中体西用里面呢？他们是西化派还是传统中学保守派，还是中体西用派？这些都是本书要加以回答的问题。本书的基本结论是他们是一个独立的派别，也有着自己独立的学术形态——正学。其他的问题自然就有了答案。

近代早期改革派身处中西学和社会冲突的旋涡之中，他们力图对冲突中出现的问题作出回答，以化解心灵和文化与社会的危机。如何解决这些难题？近代早期改革派使用了"正学"、"实学"、"新学"等概念表明自己的学术主张。他们的学术主张散见各处，个别观点之间还存在着矛盾性，但总体上存在着一定的逻辑线索。对这些逻辑线索进行勾勒是很有必要和有价值的。近代早期改革派从学问是否反映公理，是否有利于实践和实用，是否是在学术的主体自觉和道德保证的前提下得出的等角度论述了这个问题，并借此对其他观点进行了分析和批驳，给出了中国哲学文化合理化的基本价值取向、标准、宗旨和原则的总体思考。这种探索说明他们形成了一个初步涵盖中西学和时代精神的新的具有现代特征的学术形态。

由于近代早期改革派以"道"的一元性为核心，把所有的学术形态降到了对道的一种认识水平上，以道的概念评判中西，寻找各学派能够共生的价值尺度，成了他们的主要工作。道一元性下的多元主义的学术倾向决定了这一形态又是一个具有现代特征的开放的学术平台，而不是与其他学派完全对立的学术边界。从当代的学术取向来看，早期改革派对近代文化背景下，该如何进行学术表达的探讨的学术意义胜过了表达了什么的探讨的意义。

第四章　正伪之分：正学的价值理想

一　正学和俗学：文化哲学

追求正面的价值，一直是中国思想家一个基本的理想。王韬在《代上广州府冯太守书》中呼吁护卫正学、光明正学就集中地表达了这一理想。那么，中国近代早期改革派在近代的社会文化环境下，他们追求的"正学"包含了什么新的价值内容和价值取向呢？他们又是提供了一个什么样的意义世界给世人呢？

早期改革派的正学理想显示了哲学的超越性价值取向。哲学的基本特征就是超越。超越也可以理解为超过。超过现有的知识体系，现有的思维方式，现有的价值观和现有的生存方式是哲学的基本特征。哲学没有自己固定的地盘，哲学的地盘就是在原有人类文明的基础上开拓。哲学给科学划出了边界，哲学给生活划出了边界，给世界划出了边界。只要还有探索的空间，哲学就是在现有探索基础上的进一步探索。这种探索在早期改革派那里就表现为把原有的学说在价值上划定为"俗学"。郭嵩焘说："士敝于俗学久矣。"①

郭嵩焘及其他早期改革派思想家所说的"俗学"是指科举制体系中的时文虚学。三石善吉曾对此学问进行过评论："这些就像空气一般的儒学文献无非是一大堆经典知识的累积罢了。从

---

① 杨坚点校：《郭嵩焘诗文集》，第256页。

这一点上说,科举阶段的学问只是一种俗学……俗学是一种万能的基础知识,但远没有达到学问的深度。而只有专业化的学习才有可能与古典发生正面的交锋。因此,从俗学向学问的专业化过渡是一个必然的过程。"① 中国近代早期改革派反俗学的观念是一种提升学术化水平和学术独立化及现实应用能力的主张,具有重要的现代意义。这种主张力图剥离学术和社会现实之间的紧密关系造成的学术创造力的缺乏,具有改造文化传统的意义。

正学和俗学在价值上是相对立的。正学是和邪、异、曲、伪、俗学相对立的。一种学说习之日久,一种生活习之日久就缺乏了价值反思的能力,就缺乏了创新和突破的能力,而缺乏了这一能力就画地为牢,就需要哲学来突破。而早期改革派寻求正学的努力就是寻求超越的价值。寻求超越的价值在哲学上就表现为学术范围的划分和学术价值的判定。

那么什么学术可以划归到正学和俗学里面去呢?正学是不是仅仅是某一种学术的专利呢?早期改革派使用正学等概念是不是还是为了树立某一种学术的独尊地位呢?回答是否定的。早期改革派提出正学概念,从针对西学和中国文化的其他各派学说来看,最初包含着树立儒家学术的独特地位的动机;从针对儒家学说自身的弊端来看,在反对科举时文的过程中,又把科举时文的学术根源上溯到秦汉,对儒家学说进行了自我批判;其结果是对学术的具体探讨被抽象出一些超越具体学术的原理来,从而构成了正学基本的研究对象、基本内容、精神取向和划界标准。

学术的向度问题也就是学术的针对性问题。从早期改革派的论述逻辑来看基本上是按照中国古人的看法(中学之古)、从古到今的发展和演化、西方的状况和西学的状况、现实的状况、应

---

① 三石善吉著,余项科译:《传统中国的内发性发展》,中央编译出版社 1999 年版,第 26 页。

该如何解决这样一个路子进行的。综观早期改革派的思想全貌，近代早期改革派学术取向可以分析出三个向度：中学的向度；西学的向度；中国社会合理化的向度。这三个向度反映出了近代思想和社会的主题。各向度之间密切交织。其一是中学的向度。主要包括正统儒家自我批判、自我解放、自我解释、自我发展的向度；对诸子学进行包容的理解和合理性探讨的向度；中国佛教合理化的向度。其二是西学的向度。主要包括对西方哲学、宗教、伦理、科技等的合理性的评判。其三是中国社会合理化的向度。这是上述两个向度的归结，主要是以正学和实学作为富强的理论基础和精神动力。这三个向度基本上是以正学精神总贯之，因此可以看做是正学的三个向度。这三个向度之间是互相矛盾的，早期改革派是如何解决这些矛盾的呢？早期改革派基本上是通过学术的抽象化、原理化来实现的。而这种抽象化又使得他们的学说超越了中西学的某一具体学术脉络的范畴，初步形成了一个具有一定的现代特征的新的学术形态。《近代中国的思想历程》曾指出晚清"虽然具体说法有异，但这种西学中源的看法表明他们开始编织出了一个结合了中国儒家经世思想、诸子思想和西方经验的思想母膜"①。这一说法对早期改革派思想家是完全适用的。早期改革派的正学是一个包含以后多种学术倾向的思想母膜。

"正学"的寻求就是中国文化和中国哲学合理性的寻求。王韬在《代上广州府冯太守书》中说的正学主要是指他心目中的孔孟之道。而汉学和宋学是俗学。何启、胡礼垣说"汉宋之学既殊乎正，则谓之邪，又谓之异，又谓之曲，又谓之伪，而行之已久，习之已深，又谓之俗，总而言之，皆谓其学离乎正而已"②。汉学

---

① 彭明等主编：《近代中国的思想历程》，中国人民大学出版社1999年版，第160页。
② 郑大华点校：《新政真诠——何启胡礼垣集》，第50页。

宋学被划到私学里面去了，科举时文自然是俗学。

"正学"的寻求也包含着西方文化合理性的寻求。他们主要针对杨、墨、庄、老、佛、回、景、袄，尤其是基督教和天主教以孔子为不足法，圣教不足遵。而之所以针对这些，又归结为社会合理化的考量，主要是因为基督教和通商合约的密切关系，因为对人心风俗恶化的担忧。西方的基督教"《旧约》书逼近中国汉宋之学，《新约》书又逼近中国孔孟之道"[①]；西方的科技、商业、伦理、民权等是符合情理之道的要求的。

早期改革派借助了一些基本原理和范畴实现学术的超越。具体主要是道的原理、心的原理、实的原理、主体的原理（个体和社会）、宽的原理等。这些原理之间是互相包含和渗透的。本书论学是从"道"开始展开的，这是遵循《盛世危言》和《弢园文录外编》由"道"到"学"的路子。

二 道：根本的合理性标准

我们看一看道的原理对于三个向度涉及问题的解决及其重要的学术意义。早期改革派选择"道"的概念作为自己学术的一个核心范畴应该说是看重这个范畴的抽象性、普遍性。过去人们对近代早期改革派的道（包括器）论存在着很多的误解，把它仅仅当做一个价值不大的、没有多少现代意义的古老的哲学命题和范畴来看待，而忽视了传统范畴解释和解决现代社会问题的有效性和积极意义。哲学的发展既包括哲学范畴的更新，也包括不断运用旧有的哲学范畴解决新的哲学和现实问题。中国传统哲学范畴相对较少，范畴的创新性不足固然是它的缺点，但同时也显示了这些范畴对于解决中国社会问题的有效性和实际意义。列宁

---

① 郑大华点校：《新政真诠——何启胡礼垣集》，第47页。

认为哲学范畴是人的实践活动的"格"的逻辑抽象和反映,一种哲学能不能规范和解释新的实践活动对哲学的生命力和发展至关重要。中国传统哲学借助哲学家不断的努力和适应新的哲学和社会实践的主题的变化,不断地给传统的哲学命题和范畴赋予新的意义,推动了哲学的发展,也为中华民族形成统一的、相对稳固的思考和观察世界的方式,规范现实的政治、经济、文化生活起了重大的作用。道体现了中国人对社会多样性统一的追求;对规律的追求和最高原理的渴望;对人的终极价值的追求;超越性和世俗性的统一;人对安全感和社会秩序的追求。"道"范畴具有重大的哲学和现实意义。

1. 一般和个别：文化合理性的寻求

鸦片战争,尤其是洋务运动兴起后,西学的引入已经成为人们普遍关注的问题,传统的"道论"便成为近代人理解中学和西学相互关系的一种认识方法。中国哲学范畴对于融合不同的文化发挥过积极的意义,提供了文化融合和共同交流的基础。用道范畴来看待中西关系显示了对早期改革派对中国文化的包容性和人类性、普世性的信心。其意义主要有两个方面：其一是解决学术的对象问题;其二是解决如何认识道和表达道的问题。道在古代具有道路、理论、学说、言说、本原、本体、本质、规律、伦理原则等含义。在这些含义当中可以分成两部分,理论、学说、表达言说和本原、规律等。道就是一个学术对象和如何认识或表达、实践道这一学术对象的问题。早期改革派理解的道继承了古代的一些含义,又具有现代的一些思想特征。

正学的学术对象是道,这是超越任何学术派别的,对这一对象把握如何,是各学术派别评价的标准。在中国古代哲学中,道是高于学的,学术就是为了发现道、表达道、传播道。早期改革派继承了这一思路,把道作为学术的对象和根本的原理,并通过道这一对象和原理解决了中西学的关系和利用不同学术资源构建新学术的问题。

一种学术是否是正学,就在于是否表达了"道"这一学术的对象。在古代,"道"是各种学说是否具有合理性的最高标准。早期改革派继承了这一思路,直接把"道"作为划分正学与否的标准。道还有偏正公私。"道"本来是公、是全,无私无偏,但理解的不同则有私有偏。各家从创始开始是合乎正道的,后来流于偏。"天下之人,陆阻于山,水际于海,各自为教而各争其是,其间有盛有衰,有兴有灭,与人事世运互为消长,如道教一变流为异端,佛教流入中国而微,挑筋教、景教、祆教今并无闻焉,回教虽尚遍于天下,而其衰亦甚矣,近惟天主、耶稣两教与儒教屹然鼎峙。天主教中所有瞻礼科仪炼狱忏悔,以及禁嫁娶茹荤,无以异乎缁流衲子,此殆不及耶稣教所持之正也。"①

郑观应说:"西人不知大道,囿于一偏。……惜其精义不传,二、三生徒妄以私心附会,著书立说:托名耶稣,剽袭佛老之肤言,旁参番回之杂教,敷陈天堂地狱之诡辞,俚鄙固无足论,而又创设无鬼神之说。夫既无鬼神,则天堂地狱又复为谁而设?刻别派分歧,自相矛盾,支离穿凿,聚讼至今,迄莫能折衷一是。究其流弊,皆好事者为之,有识者断弗为所炫惑也。"②这样"道"就成了区分正学与非正学的一个原则性的标准,解决了评判中西学的尺度问题,从而为解决学术的社会合理化问题提供了一个总原则。

道从西方学术视角来看,早期改革派的道其实是一个多元统一的合理性概念。道是一元的,具有普遍性、稳定性、公共性。

---

① 王韬著,陈恒、方银儿评注:《弢园文录外编》,第35—36页。
② 郑观应著,王贻梁评注:《盛世危言》,第57页。

道是一:"天下之道,一而已矣,岂有二哉!"① 道具有稳定性:"盖万世而不变者,孔子之道也。"② 道是不变的。王韬这里虽然指孔子之道,实际上也就是一般的道。道的稳定性是超越性的基础,是各不同时代和国别的学术沟通融合的桥梁和纽带。道是超越于人和学派的,具有超越性。"晚清思想的一大特征就是来自中国传统里面的超越意识与源自西方思想中的超越意识相结合,进而突破纲常名教的思想藩篱。"③ 在早期改革派那里的道的超越性的实现是通过普遍化和抽象化的途径,以实现抽象和具体的统一。早期改革派的道具有普遍性、抽象性和一般性。早期改革派正学价值理想有一定的合理性,是一种合理性的寻求。这种合理性的寻求,间接地论证了中国哲学的合法性,并对中国哲学的合法性进行了新的说明和论证。

中西方文化对"道"的发现既具有一般性也具有特殊性。从一般性来说,中西方的一些学说可以直接成为"道"的体现者;从特殊性来说,中西方的具体学说又都存在着偏离"道"的现实性和可能性,需要以"道"为标准不断地进行自我更新和合理化的调整。这样一来,中西方的"道"就可以成为平等的,同时也可以包含着某种差序的格局。早期改革派用一元性的"道"引申出对中西文化平等的论述。西方是有道之国"自西洋通商三十余年,乃似以其有道攻中国之无道,故可危矣"④。近代早期改革派不否定西方有"道"。郭嵩焘认为现实的西方是以"有道"攻中国的"无道"。中西的"道"在根本上是相同的。

从对"道"的认识和表达的角度来看,"道"的多元性来源

---

① 王韬著,陈恒、方银儿评注:《弢园文录外编》,第35页。
② 王韬:《郑观应集》上,第167页。
③ 张灏等著,杨肃献、周阳山编:《近代中国思想人物论晚清思想》,第32页。
④ 《郭嵩焘日记》第3卷,第548页。

于各家对道的认识的差异和其他自然和人、语言等因素导致的结果。从地理、人和语言、风俗等因素来看，中西"虽同在覆载之中，而地则有山河之险，人则有良顽之异。言语不通，嗜欲不同，各安其政，悦其俗，固不能混而同之者也"①。但早期改革派肯定了孔子对道的发现的地位，体现了尊重贤人的精神。"道不自孔子始，而孔子其明道者也。"② 孔子是明道的，也是述道的。"此中国自伏羲、神农、黄帝、尧、舜、禹、汤、文、武以来，列圣相传之大道，而孔子述之以教天下万世者也。"③ 孔孟之道则变成了"情理"和作为共由之路的"实"。

"道"的一元性并不否定多元性，恰恰是以多元性为前提的。早期改革派由此又论证了同中存异和文化多元、文化宽容的必要。同可以变成异，同中有异。早期改革派"道"的一元性和多元性的论述解决了利用中西不同学术资源构建新的理论学说的逻辑根据问题。"道"的上述含义说明，"合道"就是一个多元统一的合理性。而相应方面的道的内涵本身要"道"化，抽象化、普遍化，也就是合理化。因而相应的合理化的内涵和方向也就不同。早期改革派对于中西学的评判和中国文化与社会的道路及归宿的把握也以此基。

"道"的世界观是中国哲学基本的世界观。但这一世界观受到近代社会变化的影响遇到了极大的挑战。中国哲学能够在解释世界和规范世界方面发挥作用在很大程度上取决于"道"的哲学内涵适应不同时代精神的哲学拓展。最根本的要求是合规律性的发展方向。从合理性的视角看道的这一含义，合道性还是具有一定的古典哲学的特征。就世界观、文化合理论方面而言，合理

---

① 王韬著，陈恒、方银儿评注：《弢园文录外编》，第218页。
② 同上书，第35页。
③ 郑观应著，王贻梁评注：《盛世危言》，第56页。

性依附于文化价值观提出的标准。西方古代合理性主要是合标准、合客观理性。这和这里的合道性具有一致性。"道"具有规律性、本原、本体等含义，符合"道"就是合实际性、合规律性。儒家和中国哲学其他各家的道的概念，具有本体论和语言论，认识论、价值论合一的特征。天、道等概念既具有生成论实体性的含义，又有认识论、语言论和价值论的含义。"道"预示着人根本的价值道路，"道"包含道说和显示这种语言学和认识论含义。这种合一性使其具有适应世界哲学本体论、认识论、语言学、价值论等诸种转向的要求的价值。世界哲学和人类文明发展的必然归宿是克服关于自然的人的科学和关于人的自然科学的统一。在对待世界的时候，充分引入必要的价值理论和认识理念、语言学理念；在对待人的时候，引入必要的本体论和本原论的理念。两种理念合一的结果就是本体论概念具有认识论和语言学、价值论内涵。人的客观世界就是人的世界，这个世界是客观和主观相统一的世界，是自然和属人世界的统一，要坚持自然主义和人道主义相结合的观点来认识世界。在描述客观世界的时候，要预设认识论和价值论、语言哲学的前提。认识论和价值论、语言论保证了描述世界时候的人道主义路向，本体论和本原论保证了描述客观世界时候的自然主义路向。"道"的哲学是一种预设了认识论和价值论、语言论前提的本体论和本原论学说。这种理念给既解释世界，又改造世界提供了最大限度的哲学理念支撑。

2. 道：历史合理性的寻求

正、伪与"道"密切相关。"道"是确定是否是"正"的一个整体性和统一性的标准。但这个标准中包含着很多的差异性，是一个多元性的合理性标准。其中一个尺度是历史合理性的寻求。

"道"是早期改革派推动中学历史哲学合理化的基石。"道"是历史认识的目标,是历史运动中稳定的因素,是历史价值最终的裁定者。因为道的规律就是由合到分,由分到合。"顾沿其流犹必溯其源,穷其端犹必竟其委,则吾得而决之曰:天下之道,其始也由同而异,其终也由异而同。"① 因为民会由分而合:"夫民既由分而合,则道亦将由异而同。"② 道只是一个道,道之分必将走向道之合,六合将混为一,天下将归于大同,这是近代早期改革派观察世界历史得出的基本结论。这方面以王韬的看法最具代表性。王韬进而指出当今分合强弱的辩证状况正是为四海合一的准备。③

在道的基础上的历史合规律性和合目的性能够实现完美的统一。早期改革派承认历史是有进步的,历史是有意义的,二者是统一的。历史是合乎天地自然之理的,历史的意义在于道德和"道"。道是合规律性合目的性的统一,决定了历史的价值不能不包括利、强权和器。西方的入侵与先前"狄夷"的骚扰,其相同之处在于都使用暴力,但西方巨大的军事力量是以其技术为基础的。世界的未来是受技术决定的:"器"会进一步把世界连在一起;技术的发展既会使西方在世界上居优势地位,又会使这种优势终归完结,使历史发展符合"道"这一自然而然地适合全人类的价值准则。"道"是超历史的,也是历史的,在历史分合中显现。"道"是普遍的广天下之道,它放之四海而皆准,并不仅仅为中国所特有,"道"也为西方所知,而且西方历史也产生了它自己的圣人。不过,自历史肇始之日,所有文明所效忠于"道"的表现都是有缺欠的。"道"体现为高尚的伦理训令,只

---

① 王韬著,陈恒、方银儿评注:《弢园文录外编》,第35页。
② 同上书,第36页。
③ 同上书,第219页。

有当至上的权威采自"道"或距"道"最近的个人或国家时，世界才有合理而正当的秩序，只有各国都接近"道"时世界大同和和平才能来临。在未来的世界，中国社会和文化如果恪守道，中国将获得常尊。过去将在未来永存，道是历史价值的完美体现。这样一来，社会历史哲学的思考就为早期改革派探讨中国社会合理化问题，打下了坚实的理论基础。近代早期改革派所说的道具有科学和人文的双重含义，既是一个客观的具有规律性含义的道，又是一个表达人的价值理想的道。相应的世界大同既是自然的，又是人为的。

"历史合理性"即社会事物符合历史发展的趋势和方向。晚清的社会危机根本上是一种历史合理性危机，即中国社会及其文化不符合社会历史的发展规律和趋势、要求带来的危机；是两种不同的发展程度和性质的社会及其文化（资本主义社会和封建社会形态及其文化）的冲突，给落后社会带来的经济、政治、文化危机；经济政治危机是原因，文化危机是外在的表征。因而危机带有根本性、全面性。早期改革派已经初步认识到了中国遇到的历史合理性危机，合"道"性的寻求也是一种历史合理性的寻求。尽管早期改革派的认识具有很多的局限性，但这种努力对于近现代的社会和文化的历史而言具有十分重要的意义。中国近代社会遇到的危机需要一种合理的历史观的指导，如此才能完成社会改革的合理化过程。中国传统哲学的近代局限性就在于历史观不能很好地提供一种改革社会的方法论指南。唯物史观的传播为中国提供了这一方法论的指南。"道"范畴的使用显示了早期改革派解释和规范新的世界及其历史变化的哲学努力。

3. 道：主体性和主体合理性

道是超越人的，道又是不离人的，合道就是合主体性，主体要合道来获得主体合理性，合道性包括合主体合理性。"人外无道，则有害于人者非道也；道外无人……广漠无垠，惟善是适。"①王韬说"道者，人人所以立命，人外无道，道外无人"②。

道主要内容就是"人道"。在《道器》第二段中，郑观应大量地引用了老子、孔子的论述指出：圣门一贯的宗旨就是以修身为本。儒家是切合正道的："是以儒之为言，析之则为'需人'，言人不可以须臾离者也。"③孔子之道就是人道。"夫孔子之道，人道也，人类不尽，其道不变。"④王韬还说："至于孔子之道，自垂天壤，所谓人道也。有人此有道，故阅万世而不变者也，而又何疑焉！"⑤

道不离人，因而能爱人者即道。郑观应意在表现中国文化在人生哲理方面的智慧，道是对人类生存终极价值的回答，是获得终极价值的道路。合理性包括主体的合理性。主体包括个人主体、社会、民族和国家主体。西方近代以来合理性主要指的是主体性和主体理性，自由人权等。早期改革派所追求的"道"具有大致相同的思想内涵。道就是爱人："则惟能爱人者即道也。"⑥西方近代的合理性主要指合乎主体理性、情感、价值、意志等。结合早期改革派的整体思想来看，道具有情理的含义，合道性实际上就是合乎主体理性、情感、价值、意志等的规律性，这具有现代的合理性内涵。

早期改革派还通过"道"表达了一种认识和表达的主体性原理。正学必须体现主体合理性的要求。学术的主体性是以道为

---

① 郑大华点校：《新政真诠——何启胡礼垣集》，第328页。
② 王韬著，陈恒、方银儿评注：《弢园文录外编》，第35页。
③ 同上书，第35页。
④ 王韬著，陈恒、方银儿评注：《弢园文录外编》，第51页。
⑤ 王韬著，陈恒、方银儿评注：《弢园文录外编》，第212页。
⑥ 郑大华点校：《新政真诠——何启胡礼垣集》，第328页。

第四章　正伪之分:正学的价值理想

学术对象的必然要求。近代早期改革派对人与学术的关系的观点实际上触及了学术的主体合理性问题。他们对自己接受的学问进行了系统的反思,强调学术自立,不随波逐流。圣人之道的精髓是探究天人的道理,名物象数是表达这些道理的,名物象数的形迹传于人而见之于书,需要成德的君子积累学习钻研才能得其精微,并用其躬行实践之效来鼓舞整齐天下。只知道考证和研究名物象数和性理的知识,而不亲自实践,并认为这就是实学,各据一端互相争胜,成为风会就背离了圣人之学。"而君子之为学,求得于心而已,必能不从乎风会以与为波流,而后可言自立。"①郭嵩焘强调为学应得于心,直接究乎天人及作为其形迹的名物象数,不必拘泥于任何一派,包括正学、杂学、实学和性理之学等,不必为成德君子、名物象数之迹、言性理者所制,而应自立。郭嵩焘"则以不为风气所染为俊杰。虽讲学治经亦然。宋明之语录,本朝之经说,皆风气之为也。君子未尝不为之,而固非道之所存矣"②。

不从风会进一步说就是以人用经,因事成经。早期改革派指出"读孔子之书,当思行孔子之道。"③何启、胡礼垣指出不要宗经,简单地认为以经学治事、通经致用是没有什么用处的。时代变了,理论也要创新。借助经典和古人来进行无用的辩论有很大的害处,经义之争闭塞了保民、养民、教民之途。他们强调主张面向现实,人作经典的主人。"谓经自为经,人自为人,以人用经,非以经用人,因事成经,非因经成事。是故古有古之经,今有今之经,古经今经有同有不同,吾且不必问其同不同,但当察其善不善,古之经有善者焉,吾则取而用之,古之经有不善者

---

① 杨坚点校:《郭嵩焘诗文集》,第25—26页。
② 同上书,第184页。
③ 郑大华点校:《新政真诠——何启胡礼垣集》,第368页。

焉，吾则弃而去之，今之经亦然。"① "一弃一取，皆由于我，是则经之宗我，而非我之宗经也。"② 早期改革派重"心"轻"迹"，反对宗经，强调儒教文化对于不同时代主体的合理性，强调道德心性和主体认识的理性能动性对于学习和应用儒家经典的价值和意义，这一点是划分正俗的一个标准。近代早期改革派反对拘泥于语言文字。"中国学校之设，独有文字一途。夫文字固为学之根本，然不过学中之一艺耳。非文字之学通，则万事之学皆通也。"③

早期改革派的这一认识具有一定的学术意义。合理性包括世界观对主体的实用合理性和不合理性。哈贝马斯提出了"人的合理性"这一问题。哈贝马斯认为，只有具有健全判断力的人才能合理地行动，"人的合理性"是表达论证的合理性和反思的合理性。"谁要是系统地自欺欺人，他的行动就是不合理的。但是，谁要是能够解释自己的不合理性，他就是一个具有主体合理性的人……"④ "总之，我们把合理性理解为具有语言能力和行动能力的主体的一种素质。"⑤ 能够按照价值标准来解释自己的需求，并对价值标准采取了反思的态度的人是合理的人。哈贝马斯认为合理性很少涉及知识的内容，而主要是涉及具有语言能力和行动能力的主体如何获得和运用知识。"这种交往实践参与者的合理性，是根据他们是否能按适当的情况论证自己的表达来进行衡量的。"⑥ 这实际上是一个知识、学术相对于主体的学术的

---

① 郑大华点校：《新政真诠——何启胡礼垣集》，第12页。
② 同上。
③ 同上书，第110页。
④ 哈贝马斯著：《交往行动理论》第一卷，《行动的合理性和社会合理化》，第39页。
⑤ 同上书，第40页。
⑥ 同上书，第34页。

主体合理性问题。马克思把是否有利于人的全面发展和人的解放作为衡量文化和社会实践活动的合理性的一个重要标准。中国传统哲学及早期改革派对哲学文化对经世(经济、政治、文化)和个体内圣的意义的判断,其实就是一个主体合理性的问题。本书把学术与人的关系问题看做是学术主体性问题;把人与社会的关系问题看做是社会的主体合理性问题。前者要求人做学问的主体,学问要有利于人的全面自由的发展;后者要求人做社会的主体,社会要有利于人的全面自由的发展。人能不能对所接受的学问进行反思是学问是否具有主体合理性的一个重要条件。

在中国传统哲学看来,道是人的根本原理,是对人的来源和归宿的根本回答,道是贯通天地人的。中国近代早期改革派基本上坚持这样的观念,但也有新的解释和发挥。

王韬认为道是人所以立命的根据,人外无道,道外无人。道不外乎人伦,如果舍弃人伦来讲道,则是外道,而不是正道。人能尽道,达到人伦之至也就是圣人。郑观应把道看做是人的终极价值。道揭示了人的性命之原,道在人就是中,就是至善。何启、胡礼垣认为道就是情理,"天下持身涉世之道不外忠与恕而已"[1]。

道不离人,人也应该以道为自己的理想和归宿。郭嵩焘认为豪杰与众人、君子与小人之分,就在于能不能"守道"。一个人处乱世之中如果怀疑"君子之道"不复可行,那么尽管他在细枝末节上讲究修养,同样要犯错误。相反,只有首先在思想上加强修养,"先天下而定其则",其行为才不会出现悖谬。"君子出身以任人家国之事,所守者道也,所重者耻也,所惜者名也,存亡者天也,死生者命也。宠不惊而辱不屈者,君子之贞也。乐则

---

[1] 郑大华点校:《新政真诠——何启胡礼垣集》,第444页。

行而忧则危者,大人之时也。"① 郭嵩焘平生,就是以能守道而自诩。郭嵩焘所守之道带有一定的理学色彩,同时强调自己的个性和意志自由。郭嵩焘《送李申甫方伯西归序》说:"同乎俗者违乎道,由乎道者忤乎俗,古今类然也。……君子之求尽乎道,求所以自尽而已。尽乎道而身安,而俗亦随之以化,如是而后全也。"②

何启、胡礼垣认为情理是人人都有的共同的道,人应该尽情理。尽情理就是有自主之权,就是有人权、自由。自主之权主要是指人的意志自由。郑观应所求之道带有浓厚的道教色彩。郑观应自幼生活在道教活动繁盛的乡土社会,并受浓厚的家庭气氛的影响,一生对道教笃信不疑。光绪十二年(1886)春,郑观应专程赴罗浮山,将访道求仙付诸行动。1902年写下诗句:"何时慧剑斩羁绊,双修性命入琼楼。"③ 郑观应曾站在"性、命双修"的立场上,批判道教徒单纯追求生命永恒的修炼活动的虚妄。

近代早期改革派作为个人原理的道,既包括了传统的人伦道德的内容,又具有了近代意志自由和精神自主,人权和人人平等的内涵,并初步显示出把二者有机融合起来的倾向。中国近代早期改革派关于个人的主体合理性的理解融合了善与真的双重内容。中国哲学在一定意义上说就是人生哲学,中国哲学探讨了人在宇宙中的地位,人的产生和归宿,人的理想和追求,人生道路和达到理想的阶梯,人的本质和人性,生命安立的情感、理性、意志等问题,人与社会的关系,心身的关系等问题。中国近代早期改革派没有自觉建立完整的人生哲学理论,但他们对新时代下

---

① 《郭嵩焘日记》第1卷,第385页。
② 杨坚点校:《郭嵩焘诗文集》,第277页。
③ 夏东元编:《郑观应集》下,第1354页。

的人生问题体会颇深,也形成了一些看法。

4. 道:德性和伦理秩序

郭嵩焘强调人在社会中应以个体的道德操守为依归,人在流俗波靡之中而应不失其守。"君子之拘于见闻,染于气习者,皆谓之流俗。俗人之所趋而流焉,君子之所恶也。"他还曾引王夫之的论述,说明"习气"的特点,受"习气"影响的人,并不是根据事物的"必然"和自己的真心好恶而行动,相反,而是为"习见习闻"所驱使。郭嵩焘认为,要避免习气,就要提倡正气。他说:"天下之器气靖而后天下之正气昌,能知此者难矣。此当国大臣之事也。"① 郭嵩焘强调用义去战胜和克服流俗的习气,使一切言论和行动都符合"义"的要求。何启、胡礼垣则从情理、自由等角度论述了人的德性,使得传统的德性思想具有新的时代内涵。

"道"是早期改革派中学伦理价值合理化的基石,"道"导向真的伦理精神和公平的伦理秩序的把握。中国文化中的"道"和"德"就是道德合理性的最高概念。早期改革派关于中西方"道"的讨论很多都是道德价值的合理性的讨论。道有伦理的含义,合道性就包括合伦理规则的合道德性、道德合理性。"苟舍人伦以言道,皆其歧趋而异途者也,不得谓之正道也。"② 正学就成了一种阐发人伦之道的学说。何为道?薛福成认为道就是尧、舜、禹、汤、文、武、周、孔之道。"道不外乎人伦。"③ 这就肯定了儒家学说的价值地位。何启、胡礼垣认为:"是道也,

---

① 《郭嵩焘日记》第1卷,第474页。
② 王韬著,陈恒、方银儿评注:《弢园文录外编》,第35页。
③ 同上。

浅之所以尽人伦,深之即以达天德。然天德不知则人伦亦不能尽。"① 正学包含着人伦的价值追求。但早期改革派由此就否定了西学的价值,而是认为孔子以前和古希腊都有五伦之说:"而中国所以异于外国者,亦以独崇孔子之故耳,非谓五伦之说,惟中国有之,外国则无也。"②

何启、胡礼垣反对颠倒道德和富强的关系:"其意若曰:中国所重者道也,德也。道德为本,则富强抑末矣;道德为本,则富强仅用耳。"③ 但不反对把道理解为道德。价值合理化就是价值和规范的真实性、正确性和美好性。早期改革派强调伦理的"真"和"智",强调"实"是和现代的价值合理化相吻合的。

"道"的内涵融合中国各家的观点,参照西方的经验,其基本方向就是将"道"抽离出中国天子制度、家族制度等具体形式,而将其抽象为一般的人伦亲情或宇宙的基本原理。早期改革派所说的"道"作为道德合理性的范畴是具体和抽象的统一。在这方面,早期改革派还具有一定的不彻底性。如薛福成还认为中国的"三纲"比西方好些,王韬还认为三纲五伦是人天生就具有的。但他们的三纲五伦更多的不是就宗法制而言的,而是就自然亲情的人伦而言的,其历史的根据是"三代",是孔子及其以前,其后则被描述成一个专制制度盛行的越来越远离"道"的时代。郭嵩焘认为从李斯开始,"三代"治天下之道已经没有了。薛福成认为,从秦开始全部为君,"三代"的道已然不存。早期改革派看到了孔子学说的普遍性。在中国传统伦理学中,三纲五常既有适应人情需要和自然、社会需要的普遍性的一面;又有宗法的特征。王韬讲的"三纲"应该是从人伦之分的意义上

---

① 郑大华点校:《新政真诠——何启胡礼垣集》,第328页。
② 同上书,第353页。
③ 同上书,第302页。

正伪之分：正学的价值理想　　217

讲的。对于君臣、父子、夫妇的具体伦〔理〕想家一样，都结合西方作出了新的认〔识〕西结合的伦理观念说明道本身不是保守〔…〕的、共识的文化而确立的最高原理和范〔畴…〕形式合理性的某种内涵。

"〔…〕"标准包括以下几个要素、几个合理性〔…〕早期改革派那里合理性就是合道性。道具〔有…〕合道的标准就是符合根本规律的合规律性。郑观应说："一语已足以包性命之原，（十四卷本增：而）通天人之故，道者是也。"① 道通天人，涵盖宇宙时空，生成万物。"夫道弥伦宇宙，涵盖古今，成人成物，生天生地。"② 生成的具体过程是由虚无到气直到万物。"《易·系辞》曰：'形而上者谓之道，形而下者谓之器。'盖道自虚无，始生一气，凝成太极。太极判而阴阳分，天包地外，地处天中。阴中有阳，阳中有阴，所谓一阴一阳之谓道者是也。由是二生三，三生万物，宇宙间名物理气，无不罗括而包举。是故一者奇数也，二者偶数也，奇偶相乘，参伍错综，阴阳全而万物备矣。"③ 郑观应此段文字意在表现中国文化在关于宇宙人类本原问题上的智慧。郑观应关于中国之"道"的理解包含对宇宙人类本原、本体的回答。何启、胡礼垣认为道"深之即以达天德"④。何启、胡礼垣理解的宇宙万物的必然规律性不单是自然界的规律，而是把人性的东西

---

① 郑观应著，王贻梁评注：《盛世危言》，第57页。
② 同上。
③ 同上书，第56页。
④ 郑大华点校：《新政真诠——何启胡礼垣集》，第328页。

上升为普遍的法则。

早期改革派在这方面的用力不多,除了较多地使用西方的自然科学知识验证中国哲学关于自然的哲学思考外,贡献是有限的。从合理性的视角看道的这一含义,合道性还是具有一定的古典哲学的特征。就世界观、文化合理性方面而言,合理性依附于文化价值观提出的标准。西方古代合理性主要是合标准、合客理性。这和这里的合道性具有一致性。道具有规律性、本原、本体等含义,符合道就是合实际性、合规律性。符合事实及其规律就是一个正学的合理性标准。这个层次的合理性基本上属于"求"的对象的合理性层次。合理性就是依据合事实及其规律的标准对信念和行为提出的理由进行评价产生的结果。评价的指向是合乎事实及其规律,合理性化就是合事实及其规律化。早期改革派对西学的合理性评判和对中学合理化的思考以及社会合理化的探索就包含着这一层面的合理化。

6. 道:实践合理性和社会哲学

早期改革派理解的道还是"实"道,道具有超越性和普遍性,但道也是具体的道,是存在于具体事物之中,存在于人的实践活动和社会历史中的道。道在古代本来是虚,如何才能实呢?借助道的"路"的含义,道就和"实"结合在一起了。道归结到实,也使合道性具有方法论的怀疑与批判和要求证据或事实的含义,具有实际、实情、实用、实行、实践合理性的意义。何启、胡礼垣认为:"道者,人所共由之路之谓也。德者,行道有得于心之谓也。""今取京师大学章程而观,则是泰西各大国所共由之路,即吾今所谓出之以实者,中国独不由之也。"[①] 早期改革派也在路的含义上用"道"这一概念。这个路就是出之以

---

① 郑大华点校:《新政真诠——何启胡礼垣集》,第302页。

实。道就是古今中西各国所共由之路，这样求道，就和求古今中西的实际、实情、实理、实践联系在一起了，使道具有了经世的意义。

三　正学：合情合理

"正学"的标准就是合情合理。正学之正就是情理之正。"平其理，近其情，顺其道，公其量，所以求乎性情之正，而不至拂乎人性，戾乎人之情而已。"① 正学之正就在于公理，那么什么是公理呢？公理就是情理。郭嵩焘在评价王船山的时候也是以合情合理的角度来说明他的学术之"正"的。他尝言："国朝王船山先生《通鉴论》出，尽古今之变，达人事之宜，通德类情，易简以知险阻，指论明确，粹然一出于正，使后人无复可以置一议。故尝以谓读船山《通鉴论》，历代史论可以废。"②

早期改革派对德性和人伦问题思考的积极成果是从情理的角度来回答这一问题。何启、胡礼垣说："然则天命者，情理而已。率性者，行其情理而已。修道者，明其情理而已。情理之用之在人心，犹呼吸之气在人身，故曰不可须臾离也。"③ 平理，近情，顺道，公量就是要求性情之正。

《正权篇辩》指出自主之理不是怪妄，人人有权其国必兴，正自主之权是设立议院的根底，人人为私，则可以谓之公。"权之用者，情理之谓也。"④ 公理、民权和自由是统一的。公论行之必然有利于民众的自由；自由要以权为保证。性、天命、善、

---

① 郑大华点校：《新政真诠——何启胡礼垣集》，第283页。
② 杨坚点校：《郭嵩焘诗文集》，第87页。
③ 郑大华点校：《新政真诠——何启胡礼垣集》，第339页。
④ 同上书，第414页。

自由是同一个系列的概念。直道和自由就是民智,也就是正和真。"夫所谓民智,不外直道与自由二者而已。直道者,正也,汉学则以之谶纬而入于邪。自由者,真也,宋学则以矫揉而流于伪。"① 结合早期改革派的整体思想来看,道具有情理的含义,合道性实际上就是合乎主体理性、情感、价值、意志等,这具有现代的合理性内涵。

要塑造崇实的人、有才能的人,需要有一个合情合理的伦理环境。近代早期改革派以智统五德,并强调善的真,实现了儒家伦理基本精神向工具理性的转化。何启、胡礼垣指出,忠、孝、顺有真、假、愚等表现形式,必须区分善恶邪正。实济是真的衡量尺度;外表相似,谋求自己私利是假;不能从认识论上认识善恶,就是愚;颠倒善恶邪正是不忠、不顺。

伦理的真要以明理、实济为标准,而不在于外表的相似性和善的虚名。何启、胡礼垣以"愿"解释欲,以生解释爱,强调得性情之正的人与人的关系。"然则天下之至浅至近,而又至深至远至广至大,而又至精至致至庸至常,而又至高至妙至切至要,而又至神至奇之理,其在人之性情矣,其在己所不欲,勿施于人,己之所欲,将必以施人矣,其在忠恕之道,爱人如己矣。欲者,愿之谓也,一人遂其愿而欲人人共遂其愿也。爱者,生之谓也,一人遂其生而欲人人共遂其生也。敬人者,人亦敬之,爱人者,人亦爱之,此性情之正也。而所以得其正者,在己不在人也。侮人者,人亦侮之,夺人者,人亦夺之,此性情之反也。而所以致其反者,亦在己不在人也。"②

王韬认为一夫一妻是"理之正、情之至也";"一夫一妇,实天之经也,地之义也,无论贫富,悉当如是。"他以乡里小民

---

① 郑大华点校:《新政真诠——何启胡礼垣集》,第466—467页。
② 同上书,第283页。

的生活和西方经验证明了这一点。"试观乡里小民,男耕女织,夫倡于前,妇随于后,岁时伏腊,互相慰藉,虽历辛勤而不怨。推之于一夫一妇者,亦无不然。"他指出:"论者虽讥泰西诸国于夫妇一伦为独厚,而其家室雍容,闺房和睦,实有可取者。"①

四 正学:公理的语言学和实践论规定

"正""伪"具有语言学的规定,在早期改革派这里被赋予了语言哲学的内容。"公理者,人人皆可得而言。"② 这体现了早期改革派思想平民化、民众化的价值取向。近代早期改革派反对私言,主张公言。"天下之言有公言焉,有私言焉。"③ 公言和私言具有两个标准,其一是众言。"公言者何?一人言之,天下之人皆以为然者是也。私言者何?一人言之,天下之人皆以为不然者是也。"④ "公者以众而呈,私者以独而见,正谊明道,必无私言,迩言是争,岂有公论。"⑤ 其二是可行、能行、行之有利的标准。"公言者可行能行,而行之必见其利。私言者不可行不能行,而行之必见其害。盖公言者,理必出以至平,情必求以至近,道必行乎至顺,量必极乎至公,而私言者反是故也。"⑥《康说书后》认为义愤之说会使中国速亡。"然正惟其保国之心出之以私,故其保国情理独难乎正。"⑦

学术的道德合理性要求道德的人的保证,也就是依赖于道德

---

① 王韬著,陈恒、方银儿评注:《弢园文录外编》,第42页。
② 郑大华点校:《新政真诠——何启胡礼垣集》,第1页。
③ 同上书,第335页。
④ 同上。
⑤ 同上书,第7页。
⑥ 同上书,第335页。
⑦ 同上书,第27页。

合理性的人。早期改革派强调的道德合理性的人,不是能够借助规范自我论证的人的含义(哈贝马斯认为在道德实践领域合理的人是指能够借助规范对自己的行为辩护的人),而是德性和学问的道德前提的含义。正学必须体现道德合理性的需求。关于圣人立言与君子为学,他们认为言要有德的保证,实心的前提,公心的前提才能是真的;一般人们认为,合逻辑性的合理性可以是可推理性;接受的合理性;合乎概念不模糊性;避免矛盾;方法论的怀疑与批判和要求证据或事实;寻求的合理性;表达的有效性等。这种理解的合逻辑性,其实就是认识和表达的合逻辑性问题。正如哈贝马斯所指出的那样,在认识工具领域表达了论证的意见,并且采取了有效的行动的人,称为合理的,相关的知识可以通过反思和学习的积累来获得,科技知识就是这种合理化的结果。早期改革派强调实证,寻求符合实际、符合逻辑的理也有着逻辑合理性的思考向度。因此合逻辑性应该是正学的一个标准。在这方面比较典型的是早期改革派关于心的原理。

"正学"追求的是学术平等和理性共识的价值。何启、胡礼垣说"夫学必期于正者,公理也"①。"正""伪"具有"德性"和"德心"的规定。公言来源于公心。公心保证了天道无私。早期改革派把道公理化,把发现道的权力平等化了。道具有公共性是"公道"、"公理"、"情理"。道是人人都可以说的,人发现道的权力是平等的。这样做的结果是使道的内涵超越了原有的时代限制,具有新时代的特征。正学就成了一种阐发天道、人伦之道、公理和情理、爱、民权、自由的学说。天道人伦是旧说的新阐发,公理、情理、爱人、民权、自由则具有新时代的特征。

---

① 郑大华点校:《新政真诠——何启胡礼垣集》,第49页。

五　正学：实践合理性

正伪与实虚构成了一种范畴结构性关系。正伪具有实践的规定性，具有实践合理性的内容。主体合理性实际是一个实用合理性的判断。关于实用性、实践性与实践合理性、行为合理性历史上有着不同的说法。一种说法认为实践合理性是指采取有助于达到预期目标的手段。实用主义以实用作为合理性的标准。马克思认为思维的现实性问题的争论不能离开实践，理论问题都能在人的实践中以及对这个实践的理解中得到合理的解决。哈贝马斯认为"行为的合理性"是"只有当行动者具有了实现意图必要的条件，可以卓有成效地干预世界，这种合目的的行动才可称为合理的。"[①] 早期改革派对学术一定要有利于富国强兵、有利于个体才能的呼吁，就是对实用理性的呼吁。这是中国哲学一贯的精神，不过，在近代这一精神具有西方的内涵，更应用西方的概念进行阐释。

这种情况我们可以从分析王韬的《代上广州府冯太守书》和何启、胡礼垣对正学标准的论述中得到认识。何启、胡礼垣以"名实既未"作为正学与俗学的划界标准。"邪也，异也，曲也，伪也，其所以殊乎正学者，将欲置辩更，仆难终然。苟取最简括最明显之四字以辩之，则声入心通听之者，当有耳顺之乐。四字者何？则名实既未是也。有其实然后有其名，有其实然后有其名而谓之既，无其实则虽有其名而仍谓之未者，此正学也。但求其名不求其实，有其名则无其实而亦谓之既，无其名则虽有其实而仍谓之未者，此汉宋之学也。……盖有实无名其学尚不违于正

[①] 哈贝马斯著：《交往行动理论》第一卷，《行动的合理性和社会合理化》，第26页。

轨，徒名无实其学必至流于奸邪也。"①

正学和俗学的标准在于是否名实相符，学术既不能忽略事实，也不能杜撰事实。道的这几个内涵其实就是早期改革派的学术标准。这几个标准，是包含在实事求是里面的，概括起来说，正伪的标准在实事求是，正学的精神是实事求是。

实事求是是与他们常用的一些学术名称相符合的。讲实事求是不一定就是实学，但实学不能不讲实事求是。早期改革派既讲实事求是，又讲实学，肯定是实学无疑。早期改革派的正学是讲实事求是的正学，是讲实学的正学；因为讲实事求是，并用实事求是整合中西学术资源，因而成为一种新的学术形态，超越了传统的正学和实学，具有创新性，因而也可以看做是新学，可以纳入近代早期新学的范畴进行考量；早期改革派的实学是讲正学的实学，讲新学的实学，因而不是传统的实学，可以纳入近代（时代和性质的双重概念）实学的范畴进行考量。早期改革派追求一种积极的、肯定的价值。但其对正的理解还是有所规定，从其内容规定来看，具有传统和现代的双重性。有所规定就会有所限定，就会有一定的局限性，不同的时代需要赋予"正"以不同的时代内涵。

---

① 郑大华点校：《新政真诠——何启胡礼垣集》，第50页。

第五章　实与虚:实学价值精髓

一　近代实学

1. 西方富强经验的最终根源

实事求是是早期改革派对西方富强的方法论和精神根源的归结,是早期改革派提出的中国学习西方的思想路线。郭嵩焘强调洋清要和中国的实际相结合。实事求是是西方教育的核心精神。郭嵩焘说:"至泰西而见三代学校之制犹有一二存者,大抵规模整肃,讨论精详,而一皆致之实用,不为虚文。宜先就通商口岸开设学馆,求为征实致用之学。"① 郑观应说"三代以来风俗敦实,取士之途,乡举里选,惟重实学至行"。西方国家学术重视实事求是,重视行"坐而言者,可起而行焉"②。这是和三代精神一致的。王韬也曾利用英法和日本等国的先进教育样板来反衬清朝教育的不合时宜。郭嵩焘在英国期间,曾考察牛津大学考试之法,知道该校的考试文凭,"虚为之名而已,并不一关白国家","所学与仕进判分为二。而仕进者各就其才质所长,入国家所立学馆,如兵法、律法之属,积资任能,终其身以所学自效。此实中国三代学校遗制,汉魏以后士大夫知此义者鲜

---

① 杨坚点校:《郭嵩焘诗文集》,第196页。
② 夏东元编:《郑观应集》上,第104页。

矣"①。"学"与"仕"两分恰好使得"学"和"仕"都可以落到实处。

实事求是还是西方政治的基本精神内核。郭嵩焘认为，西方社会求实，实事求是是西洋之本，政教是本，二者是相通的。西方政治上的议会民主制度，政事公开，养成了一种敢于求实、直言的政治伦理和政治风气。薛福成认为西方国家发达的原因就在于能够实事求是。"而各国君相，亦能实事求是，力图自强。"②马建忠也认为西方务实是西方富强的原因。

实事求是是西方科学技术和工业化得以发展的重要原因。西方为什么会有发达的机械呢？关键在于学。而学又为什么能够生产出机械呢？关键在于实事求是。早期改革派在追问西方富强的学术原因时，认识到西方学术繁荣是因为实事求是。实事求是精神孕育在西方哲学之中。郭嵩焘记道："英人有倍根者，著书考察象纬术数。"③ 郭嵩焘认为："西人格致之学，所以牢笼天地，驱役万物，皆实事求是之效也。"④ 郭嵩焘认为，西方"实学"即科学发达的认识论原因，就在于西方人真正重视实事求是。实事求是是西方自然科学合理性的根源。郭嵩焘在英、法期间，经常应邀参观各种工厂，赴许多学会参观或听讲演，亲自感受了西方人民务实的态度和重实学的风气。郭嵩焘在参观电灯公司时，便得知有电灯学会，"讲求实学"⑤。有一次，他赴皇家学会听著名热力学家定大"论火轮机器以热生力，亦可由力生热"，"又用光学以明热学"，并且进行了相应的实验。对于这些理论和实验，郭嵩焘有的"不知其何义"，但是他却深刻地感受到："此

---

① 《郭嵩焘日记》第3卷，第352页。
② 徐素华选注：《筹洋刍议——薛福成集》，第134页。
③ 《郭嵩焘日记》第3卷，第371页。
④ 同上书，第766页。
⑤ 同上书，第170页。

邦学问日新不已，实因勤求而乐施以告人，鼓舞振兴，使人不倦，可谓难矣。"① 为了加深对英国实学的了解，郭嵩焘曾由英国驻华公使威妥玛介绍，加入阿非里尼会堂，"盖相与讲求实学者也"②。马建忠介绍到"政治学院孜孜所讲求者，则尤为相时制变之实学也"③。如西方的医学就是如此："西国医理，医法虽与中国不同，得失亦或互见。然实事求是，推念病源，慎重人命之心，胜于中国之漫无稽考。"④

西方政治、教育、科学的发展均与求实有关，因而讲求实学就成为自强的根本要求。郭嵩焘指出："西洋政教、制造，无一不出于学。中国收召虚浮不根之子弟，习为诗文无实之言，高者顽犷，下者倾邪，悉取天下之人才败坏灭裂之，而学校遂至不堪闻问。稍使知有实学，以挽回一世之人心，允为当今之急务矣。"⑤

西方社会伦理的合理性之一是崇实。西方在人己关系上，一切都是为己也为人，没有隐讳，坦然自若，注重实际，没有虚文谦让。他在日记中写道，英国人并非不知书达礼，英国的学校规条整齐严肃，所见宏远，得士人陶冶，政教修明；一些大城市灯烛辉煌，车马滔滔。郭嵩焘从自己对西方社会观察的结果出发，深入一步对比研究中国与西方在仁、义、礼、智、信等伦理道德准则上的共性与差异。

西洋求实的社会风气的形成有政治教化的原因在内。"其民人周旋，一从其实，不为谦退醉让之虚文。国家设立科条，尤务禁欺去伪。自幼受学，即以此立之程，使践履一归诚实。而又严

---

① 《郭嵩焘日记》第3卷，第181页。
② 同上书，第223页。
③ 郑大华点校：《采西学议——冯桂芬马建忠集》，第160页。
④ 郑观应著，王贻梁评注：《盛世危言》，第243页。
⑤ 《郭嵩焘日记》第3卷，第823页。

为刑禁,语言文字一有诈伪,皆以法治之,虽贵不贷。……其风俗之成,酝酿固已深矣。世安有无政治教化而能成风俗者哉?西洋一隅为天地之精英所聚,良有由然也。"① 这段话,是郭嵩焘赴英国生活一年后得出的一个重要结论,是他实学思想转变历程的重要标志。这不仅是郭嵩焘一个人的认识,也是早期改革派的共识。

郑观应认为实事求是是西方的"体"之一,是西方文化的精髓。西方的"体"从思维方法和精神实质上是"务实而戒虚,谋定而后动"②。西方"无论一材一艺,总期实事求是,坐而言者即可起而行"③。"实"不仅是西方哲学和科学的合理性的根源,还是社会其他领域合理性的根本。通过较长时期与英、法人民接触,郭嵩焘深感西方国家的一个突出特点,就是务实。

2. 中国衰弱的文化根源

相应地,中国贫弱的根源在务虚,既包括学术方面,也包括社会方面。中国现实社会和哲学文化的不合理性,归根结底就在于务虚。务虚是导致中国现实各种问题的根本原因。郑观应认为中国当前存在的问题的根源是不能实事求是。实事求是是中国自强所最终依赖的精神动因,同样也是学术合理化的精髓。

中国和西方在发展道路上出现了重大的差异,并逐步落后于西方就是因为空谈的结果。秦汉以后,中国"循空文而空谈性理,于是我堕于虚,彼证诸实"④。

不能实事求是妨碍了中国对西方的学习,一些人往往拘泥于

---

① 《郭嵩焘日记》第 3 卷,第 393 页。
② 郑观应著,王贻梁评注:《盛世危言》,第 51 页。
③ 同上书,第 83 页。
④ 同上书,第 57 页。

外表之名而排斥学习西方。"彼西人笑我士大夫不识时务,凡创办一事属新法者,虽有利于国,往往阻于泥古之士似是而非之说,务虚名而不求实效。"①

中国务虚表现在学问上就是汉学和科举时文。汉学"假实事求是之说,推求度数、训诂,以攻击程朱……要其实,则所谓记问之学也,亦不足言变也"②。就拿最善言变的《周易》来说,在汉儒那里变成了象数学,用消息阴阳的道理说明万物的变化和处理人事的办法,对《周易》的义理说明得很不够。南宋以来,理学家们好清谈的不良学风给中国带来很大的害处。

中学指导下的伦理德性的主要问题是"粉饰"、"自欺"、"虚伪"、"无耻"。"中国以粉饰为固有之常规、通行之要义,以矫诬百姓久矣,乃举以施之洋人,是谓以其所不能粉饰者强从而粉饰之,其亦不智之尤者也。"③ 中国"相沿制度及各衙门所办事件及官人德行,相习为欺诈已数百年"④。郭嵩焘感触很深的是"中国人心不能自振发,而专为大言自欺,其源由于无耻"⑤。郭嵩焘说"中国言义,虚文而已,其实朝野上下之心无一不骛于利,至于越礼反常而不顾"⑥。郭嵩焘认为中国儒家传统的"礼",虽然能够维系社会秩序的稳定,却抑制了处于不同社会地位的人们之间正常交往的欲望,实际上造成人们之间的自我封闭。在国与国之间的关系上也是如此。

"粉饰"、"自欺"、"虚伪"是中国政治精神的主要问题。吏治腐败、体制的原因导致虚骄之气,尚浮倾实。"近百余年居

---

① 郑观应著,王贻梁评注:《盛世危言》,第53页。
② 杨坚点校:《郭嵩焘诗文集》,第253页。
③ 《郭嵩焘日记》第3卷,第443页。
④ 同上书,第703页。
⑤ 同上书,第515页。
⑥ 《郭嵩焘日记》第4卷,第297—298页。

官者,以粉饰蒙蔽为善诀,习为故常,非从徵实处力加振刷,亦无所据以挽回人心风俗之具。"① 虚骄之气对外"以诋毁洋人为快"。除了对外的危害外,还有对内的危害:"朝廷多取浮言,不求实济,绝非天下之福。"②"天下议论多者必无成功,成亦必不佳。……自宋至今盖千年,合智愚贤不肖皆欲以议论相胜,人才事功,安得不益猥下!"③

既然如此,中国文化和社会合理化的出路就在于弘扬实事求是的精神。马建忠说:"我国功名皆以此为宗,子欲务实,意在斯乎?以子之所学,精而求之,取功名如拾芥,何惮而不为耶?"④ 冯桂芬主张经世致用,郑观应主张会通中西古今,"践迹以穷神"。郑观应要求官员必须有相应的才能"各擅所长,名副其实。"⑤

实事求是是早期改革派用来解决中西文化向度融合问题的重要方法。古今中西文化是早期改革派实事求是"求"的对象和范围之一。早期改革派从中西文化相结合的角度论证了实事求是,实事求是是根据对古今中西基本的学术和社会精神进行总结得出的结论。早期改革派借此作为整合中西文化资源的标准和尺度。如他们以实事求是来品评中西哲学、中西学术和中西社会。实事求是成为中西文化冲突中方法论的共识和可能建立起来的思维方法上的共同的纽带。在实事求是的思想旗帜下面,早期改革派对待中西文化的态度是合乎实际的。对待中国固有的文化价值体系,他们持一种对现实批判的态度,在维护中国固有文化价值观的立场下,不执著于中国的价值观。他们反对站在中国文化立

---

① 《郭嵩焘日记》第2卷,第66页。
② 同上书,第315页。
③ 同上书,第480页。
④ 郑大华点校:《采西学议——冯桂芬马建忠集》,第157页。
⑤ 郑观应著,王贻梁评注:《盛世危言》,第51页。

场上的盲目虚骄自大。对待西方文化他们反对不加分析的接受或拒绝。他们利用实事求是的思想会通中西。实事求是解决了中国哲学文化和社会合理化的道路问题。在他们那里，中国哲学文化和社会的现代化不是把中西文化简单结合起来，而是在现实需要的基础上拣择中西文化。这样一来，中西学术和文化精神就会得到一定的融合。关于这一点后文会得到证明。

3. 实学：一种通过方法论和价值取向体现出来的文化精神

早期改革派重视实事求是是与他们常用的一些学术名称相符合的。

正学在早期改革派那里也称为实学或新学。近代早期改革派思想学说的命名有近代实学、近代新学、近代经学、西学、官绅商学、保守主义等不同的方案供选择。本书认为近代实学和近代早期新学是可以接受的。

近代早期改革派思想家更多的是使用实学、艺学、实用、实证、实效、实际、实情、实利、实惠、实心、实行、实践、诚、直、平、公等概念，相对于虚、伪、时文、辞章等指称自己的学术取向。他们讲实的层次很多，后面会看到这一点。仅就直接地使用实学而言，使用这一概念的地方也不少。应该说在早期改革派那里实学概念的运用存在着抽象和具体、普遍和个别的矛盾。这种矛盾其实是学术取向、学术精神和学术形态的矛盾。

早期改革派讲的"实学"一个方面的具体含义就实事求是的方法论和重视实用价值的学术、文化和社会精神。

冯桂芬的《校邠庐抗议》使用"实学"这一概念很少。但他是推崇实的。他认为考据学和"三代之法"都是符合这个标准的。"经学宜先汉而后宋，无他，宋空而汉实，宋易而汉难也。"[①] 三

---

① 冯桂芬著，戴扬本评注：《校邠庐抗议》，第178页。

代圣人之法是实，而不是疏阔，这是圣人之所以为圣人的原因。冯桂芬讲的应该是一种学术精神。

何启、胡礼垣呼吁行"实"学。"天下有行之以实则日起有功，行之以虚则终身不得者，为学是也。"① 这里的"实"主要指的是为学的价值指向和为学的方法。这里应该是就学术的精神来讲的。

在郭嵩焘那里"实学"并不意味着具有一定的门户之分。各个不同的学派都有可能出现实学人士。在同治五年《保举实学人员疏》指出："方今要务，莫急于崇尚实学，振兴人文。"② 而他保举的实学人员有考据学者陈澧，有理学学者朱宗程，有精通算学的李善兰、邹伯奇等。他的实学标准是学行的践履笃实，不虚浮，具有良好的学术道德和学风。

早期改革派的实学指学术取向，使其实学具备了超越不同学术派别和门类的基础，也为他们在实学的框架内整合不同学术资源，建构实学学术形态提供了可能。本书把早期改革派的近代实学主要看做一种学术的价值取向，在这一价值取向下面，内容是可以无限制的扩大的。只要具备了"实"的特征，实学的内容是不固定的。

这种"实"的精神集中体现在西方学术之中，实学有时候就是只得具有求实的方法论和求实的价值取向，能够对社会的合理化进程起到实际的作用的所有的具体学问。早期改革派希望通过学术的"实"引导伦理、政治和社会的"实"，从而达到国家自强的目的。

实学作为社会合理化的精神基石，既包括实事求是的学术精神，又包括学术形态。而学术形态要体现"实"的学术精神才

---

① 郑大华点校：《新政真诠——何启胡礼垣集》，第300页。
② 杨坚点校：《郭嵩焘奏稿》，第283页。

能称得上是实学,因而可以把实学理解为主要是就学术精神来讲的。

首先学术本身要成为"实"的学术。何启、胡礼垣指出:"为学以实,富强之事乃兴"①。这里"实"主要是就学术精神而言的,有了体现这一精神的学术,富强的事业就可以完成。

何启、胡礼垣对于在中国用实的精神推动社会合理化的困难有着深刻的估计:"以是(即实)而立学,窃恐其学之不能成也。又取国家特科试法而观,则是泰西各大国之行道有得,即吾今所谓求之以诚者,中国独无所得也。以是而取才,又恐其才之不能取也。学不能成,才不能得,吾不知道德之谓将安所托也?"②在何启、胡礼垣认为要以"实"立学,才能有实用的人才,有了这两个基础,就会有体现"实"的精神的道德,相应地就会带来社会的变革。

体现"实"的精神的学问是"实学"。"夫为国而止于富强,固非盛轨。然开务成物,非今之实学不为功。"③何启、胡礼垣表示"今将欲以实学化中国"④。"稍使知有实学,以挽回一世之人心,允为当今之急务矣。"⑤ 主要是就学术形态讲的。早期改革派也主张用具体的实学形态推进社会的合理化。"若夫其事足以明新政之源,使之存其清而去其浊,补新政之缺,使人日以盛而德不回者,则惟实学。"⑥"是故中国能行新政以兴其学,则宜于泛应之实学特加之意矣。"⑦ 实学这一向度说明,实学不仅是

---

① 郑大华点校:《新政真诠——何启胡礼垣集》,第7页。
② 同上书,第302页。
③ 同上书,第269页。
④ 同上书,第266页。
⑤ 《郭嵩焘日记》第3卷,第823页。
⑥ 郑大华点校:《新政真诠——何启胡礼垣集》,第502页。
⑦ 同上书,第503页。

一种学术合理化的追求,还是一种社会合理化的追求,实学不仅是"学术",而且还是"治术"。实学概念则涵盖了"治术"的全部内容,贯穿了早期改革派整个思想体系。因此就早期改革派整个学说的名称而言,使用近代实学是比较恰当的。近代实学说明其时代的特征和性质。近代实学能够很好地反映早期改革派思想的学术的精神内涵和学术精髓;能够很好地反映早期改革派的治学方法和学风、学术特征;能很好地反映早期改革派的学术性质;近代实学能很好地反映早期改革派的学术地位。问题在于,早期改革派主张用来推动社会合理化的实学,是不是已经包含了、或者主要指进行新的构建了的实学形态——也就是他们自己的新的正学形态?应该说两种所指同时存在。

4. 学术合理化:一种具体的学问和新的学术形态

近代早期改革派的"实学"概念有自己固定的指称和针对性。它包括了哲学、自然社会科学和具有传统色彩的经世致用的学说;针对中西方学术和中国社会。早期改革派使用实学概念也有中西和现实三个向度。早期改革派对中西古今的判定是西"实"中"虚"、古"实"今"虚",因而要化"虚"为"实",以"西"合"古",化"今""中"之"虚"为"实"。实学首先是针对中西学提出来的。

实学是指称和针对西学的。郭嵩焘用这个概念表述西方近代实证哲学和实证科学。他认为英国实学之源是牛顿开的天文窍奥。又说:"英国讲实学者,肇自比耕(Bacon,培根)。"[1] "实学,洋语曰赛莫(英)斯(science)。"[2] 实学指具体的自然科

---

[1] 《郭嵩焘日记》第 3 卷,第 356 页。
[2] 同上书,第 173 页。

学。薛福成指出中国"取士之未尽得实学也"①。综合下文来看所指包含了西方器数之学的意思。马建忠说:"今夫应时达变之才识系乎用,难责人以必有;而相时制变之实学关乎理,亦力学之可求。"② 从下文来看,所指应该包括"交涉实学"在内的自然社会科学。

实学也是针对科举时文,指称中学的。早期改革派力图超越科举时文,重新挖掘古代学术的实事求是精神为国家富强服务。这样一来,实学就具有超越性,它既要批判中学,又要肯定中学,实现中学的新解释和中学的启蒙,推进中学的合理化。薛福成早在1864年《选举论》(上)中就指出"黜浮靡,崇实学"。③ 薛福成在1865年的《上曾侯相书》中就说:"慨然欲为经世实学,以备国家一日之用,乃屏弃一切而专力于是。"④ 实学具体所指是中学中的兵学、地理、阴阳等。王韬说:"为今计者,当废时文而以实学。"⑤ 郑观应也说不废时文不能兴实学。

在《康说书后》中,强调开物成务的动力是今之实学。那什么是今之实学呢?实际上是涵盖天地人三学、贯通中西的实学,换句话说,早期改革派自己心目中的学说体系应该是一个范例。早期改革派的实学是超越中西学的:"中国之学除文字外一切皆浮,然文字不特不能以治世,且并不能以治身,故实学当以泰西之法为基。"⑥ 相应的,"圣贤之学,需自此基"⑦。也就是以孔孟之道为基础。而考试则在保留中学的基本内容的基础上增

---

① 徐素华选注:《筹洋刍议——薛福成集》,第89页。
② 郑大华点校:《采西学议——冯桂芬马建忠集》,第167页。
③ 丁凤麟、王欣之编:《薛福成选集》,第2页。
④ 徐素华选注:《筹洋刍议——薛福成集》,第2页。
⑤ 王韬著,陈恒、方银儿评注:《弢园文录外编》,第47页。
⑥ 郑大华点校:《新政真诠——何启胡礼垣集》,第502页。
⑦ 王韬著,陈恒、方银儿评注:《弢园文录外编》,第51页。

加西学的内容。《康说书后》在提出今之实学之后，指出学不能中体西用，不能力求西学时用古学贬之，不能重辞章，但也不能单纯地理解成废八股经义，单纯地理解成谈西法设学堂。何启、胡礼垣强调以公理为核心的学术应该是公众智慧的产物，应该有着较高的认可度。

实事求是解决了学术分类和体系化的问题。实学在早期改革派那里往往是对西方科学和中学中体现"实"的精神的学术门类的一种指称。但在这种指称的过程中，逐步脱离了具体的学术门类，凡是具有崇实精神的学术门类都被纳入实学的外延之中。这样一来就提升了传统学术的专门化水平，对中西学门类进行整合是早期改革派建构自己的正学体系的必要工作。早期改革派花费了很大的心力解决这个问题。在这个过程中，受实学具体外延所指的制约，还出现了一些矛盾的地方。但结果是实学被普遍化了。关于这方面的成果下文关于中学的科技理性（形式合理化）的论述中会有说明。由于早期改革派较多地关注实际问题，思想的体系性不是很明显。但有着内在的逻辑体系。早期改革派的主要学术形式是札记、书信、奏稿、上疏、诗歌、小说、辑佚、政论、散文、杂文、目录、年谱、自传、游记、日记、杂记等。这些形式当中，如札记、目录、年谱、书信、上疏等都表现出考据学的历史影响，而和宋学的语录体不同。更为重要的是日记、书信、奏稿等形式里吸收了大量的西方社会、自然科学新知识，运用了大量的新名词、新术语，充满了一种新的时代气息。郭嵩焘、薛福成等人的域外游记、日记等散文作品，对于冲破桐城桎梏、促进散文的解放起了积极的作用。他们这方面的散文创作是近代散文新变化的重要组成部分。早期改革派的思想是有着自己独特的形式上的体系和形式创造的。

早期改革派的思想可以用近代实学总括之，可以用近代实学的理论框架进行解读。这种解读可以包括学术精神和学术形态两个方面。认为实事求是是早期改革派的纲领新法进行的一种学术精神的解读。近代实学是他们本人使用的概念合乎逻辑的发展。

就学术形态来讲，本书使用了正学这一概念。这主要是考虑到实学是不同学术形态的一种学术价值取向，就学术形态特征和价值目标来讲，正学更明显些。但用近代实学总括也不是没有学术形态意义的。这种意义是早期改革派本来学术形态的一种理解。因为只要一种思想具有一定的名称，这名称本身就成了思想形态的代名，而具有学术形态的意义。

对早期改革派进行实学形态的解读，可以进行如下的拓展。其发展之一是把传统意义上使用的经世实学根据改革派已经融入了西方实践经验的情况，看做是近代的经世致用的实学。这个层面是改革派论述较多的。发展之二是把更多的指称自然科学技术等狭窄意义上使用的实学拓展成指称全部的自然社会科学。在这方面改革派关注的重点不同，总体上看对自然科学技术的关注要强于社会科学。他们在学术上更看重的是汽、光、化、电等学对商政、兵法、造船、制器及农、牧、矿业等的意义。而在社会科学方面更多的直接取材于西方的经验。发展之三是把指称近代的实证哲学的实学拓展为整个哲学的层面。实学外延的拓展可以根据改革派思想家的学术精神和方法进行。他们把不同的学科应该有的精神归结为"实"，把现实的中西方根本的文化精神差异归结为"实"，把现有的学术精神的局限归结为不能实，即"虚"。实学的合理发展自然要拓展到精神和方法的层面。这是一种可能的学术形态化的解读，本书没有完全按照近代实学逻辑进行解读，只是提供了一些思想的资源。

本书所使用的近代实学的概念不是传统意义上的经世实学的意思，近代更多的是性质概念。传统的经世实学主张夷夏之辨、重农本轻商末、重道轻艺，和西学缺乏主动的联系，不具备现代的性质。而早期改革派的实学是中西思想互动的产物，已经具备了近代早期新学的品格。

5. 社会合理化：一种伦理价值观和社会历史哲学

实事求是解决了学术合理化与社会合理化的关联问题，给社会合理化提供了精神动因。郭嵩焘从历史与现实、理论与实践相结合的角度来论证了这一观念的合理性。何启、胡礼垣认为维新新政，"毋亦创制经营之始，发号施令之余，理未能推以至平，情未求以至近，行未能行乎至顺，量未能极乎至公耳"①。近代早期改革派认为实事求是指出了中国社会发展的合理化道路的方向。实事求是是"道"。何启、胡礼垣认为道是人所共由之路。实事求是是"体"。何启、胡礼垣认为"本"和"体"是"实"学及相应的人才。

其中一个方向就是道德伦理的"实"的方向。伦理真假之辨首先就是虚实之辨。郑观应还举了具体的例子来论述明辨虚实的重要性。他说就像有为人子弟者，他对父母态度温顺，每天问安定省，看来确实很孝顺。但他却不会干实事，以致养不活父母亲，这种人是否称得上"孝"了呢？这是不能称之为"孝"的。真善就是能够落到实处的善，包括效验和实用。三纲要落到实处；信要落到实处；仁要落到实处；智要落到实处；义要落到实处，落实到利上来；礼要落到实处，落实到治身心和治国事上来。何启、胡礼垣批评"说道德者""虚存道德之名，而莫知其何所用"②。并指出："今中国之所谓礼，吾不敢以礼许之也，以其伪而不真，或以是而亡人之国也。……虚名者，即今中国之所谓礼也。而一败乃至于此。故曰恐其亡人之国也。吾欲于新政之行一洗虚名之习也。若疑此说为以成败论人，则何不取予十年前

---

① 郑大华点校：《新政真诠——何启胡礼垣集》，第282页。
② 同上书，第100页。

书后一篇之言以证之也。"① 现存的礼并不是礼的本原,不是礼之常,而是礼的外貌、礼的变、礼的伪和虚名,因为它忘记了实利。"自后世礼教失传,礼意寖衰,徒见之于虚文外貌,而礼之本原不可得而知矣。呜呼!此礼之变也,非礼之常也。……夫礼者,理也。行乎礼之真者,国之兴也不难;行乎礼之伪者,国之亡也亦易。高丽之属中国也,有虚名而无实利。中国为高丽而与日本战者,徒为虚名。虚名者即今之所谓礼也。是故明乎礼之真者,不慕虚名而忘实利,不残民命以作战功。"② 对伦理的求真引导出早期改革派对社会历史的新的看法。

另一个方面就是教育的"实"的方向。早期改革派教育思想的核心内容是兴实学,目标是办实业和行实政。在19世纪,以农、工、商、矿这类东西为概念的实业一词至少在甲午战前已经产生。在实业学校、实业教育这两个名词出现前,人们把培养农、工、商、矿类应用人才的学校叫实学,或农工商学,或"专门之学""专门业学",或专门学校。实业学校或实业教育是指19世纪下半期到20世纪初中国为农业、工业、商业、矿冶、铁路等物质生产部门培养专门应用人才的学校或教育。早期改革派的教育思想基本属于实业教育思想。但早期改革派的实业思想不局限在经济范围之内,还涉及政治和文化领域,这里所说的实业教育思想有其特定的含义和所指。实业教育思潮的思想条件就是实用。实用的基本含义是教育与社会密切联系,培养各类专门应用型人才。在实业教育思潮阶段,"实用"还包括批判科举制的弊病,主张建立为农工商矿等实业部门培养应用人才的实业教育制度的内容。从政治思想角度看,近代实业教育思潮是救国思潮。生利分利的实业教育观,物竞天

---

① 郑大华点校:《新政真诠——何启胡礼垣集》,第163页。
② 郑观应著,王贻梁评注:《盛世危言》,第137页。

择、适者生存的实业教育观，兵战不如商战、商战不如学战、学战使实业教育之战共同构成了实业教育救国论。围绕救亡图存这个时代主题，资产阶级改革派，地主阶级改革派都把实业教育作为求富强的工具，实业救国、实业教育救国暂时弥合了不同阶级派别之间的斗争。

早期改革派主张实行"实政"、"新政"。实政的核心衡量标准和精神内核是实事求是。何启、胡礼垣要求以理、道、公等为标准考虑新政问题。郭嵩焘极力反对"欺民"。将"去欺求实"当作为政的"本体"。

6. 正学的纲领心法

沿着上述思路，早期改革派把实事求是作为构建自己学说的一个核心精神。首先，实事求是是早期改革派建构其学术体系的思想路线。实事求是是近代早期改革派指导中国文化合理化的思想路线和思想总纲，是思想的精髓和基本精神，王韬《淞隐漫录自序》说自己："不佞少抱用世之志，素不喜浮夸，蹈迂谬，一惟实事求是。"[①] 薛福成多次在序中表述了自己对待问题的"实事求是"态度。薛福成在《庸盦笔记》凡例强调自己考订确实，本公是公非。"悉本公是公非，不敢稍参私见。"[②]《新政真诠》认为"平理近情顺道公量"是"经世之方针"。也就是其整个思想体系的"纲领心法"，是绝"危机"，致"安和"的根本之"道"。"夫所谓纲领心法者，果何物哉？曰平理近情顺道公量也。平理近情顺道公量者，今天下各富强之国所执以为经世之方针，葆身之命火者也。"[③] "盖据事直书者，必无齐东野人之

---

① 王韬著，陈恒、方银儿评注：《弢园文录外编》，第380页。
② 薛福成撰，王云武主编：《庸盦笔记》凡例一，商务印书馆1937年版。
③ 郑大华点校：《新政真诠——何启胡礼垣集》，第3页。

语；实事求是者，岂有子虚乌有之谈。"① 这个方针是贯穿整个思想体系的。《曾论书后》是说"平理近情顺道公量"的"缘故"的；《新政论议》是说"事实"的；《新政始基》是说"从事"的；《康说书后》是说"见之端"的；《新政安行》是说"归"的；《劝学篇后》是说"把握"的。② 对实事求是在其自己的思想体系中的地位论述最清楚的是何启、胡礼垣。何启、胡礼垣提出的纲领是："平其理，近其情，顺其道，公其量，所以求乎性情之正，而不至拂乎人性，戾乎人之情而已。"③ 这个纲领的实质内容就是"实事求是。"理情道量是"事"和"是"；平、近、顺、公是求的不同形式和条件。

实事求是作为早期改革派思想的纲领，是贯穿在他们整个思想之中的。实事求是是根据对古今中西时代主题的分析得出的，实事求是贯穿于近代思想主题的解决；实事求是体现了早期改革派的学风和治学方法；实事求是作为一种思维方法贯穿于方法论，并进一步贯穿在对西学的评判和对中学合理化的思考当中。

二 实事求是：价值理性

近代早期改革派把对名实关系的处理看做是划分正学和俗学的标准。近代早期改革派讲的"实"主要指实心、实语、实力、实行、实践、实济、实效、实用、实利、实际、实情、实理、实证、实验、实惠等。实事求是的逻辑展开就是以实心求实情、实理，以实践获实利。

中西方贫弱转换的精神根源是实事求是，那么这是一种什么

---

① 郑大华点校：《新政真诠——何启胡礼垣集》，第146页。
② 同上书，第3—4页。
③ 同上书，第283页。

样的精神呢？实和虚是对立的，早期改革派所说的虚主要是学风和政风，思考方法的虚，道德的虚，而主要不是宇宙本原意义上的虚。实也是如此。他们说的实事求是是兼具传统和现代、科技和人文的多元的合理性概念。这里仅就道德认识和道德方法方面的含义说明之。

近代早期改革派的思想学说是早期改革派根据中国近代个人生活和社会政治经济文化等的实际提出的用于指导改革实践的学问。"实"贯穿于主体作用于客体的各个环节。从动机到结果，从主体到客体。现今一般人们理解"实"和"实事求是"更多地注重对客体"事"的"求"，而忽略了主体自身的实事求是。中国近代改革派深受传统的浸润，自然不会因为对事物实际的探求而忽视主体"实"的问题。这样一来实事求是就具有科学和人文相结合的特征。在改革派那里，主体的"实"的问题不仅是一个道德伦理问题，同时还是一个经济、政治、文化的问题，"实"导向了全面的社会实践。

1. 道德价值意义上的"实心""实意"

"实"指实心。郭嵩焘认为："人心厚，风俗纯，则本治。"并指出"山陕之人""世守商贾之业，惟其性朴而心实也。性不朴则浮伪百出，心不实则侵道滋多"[①]。又说："宋明史册具在，世人心思耳目为数百年虚骄之议论所夺，不一考求其事实耳。"[②]实心即心的实有、实际，即诚。"心有忍，其乃有济。有容，德乃大。有者，实有之，非老氏欲张故翕、欲取固与之谓也。"[③]

---

① 陆玉林选注：《使西纪程——郭嵩焘集》，辽宁人民出版社1994年版，第155页。
② 同上书，第38页。
③ 《郭嵩焘日记》第2卷，第25页。

这里讲的实心主要是道德合理性意义上的"心"。

实事求是的内在对象和前提是实心和心的实际,是公心、意中之言。早期改革派重视人的道德结构对求的制约作用。这是一个主体道德合理性问题,道德认识的道德心理基础、道德价值前提问题。实求的前提是"实心",是诚。郭嵩焘强调内心的诚、神和几。"诚者,本也;神者,用也;几者,介乎动静之间。大而治国平天下,小而处置一事,皆有几者存其间,顺之而得,逆之而失,其初甚微,其流而为功效,相去判然。近年见此理差明,故曰几,善恶判之以几而已。"① 郭嵩焘认为天下事就是一个几字,事之成毁、言之从违,人心之向背,皆有几。"君子先立乎其大者。心之所主,贞固感物而动,沛然行之不疑,积诚以化乎天下。雷雨之动满盈,几为之也。周子曰:诚、神、几,谓之圣人。"② 郭嵩焘强调主体道德对于把握事物的细节和潜在的规律的意义,这基本上是一种传统的说法,诚心同时是一个本体的概念。但何启、胡礼垣所讲的"夫言之欲立,其意必诚,而诚之所通,其言必验"③ 中的诚,道德心理的意义更多一些。前文所讲的"朴""厚"的心都是道德性的"实"心。古人讲养气以成德,气与德有关。何启、胡礼垣讲"平气""平心"与激愤、任气相对,也具有道德的意义。平气就是诚,就是公心、实心。但他们讲平血气具有现代的含义。心是公心,求是公心求理,就是公量。"公理本如是,不容以一毫私意杂于其间者也。"④ 要公心求理,"先存一公之心以求理,其理必通;先存一私之心以求理,其理必塞"⑤。"然正惟其保国之心出之以私,故

---

① 杨坚点校:《郭嵩焘诗文集》,第172—173页。
② 《郭嵩焘日记》第1卷,第542页。
③ 郑大华点校:《新政真诠——何启胡礼垣集》,第20页。
④ 同上书,第55页。
⑤ 同上书,第49页。

其保国情理独难乎正。"① 实心也是民心。因为"夫人心亦犹己之心耳,民之志亦犹君之志耳,何以己谓之是者,人咸以为非?君谓之可者,民或以为否?岂己之心则欲其绝危机而绥福祚,人之心则欲其罹灾害而致颠危?君之心则欲其服远迩而保祥和,民之心则欲其势土崩而局瓦解哉"②? 公心、民心具有现代道德"公意"的内涵。因此,实心是一个具有传统和现代双重特点的主体道德合理性概念。这是早期改革派进行文化思考一贯的一个尺度。但在不同论题下,含义又会有所拓展和侧重。

不仅如此,早期改革派还把主体的道德价值合理性作为社会合理化的标尺和精神源泉。如何启、胡礼垣认为:"是故政之立也,不必问其是否,但以人心之向背而推,立其政而人心向焉,其为是可知矣;立其政而人心背焉,其为未是可知矣。人心既背,其政可勿立也,人心向而政立矣。由是而观,其行亦不必问其善否,但以民志之依违而断,行其政而民志依焉,其为善可知矣,行其政而民志违焉,其为未善可知矣。民志既违,其政必不能行也,即行之亦无其利也。"③

2. 道德价值性的"求"

在早期改革派那里,"求"既包括外求的含义,又包括内求的含义。外求就是从对象中求,也就是王韬讲的"求之于……",外求指向对象。内求即诚和平气,求意中之言。早期改革派的求是统一内求和外求的。关于内外,王韬主张:"由本以及末,由内以及外,由大以及小。"④

---

① 郑大华点校:《新政真诠——何启胡礼垣集》,第27页。
② 同上书,第282页。
③ 同上。
④ 王韬著,陈恒、方银儿评注:《弢园文录外编》,第55页。

他们强调内求,比较典型的是何启、胡礼垣提出平气说和意中说:"虽然昧乎势者不足以言情理,而任乎气者尤不足以言情理。此其说尤不可以不知。明明情也,一出以气则情而非情;明明理也,一动以气则理而非理。非情以为情,非理以为理,其害于情理也无穷,其祸于人物也无尽。……立德,立功,立言,有猷,有为,有守,皆赖乎气也。……此皆为防吾之气,固吾之气,敛吾之气,束吾之气之故而求之,非必为情理之故而求之也。"①

内求既具有认识论的意义,也有道德论的意义。何启、胡礼垣还提出意中说:

> 吾之说,乃人人意中之说,特非人人口中之说耳。是我之说,至众,而非孤也。且吾之辩,乃人人心中之辩,特非人人笔下之辩耳。是我之辩,至随而非激也。是以听言者非徒听其人口中之言,必须察其人意中之言;非徒视其人笔下之言,必须究其人心内之言;则事得其实,理得其当矣。……凡听言之法,必以其事观之,则言者莫敢妄言。②

意中之说是理得其当和事得其实的基础。

外求不是和内求割裂的,以内求外是简易之道:"人类而能离乎性情,则必不成其为人类。……简易之道,孰有过于以己之性情度人之性情者哉?而其道已侔于天地矣。"③ 内外是一个道德价值认识论、道德合理性的范畴。早期改革派强调求内在的爱心、仁心、情和求外在的义等相结合,是一个主体道德修养论的

---

① 郑大华点校:《新政真诠——何启胡礼垣集》,第28—29页。
② 同上书,第93—94页。
③ 同上书,第283页。

命题。

早期改革派认定价值哲学方法,即内求诸己的方法在不同学派中是一致的。早期改革派所讲的实事求是是包括了求实心,以实心、公心求性理,以达到安心的目的的内容。这样理解的实事求是其实就是一种内求诸己的方法。这种理解具有重要的意义,到目前为止,关于人文科学方法论的特点和内容问题仍然是一个未解之谜。早期改革派的这一思路可以看做是一种解决的方案。

郭嵩焘在评论《诗经》《裳裳者华》中的诗句时说:"'君子宜之':适其外也。'君子有之':裕其中也。天下物类之繁,人事之变,先取足于心焉,而穷理以析其是非,审几以制其进退,天下之理皆吾有焉。故曰:有诸己之谓信。有诸己者,格物致知之极功也。晚近人才无能及此者矣。"① 郭嵩焘在这里提出裕中适外的方法。这一方法就是在化天下物类、人事之理为心之理,在理性分析的基础上判断价值是非,决定价值行动的方式和方向。内求诸己不是脱离外物的客观存在、不是脱离外物存在的理进行认知,而是在对外物感性认知的理性分析的基础上化外物之理为心之理。这本来是一个科学认识的问题,为什么属于人文的方法论呢?关键在于这是判断是非,决定进退也就是决定行动方向的基础。是非问题是一个价值判断的问题;进退问题是一个价值方向的问题。事实无所谓方向,方向是一个人类的价值取向和价值行动的问题。因而,郭嵩焘说有诸己是格物致知之极功,是一个信的问题。格物致知就是信,说明这是一种获得伦理价值的方法。

郭嵩焘认为这一方法在《大学》当中得到了充分的运用和论证,而成为其要领。"知此则《大学》一书,完具无缺,数百

---

① 《郭嵩焘日记》第 2 卷,第 382 页。

年之辩争,盖皆求之于外,而于中之要领有未究也。"① 这里的"此"就是格物致知、成己成物。在关于《大学》的一些思想的论述中,郭嵩焘进一步说明了内求诸己的方法论的内涵。其一是,内求诸己的方法就是成己成物。郭嵩焘解释"在止于至善"说:"圣人之学,成己成物而已,而功莫达于成物。天之生此民也,使先知觉后知;使先觉觉后觉。"②《礼记质疑·大学》说:"圣人之学,成己成物而已……大学之道兼成己成物二者,而成物之功用一皆所以自明其明德,而无待外求,故曰成己仁也,成物知也,性之德也。"③ 这些都说明,读经治史,首先必须用于修身成己。成物是一个知的问题,而知是性之德,本身就是人性和人心的要素之一,道德的要素之一;成物的功用是可以用来自明其明德的,所以,成物就是成己、成仁,因而是一个人文价值的问题,是一种人文价值的方法论。这一方法就是仁和智的方法,因而是道德价值的人文主义的方法。其二是,内求诸己的人文方法就是格物致知,是在理性认知的基础上完成的。郭嵩焘进一步说明了理性认知的人文意义。在这里郭嵩焘讲理性分析时使用了格物和致知的概念:"格物者;致知之事也。"④ 他说:"格者,至也:穷极物之理而不遗。格者,又明有所止也:揆度物之情而不逾其则。"⑤ 研究外物的情理就是格物。把外物的情理约于心,就是信,就成为人文的方法论。其极限就是修身。郭嵩焘在《大学章句质疑》序中说:"圣人尽性以尽人物之性,统于明德、新民二者,而其道一裕之学。学者,致知、诚意,极于修

---

① 杨坚点校:《郭嵩焘诗文集》,第24页。
② 郭嵩焘著,邬锡非、陈戍国点校:《礼记质疑》,第693页。
③ 同上书,第693—694页。
④ 杨坚点校:《郭嵩焘诗文集》,第24页。
⑤ 同上。

身，止矣。致知之道广，而具于心者约。"① 同样把这一情理进行向外的推类至其他的人和其他的事物，使这一情理符合事物的具体情况，而同时保持义的准则就是格物。这样一来，理性的分析就成为一种人文的认识方法，因为它是义的基础，变成了义。关于"致知在格物"。郑注：格，来也；物，犹事。郭嵩焘认为"格者，穷极其所以然，推类至义之尽而仍不逾其则。朱子《章句》精矣，而训物为事，犹循郑注，终有未协"②。从郭嵩焘对格物致知的论述来看，他主要是从伦理道德的认知方法和修养方法上来讲这个概念的。其三，内求诸己的方法是在实践中完成的，是一种社会实践的方法。"诚意之功严，而尽天下之事固无不包也。"③ 把诚推广到天下万物而无不包依赖于社会实践。"物者何？心、身、家、国、天下是也。格物之事何？所以正之、修之、齐之、治之、平之者是也。"④ 修身、齐家、治国、平天下既是道德实践也是政治实践和社会生产实践，是有着价值要求和指向的社会实践，是一种人文价值的创造性活动。

在有关《中庸》思想的论述中郭嵩焘对郑注的一些不合理之处进行了修正。在这里，郭嵩焘就人文主义方法论进行了两处发挥。其一是郭嵩焘发挥了内求诸己在社会实践中完成的思想。内求诸己就是把道德推己及人，在社会实践中完成道德理想。"致中和"郑注"致"为行之至。郭嵩焘解释由此达彼之谓致，用其中和之德，达之天地民物，致中和就是实功，圣人之道，极于中和。其二，给内求的内容和极限进行了明确的定位。这就是

---

① 杨坚点校：《郭嵩焘诗文集》，第24页。
② 郭嵩焘著，邹锡非、陈戍国点校：《礼记质疑》，第694页。
③ 杨坚点校：《郭嵩焘诗文集》，第24页。
④ 同上。

知人道之当然。"故君子以人治人,改而止"郑注为言人有罪过,君子以人道治之,其人改则止。郭嵩焘认为是人以吾身心之则自治其身心。"仁者人也"郑注以人与人相遇而爱生焉进行解释。郭嵩焘认为仁字是人道之所以立也,知人者,知人道之当然者也。其极限是尽性,神成性存,这是道义之门,也就是达到人文价值的最终道路。《中庸·礼记质疑》卷三十一解释"率性之谓道"。郑注率为循。郭嵩焘认为"率性"的本义是圣人尽性之功。"小德川流,大德敦化"郑注认为小德川流,浸润萌芽,喻诸侯。大德敦化,厚生万物,喻天子。郭嵩焘认为郑注于此章,专以《春秋》赞圣人之德强生附和,而遂以小德喻诸侯、大德喻天子,并文义失之;大德者,默而运之,神成性存。存道义之门,是之谓敦化。内求诸己的方法也是一种化外为内,以内求外,以内达外,达外就是达内,最终内外两忘的人文主义方法。

早期改革派认为道家的学说和儒理有共同之处,是有合理性的。这种合理性体现在心性之学和清静无为、以柔制刚,可以制心应事,解决生死难题。薛福成认为老子的思想主旨是:"其大旨主清净无为,坚定自持,冲虚不息,又济以能忍之力,以柔制刚,以退为进"。这一主旨"于儒理尚不甚相远也"[1]。郭嵩焘认为学习黄老之术应该:"以笃实为体而以坚忍为用。"[2] 不能像何晏、王衍那样以之作为清谈的理论根据。何启、胡礼垣指出:"若《道德经》之大旨,则与孔孟四勿三无养心寡欲诸说相符,无容轻议者也。"[3] "老子之尚无为,主守雌,任自然诸说,其视《论语》之无为而治,以及以能问与不能,以多问于寡,有若无,实若虚,犯而不校等语如出一口,然则帝舜颜渊所为皆非

---

[1] 徐素华选注:《筹洋刍议——薛福成集》,第149页。
[2] 杨坚点校:《郭嵩焘诗文集》,第167页。
[3] 郑大华点校:《新政真诠——何启胡礼垣集》,第369页。

耶?孔子曾子称之亦非耶?"① 不仅如此,这一认识方法还和佛教的明心见性之旨是一致的。"佛法入中国垂三千年,所言明心见性之旨,与吾道相为异同,今之僧众罕有传焉。"② 在这里可以看出,内求诸己的方法就是一种以身心为基本的认知手段的方法。这可以看做是人文科学方法论的实质。早期改革派的探讨为系统地建立人文主义方法论可以提供有益的启迪。

3. 道德价值的"事"与"是"

"事"是客观事实,"是"是客观事实中的价值内涵。早期改革派关心中西伦理的事实,能够正确地进行价值评估。早期改革派从人有长幼和男女这一事实中得出五伦的价值准则,而认为不能得出三纲的价值准则,从人有情理的事实中得出合情合理的价值要求。首先是明事。"夫善恶之能别,必在其事之能明,事不明则公事公非之理不昭,而善善恶恶之心不著。"③ 明事是公理的前提,是道德评判的基础。

在早期改革派看来,得情理则言论和学术就得正,否则就是伪,也就是"夫言由心发者,情也。言多遁饰者,伪也"④。比如理学,"彼以名教纲常之说,务为色庄貌取之行,言事而不究其归;论情而不质以实"⑤。正理就是公理。"是非可否者,天下之公理,公理者,人人皆可得而言。……非者必有其是,否者必有其可,是非可否,端视乎辨,辨而得之,期在于行。"⑥ "公理

---

① 郑大华点校:《新政真诠——何启胡礼垣集》,第362页。
② 杨坚点校:《郭嵩焘诗文集》,第82页。
③ 郑大华点校:《新政真诠——何启胡礼垣集》,第313页。
④ 同上书,第125页。
⑤ 同上书,第14页。
⑥ 同上书,第2页。

者，苟公道一行，则其言必验。"① 情理是内外兼备的，求理就是求公理。何启、胡礼垣说明了"公道"和"实事"的关系。"公道绝则实事废。"② 早期改革派认为："盖明乎势则情理必正，昧乎势则情理必邪也。"③ 情理有正邪之别，也就是所求之结果要有道德评价。

"是"是道德实践，是行道。郭嵩焘认为人在社会中应该行道："君子之行道也，进退揆之义，得失喻之心，审乎其时而安乎其分，见乎其大而道乎其常，如是而已。冯妇攘臂下车，众皆悦之。大道隐而小惠行，眩流俗之耳目，而立身之大节与行道之实功两无当焉，君子固弗尚也。"④ 他又说："君子立身行己有本原，而学有根柢，然而必其心之定，视听言动之专一，而后道以凝焉。守之视听言动以养心，存之心以应事，宋儒之学所以内外兼摄而纯实无弊也。"⑤ 这说明君子立身行己的"本原"是通过学问得来的。郭嵩焘认为，读书的目的是为了"凝道"，就是要坚定地相信道，把握宇宙的大本大原。

郭嵩焘认为知应该以行为程。郭嵩焘继承了王夫之的知行观，对知行关系作过深刻论述："今日知之，异日所行有背焉者矣。所知者，一端之闻见，私心之拟议，而固非真知也。知者，以行为程者也。行乎君臣父子之间，以求所以自尽也，而后忠孝之谊明。行乎喜怒哀乐万有之境，知其偏以求所以自克也，而后中庸之道著。王氏知行合一之说，以知为行，而行废矣，而知亦未为得也。"⑥ 郭嵩焘在这里把道德实践看做是获得道德真知的

---

① 郑大华点校：《新政真诠——何启胡礼垣集》，第42页。
② 同上书，第104页。
③ 同上书，第27页。
④ 《郭嵩焘日记》第1卷，第544页。
⑤ 同上书，第385—386页。
⑥ 同上书，第497页。

基础和前提条件。

"是"是"实利"和"实效"。礼之真是得心理之同,也就是实利。"礼者,理也。人同此心,心同此理。是故明乎礼之真者,不慕虚名而忘实利,不残民命以作战功。新政行,将使人崇实,事事去浮文,所以除礼之伪而得礼之真也。"[①] 礼之真就是效验和功用:"吾所谓信者,非徒指效验而言,乃兼指功用而言,一理也,必有确当不移之迹,然后能取信于民。一事也,必有着实可凭之据,然后能征信于众。是其信不须责之于人,但须责之于己也。"[②] 实利是公利。"今之所欲致富者乃为私图,非为公利。"[③] 以公私判利就是一种道德的认识。

言要落实到"功"上接受检验才能是实的。离了"功"的德和言是虚的;离了德的"功"和言是伪的。郭嵩焘说:"古圣贤人未尝有意立言诏后世,而文辞之散见,当于理而切于事,则世固尊信之而传守之。其德广而名盛者,传之愈远,求之愈殷。岂惟文字之重哉,其精气流行天地间而寓之文字,人心于是为有凭依以求其人,千载之上,低徊慨慕,如或遇之。"[④]

王韬认为"其行之要,杂在乎实事程实功,实功程实事,去伪,去饰,去矜,去蒙,去苟安……"[⑤] 这里道德认识和一般认识是混而言之的。从上述材料我们可以看出,早期改革派的实事求是,既是一种道德认识论,也是一种真理认识论,并且前者往往是后者的基础。

[①] 郑大华点校:《新政真诠——何启胡礼垣集》,第164页。
[②] 同上书,第93页。
[③] 同上书,第200页。
[④] 杨坚点校:《郭嵩焘诗文集》,第37页。
[⑤] 王韬著:《弢园文录外编》,中华书局1959年版,第324页。

三 实事求是:工具理性

1. 逻辑方法论意义上的"实心"

实心还是一种认知结构。实事求是是一种"心法",是推本平气实心之法。这一心法也具有认识论的意义,具有认知工具理性的一些内涵。

近代早期改革派强调心的意义,强调非语言的、非逻辑的、非外在方法认识人生社会和中西关系。"夫文字故为学之根本,然不过学中之一艺耳。非文字之学通,则万事之学皆通也,凡事之可以理推者,则由己之心以推人之心,无不见其同然,一室可能达天下,此不须学者也。凡事之向迹而求者,必以己之手摹乎人之手,乃以见其得失,绝不容以仿佛几,此必须学者也。"① 何启、胡礼垣还认为学习西方只是学习"外"而不学"内"就不能会通。"天下之理,一可散而为万,万亦可合而为一,然苟非推本以求,而徒知逐末,则未有能会而通老者也。"②

如何推本呢?要想认识"本",认识作为"一"的"理"和出自"天"的"道",只有明"心法"。"凡事之可以理推者,则由己之心以推人之心,无不见其同然,一室可能达天下,此不须学者也。凡事之向迹而求者,必以己之手摹乎人之手,乃以见其得失,绝不容以仿佛几,此必须学者也。"③ 心具有共性,可以相推,因而可以超越古今中西,避免相互矛盾。"以心观圣人原无可议,以迹观圣人必有可疑。由其迹而推其心,不若法其心而略其迹也。囊者《新政论议》之作,谓宜法古帝王执中精一

---

① 郑大华点校:《新政真诠——何启胡礼垣集》,第110页。
② 同上书,第392页。
③ 同上书,第110页。

之心传,而行古帝王因时制宜之运量者,盖以吾人之心印圣人之心,非以圣人之迹印吾人之迹也。"① 心的原理可以避免相互争论。"盖世人不体圣人之心一而天下之道同,互相非是,各尚所闻,专门分宗,口诵尧之言,心行桀之行,惟慕浮名,罔知道学。"② 并最终得出共同的理,超越各宗教。"故儒教忠恕,释教慈悲,道教感应,三教不过一心。"③ 这里的心法,具有认知的意义,可以看做是中国哲学特色的认知理性——他强调心的整体对整体性道的认识功能,包含了西方哲学的直观、内省、情感、意志、推理、抽象等含义;具有传统心学心同理同的认知逻辑;但这里推本除了由己心推人心外,还比较明确地具有理论抽象的现代含义。

何启、胡礼垣说:"故其言曰:'中学为内学,西学为外学;中学治身心,西学应世事。'不知无其内安得有其外?苟能治身心即能应世事,苟能应世事即可知其能治身心,身心世事,一而二,二而一也。无实学之心,焉能为格致?无富国之心,焉能为铁路?无自强之心,焉能为兵备?无持平之心,焉能设陪员?今止言学其外而不学其内,此而名之曰会通,何会之有?何通之云?"④ 这里的"心"具有动机、目的、志向、兴趣等含义。比较符合作为认知工具理性层面的心的非理性含义。

郭嵩焘指出要取得"真知"并不容易。在他的著作中多处提到"闻见之知"和"真知"。例如,他在评论当时一些有关洋务运动的浮浅议论时,便多斥之为"闻见之知":"香帅(张之洞)大言炎炎,读者心折。嵩焘视其文,无一语可以据依。横

---

① 郑大华点校:《新政真诠——何启胡礼垣集》,第267页。
② 夏东元编:《郑观应集》上,第47页。
③ 同上书,第57页。
④ 郑大华点校:《新政真诠——何启胡礼垣集》,第392页。

渠（张载）论学，分别闻见之知、心性之知。虽圣人何尝不假闻见以益其知，而闻见之知，终是隔膜。香帅于闻见之知粗为近之，惜其于事理未达者多也。"① 郭嵩焘说的"圣人何尝不假闻见以益其知"中的闻见之知和感性认识概念相当。所谓"一端之闻见"可以划为感性认识的范畴。在认识过程中的作用，他不赞成停留在闻见之知的阶段，因为这样会使人"未达"事理。他在记述黄冕嘱其点定自己儿子"条陈洋务八条"之时，也认为"大抵闻见之知，非真知也"②。闻见与耳目和心思各有各的作用："心，持恒者也。耳目，取新者也。以其心贞其耳目，以其耳目生其心。生心而不忘于是，而以不失其恒。"③ 有时候要辨别真伪、有无，还非亲历目睹不可："是以天下事非目悉，而以人言定其有无，是非未有能当者也。"④ 持恒的心可以用理性认识说明，但实际上只能算做是中国哲学特色的理性认识。近代早期改革派强调分析的意义："凡吾所谓是者，必欲求其非焉；凡吾所谓非者，必欲求其是焉；凡吾所谓可者，必欲求其否焉；凡吾所谓否者，必欲求其可焉。求而得之，窃愿请益。"⑤ 而这就是理："夫知其非而求其是者，理也。"⑥ 是非心是强调心的分析的功能认识理的作用。实心既是认识的前提，也是认识的对象，具体体现在求情理的认识当中。

近代早期改革派重视认知工具的心对于社会合理化的意义。如何启胡礼垣认为："且所有新政俱非难行，心法之存只在虚心以求其实，实心以认其真，一切浮文俱不为动而已。此则人人所

---

① 杨坚点校：《郭嵩焘诗文集》，第242页。
② 《郭嵩焘日记》第4卷，第255页。
③ 《郭嵩焘日记》第2卷，第29页。
④ 《郭嵩焘日记》第3卷，第864页。
⑤ 郑大华点校：《新政真诠——何启胡礼垣集》，第2页。
⑥ 同上书，第279页。

能，无人不能，患在不为，不患在不能者也。"① 虚心和实心相对，应该是心"虚"，即放弃主观成见和避免先见的意思。

如果说早期改革派的思想也存在一个认识论和逻辑学的层面的话，这个层面也是包含道德价值认识在内的传统和现代的结合。由于早期改革派更多的是从社会合理化和学问合理化角度谈认识问题，因而这个层面本书认为它根本上是一个合逻辑性的层面。

2. 工具理性的"求"

在早期改革派那里，"求"既包括外求的含义，又包括内求的含义。外求就是从对象中求，也就是王韬讲的"求之于……"，外求指向对象。内求即诚和平气，求意中之言。早期改革派的求是统一内求和外求的。关于内外，王韬主张："由本以及末，由内以及外，由大以及小。"②

他们强调内求，比较典型的是何启、胡礼垣提出平气说和意中说。"然情理者必审乎势而平乎气，若昧乎势以言情理，则悖乎情理矣，任乎气以言情理，则反乎情理矣。"③ 内求不仅具有认识论的意义，还具有对社会合理化的指导意义。"以此观之，虽有聪明特达之士，苟血气不平，以之为政，未有不为害者也。"④

他们强调外求。"求之于中国而不得，则求之于遏陬绝峤异域荒裔，求之于并世之人而不得，则上溯之亘古以前，下极之千载以后，求之于同类同体之人而不得，则求之于鬼狐仙佛草木鸟兽。"⑤ 外求不是和内求割裂的，以内求外是简易之道。

内求和外求的统一决定了求的对象既有外，又有内，有时二

---

① 郑大华点校：《新政真诠——何启胡礼垣集》，第44页。
② 王韬著，陈恒、方银儿评注：《弢园文录外编》，第55页。
③ 郑大华点校：《新政真诠——何启胡礼垣集》，第23页。
④ 同上书，第15页。
⑤ 王韬著，陈恒、方银儿评注：《弢园文录外编》，第380页。

者又是相通的，如"理""道"等。什么是内、什么是外呢？内外具有相对性，早期改革派基本上是把心和理、己和人、中和西看做是内和外。内是心，是情，外是义。内治是内，外交是外。中是内，西就是外，内是中学，外是西学，内是中国，外是泰西。民是内，西是外。

内外还是一个认识论、逻辑合理性的范畴。心有道德心和认知心的分别，就认知心来讲，内求就是认知心的向内反观，外求就是面向对象，调查分析。内外还是一个文化哲学的范畴；内是中学，外是西学，内外的逻辑是解决文化哲学问题的基石；早期改革派一方面区分内外，另一方面又超越内外之分来解决中西学和社会的关系问题。内外是一个社会历史哲学的范畴。自己是内，他人是外，如何认识二者的关系是解决社会哲学问题的基础；中是内，西是外，二者的关系的认识涉及认识历史及其国与国的关系问题；早期改革派反对内华外夷式的中西有别，内亲外疏，内是中心，外是边缘，内是优越，外事低劣的等级和差序格局，解决了近代历史哲学的一些问题。早期改革派在区分中强调内的重要性，但外也不可忽略，继承和发展了中国哲学重内的思路。内外范畴对于把握早期改革派的思想具有重要的意义。内求使早期改革派发展了人文主义的思想特征，外求发展了早期改革派科学主义的思想特征。一般人们认为实事求是就是向客体和外在的方向发展的。实际上并不尽然。内在性是中国哲学文化的一个重要特征，并在内在主体性的基础上实现了超越性和客观性、外在性，建立起自己的学术体系。中国哲学重内但不遗外。外在性不是中国文化纯粹外来的现代性。实事求是的思维方法在近代改革派那里包括实心和实事两个方面。

3. "实际"之"道"和"理"

求的对象包括不同的层次。最初的层次是具体的作为现象存在的对象的范围；其次是对象的现象和现实，即实际、实情；然后是现象背后的本质，即实理。

"实"指实情、实际、实理。求是首先是求实情，求实际，求实理。郭嵩焘说："事事要考求一个实际，方有把握。"① "彼铺张扬厉之说，其言非不冠冕堂皇也，而质诸实际则不侔。"② "饰智矜愚之说，其言非不机杼都出也，而揆诸实情则不类。"③ 何启、胡礼垣说："颠倒者以是为非，以非为是，反常情而违实理。"④ "实"还指实在。郭嵩焘说："计数地球四大洲，讲求实在学问，无有能及泰西各国者"。⑤ 明事的层面实际上就是实际层面，可以有自然的实际、社会和个人的实际、心的实际。心的实际前文已述，早期改革派强调的是社会的实际。

其次是求几。"求几"首先是一种对本体、本原和普遍规律的寻求。郭嵩焘将把握"诚、神、几"的关系，作为一种普遍的方法论原则。他说："得几则势如破竹，不得几则寸寸抵牾，事劳而功不能半。"⑥ "理天下之剧，应人事之变，莫先于审几。"⑦ 郭嵩焘认为几是普遍存在于事物之中，事无论大小都是几，几是贯通天人的。"道非诚不立，非几不行，事之大小，天下之治乱，皆有几者行其间，天也，固人也。"⑧ 几贯通天人，是一个本体和本原性的概念，是早期改革派对合规律性的宇宙本体问题探讨的层面之一。

---

① 《郭嵩焘日记》第 1 卷，第 215 页。
② 郑大华点校：《新政真诠——何启胡礼垣集》，第 4 页。
③ 同上。
④ 同上书，第 105 页。
⑤ 《郭嵩焘日记》第 3 卷，第 203 页。
⑥ 杨坚点校：《郭嵩焘诗文集》，第 167 页。
⑦ 《郭嵩焘日记》第 2 卷，第 35 页。
⑧ 杨坚点校：《郭嵩焘诗文集》，第 167 页。

求几还包括了一个社会的层面，是一种社会哲学的思考。"几者，动之微，而理势之自然者也。知微之显，知远之近，知风之自，几而已矣。悠悠之民，乌知君子之懿美哉。一动之几，而忻然以起。"① 郭嵩焘不赞成将"几"说成"术"："术者，非事与理之所宜，而假术以运之。几者，动之微，圣人知之以神其用，贤人审之以妙其施者也，事与理所不能越也。几岂可以术论哉！"②

再次是求势。早期改革派求势，包括地势，这是一个自然地理或自然哲学的问题。势也是一个自然的必然性的问题。

但更多的是一个社会历史哲学问题。势是社会历史的运势。"世运即势之谓也。"③ 势是时势。他们反复强调要"因时度势。"势作为历史哲学问题主要表现在它是国与国的关系的一种规律性。王韬所讲的"势"包含"内势"与"外势"，即中国国情国力与敌国力量及国际局势两方面。郭嵩焘反对"未有不问国势之强弱，不察事理之是非，惟瞋目疾呼，责武士之一战，以图快愚人之心"的错误态度。④ 势是社会中、历史中人我关系的一种态势。"势者，人与我共之者也。……彼之所必争，不能不应者也；彼所必争，而亦我之所必争，又所万不能应者也。宜应者许之更无迟疑，不宜应者拒之亦更无屈挠，斯之谓势。"⑤ 势作为社会哲学的问题，也是"事势"、"权势"等。

求是求道和理。求道借助物理等实现。何启、胡礼垣说："斯道也，吾请质诸物理，证诸事实，稽诸情势。"⑥ 求是求情

---

① 《郭嵩焘日记》第2卷，第35页。
② 《郭嵩焘日记》第1卷，第509—510页。
③ 郑大华点校：《新政真诠——何启胡礼垣集》，第27页。
④ 《郭嵩焘日记》第1卷，第393页。
⑤ 杨坚点校：《郭嵩焘奏稿》，第359页。
⑥ 郑大华点校：《新政真诠——何启胡礼垣集》，第52页。

理，求道。郭嵩焘尝言："理者，条理节文之谓。"① 在这个意义上，理与道可以相通。传统哲学更多的是从天人一贯、形上形下之贯来讲道和理。早期改革派也有这方面的思想，但重点还是就人己关系来讲。使本体论建立在社会历史的思考基础上，向社会历史哲学倾斜。例如郭嵩焘说："古之君子求尽乎道者，尽乎理之宜焉而已。宜于己，弗宜于人，非道也。"② 从人己关系上来理解道和理，是一个一般的社会的理和主体间性的理，这种理解使理具有社会历史哲学的意味。

掌握了这个理或道，就可以驾驭各种不断变化的局势，明了社会历史改革的发展规律，采取相应的改革措施："天下之事万变，吾以常道处之；天下之事万难，吾以易道视之。履其常，持其易，易简而天下之理得矣，多忧何为。"③ 相反不求理则不能正确对待西方文明。

何启、胡礼垣认为情理道量是言论得到验证的前提，也是求的内容。"窃尝论之，凡验之事，其谈言微中，以及侥幸一中者无论矣。若夫亿则屡中，以及百发百中，其言若为范围，令人不能或越，其言若为矢的，使人不可有违者，操术似甚奇，而其实则甚正，占事似甚怪，而其实则甚常，要不外乎情与理而已。"④ 得情理则言论和学术就得正，否则就是伪，也就是"夫言由心发者，情也。言多遁饰者，伪也。"⑤ 比如理学，"彼以名教纲常之说，务为色庄貌取之行，言事而不究其归；论情而不质以实"⑥。正理就是公理。"是非可否者，天下之公理，公理者，人

---

① 《郭嵩焘日记》第2卷，第579页。
② 杨坚点校：《郭嵩焘诗文集》，第277页。
③ 《郭嵩焘日记》第2卷，第849页。
④ 郑大华点校：《新政真诠——何启胡礼垣集》，第23页。
⑤ 同上书，第125页。
⑥ 同上书，第14页。

人皆可得而言。……非者必有其是,否者必有其可,是非可否,端视乎辨,辨而得之,期在于行。"①"公理者,苟公道一行,则其言必验。"② 情理是内外兼备的,求理就是求公理。

情理作为求的内容,是客观的存在,是人之常和公共物,它决定实事,是实事内在的本质规定,因而求情理就在本上、在先上有利于实事。"夫有身者必欲自保其身,有家者必欲自保其家,岂有国者独不欲自保其国?情者,人之常。理者,公共物。岂身居政府则必独异于人?"③ 何启、胡礼垣认为:"比其物而知其类者,情也。无其当亦无其偏者,道也。观于我以观于人者,量也。条目纪纲新政之血气也,情理道量新政之精神也。……理必推以至平,情必求以至近,道必行乎至顺,量必极乎至公,精神所注其在于斯。……故必明乎情理道量之为用,然后知本末先后之当然;明乎本末先后之当然,然后得理烦治剧之体要。是故竭一人之忠爱,末始不可以有补于国家也。"④ 何启、胡礼垣说明了"公道"和"实事"的关系。"公道绝则实事废。"⑤

求几、情、理、势是统一的关系。"知天下之势者,可与审几矣。知天下之几者,乃以销天下之险阻,而势之轻重,斟酌焉而得其平。圣人之大用,不能违势而意行,存乎研几之精而已矣。"⑥"盖明乎势则情理必正,昧乎势则情理必邪也。"⑦

求还包括求气。"夫气之为物也,其在于人有之则存,无之则亡,其在于事有之则兴,无之则废……气之坚强而无可屈,广

---

① 郑大华点校:《新政真诠——何启胡礼垣集》,第2页。
② 同上书,第42页。
③ 同上书,第27页。
④ 同上书,第279页。
⑤ 同上书,第104页。
⑥ 《郭嵩焘日记》第1卷,第500页。
⑦ 郑大华点校:《新政真诠——何启胡礼垣集》,第27页。

大无可量。立德、立功、立言、有猷,有为,有守,皆赖乎气也。夫气既不可任,而又不可亏,则所以存吾气而使气为我用,不使我为气用者,其道何居?曰:道作其气而勿衰,制其气而勿纵。"①

义理显示了中西传统和现代的共性。郑观应承认中西方社会有共同的义理准则。《论公法》前半部分就已强调西方诸国"虽风俗各有不同,而义理未能或异"。郑观应关于中西方社会义理准则共通性的认识不是抽象的,在《易言》(36)的上卷中就可以找到许多的例子说明这一点。如在《论铸银》篇中,他说:"西人好利而守信,故成色均归一律;华人嗜利而寡信,故流弊遂至百端。"② 郑观应本人的商人身份使之能十分坦然地承认西方商业经营活动中所包含着的道德准则,从而能从人性的角度上肯定西方社会的义理准则。

早期改革派这个层面基本上是事实及其规律层面,合规律层面。从早期改革派对这个层面的把握来看,他们关注寻找的规律重点是社会历史的规律性,包括社会(人与人)、历史(人与自然、人与他人)、文化(中学与西学)、伦理(个体德性和人与人,国与国的伦理秩序)科技等方面的规律问题,同时也涉及自然的规律问题。但他们对自然规律的探讨更多的是和对科学技术的探讨联结在一起的,出现了哲学和自然科学融合的倾向。结合后文来看,早期改革派的哲学思想基本上可以划归到关于社会历史和文化的哲学思考的范畴,其重点是关于社会历史的哲学、关于价值伦理的哲学(关于个体和社会的)、关于科技的哲学(关于自然宇宙的哲学思考含于其中)。

---

① 郑大华点校:《新政真诠——何启胡礼垣集》,第28—29页。
② 夏东元编:《郑观应集》上,第95页。

4. 实力、实用、实行和实践

郭嵩焘论学论治历来比较注重实行。他认为"凡事非由亲历,知事之曲折与其人之始终本末,而其识量又足以通知一切以能有所断制,仅据传闻之辞、记载之文,以臆度其贤否得失,鲜不失之"[①]。又说:"须知天下事及之后知,履之后艰,各人成就一番功业,视之无甚奇也,而皆由艰难磨练,出生入死,几经阅历,而后成此功名。"[②] 郭嵩焘一生十分重视调查研究,并得出结论:"始知凡事一经阅历,皆能实有裨益也。"[③] 求的验证和实现是实力、实行、实践、实证、实验。求的结果是实济、实效、实用、实利、实惠。自此,完成了一个实事求是的逻辑过程。何启、胡礼垣论述了各过程的关系。"此书各篇皆以效验为征,而效验必由于平理近情顺道公量而得,更能审乎势与气,则效验之至虽万变不能离其宗。"[④]

"实"指实语、实行、实力、实事、实践。郭嵩焘主张"语求其实。"[⑤] 他认为"天下将治,则人必尚行;天下将乱,则人必尚言。"[⑥] 何启、胡礼垣认为:"盖事之能不能,由人之习不习,未学操缦,不能安弦,未学操刀,不能制锦。"[⑦] 薛福成要求办事"实力办理"[⑧]。"实"指实效、实济、实惠、实利、实验。何启、胡礼垣指出"小信大疑之说,其言非不孤忠自诩也,

---

① 《郭嵩焘日记》第1卷,第521页。
② 《郭嵩焘日记》第4卷,第256页。
③ 《郭嵩焘日记》第2卷,第408页。
④ 郑大华点校:《新政真诠——何启胡礼垣集》,第68页。
⑤ 《郭嵩焘日记》第1卷,第54页。
⑥ 同上书,第499页。
⑦ 郑大华点校:《新政真诠——何启胡礼垣集》,第7页。
⑧ 徐素华选注:《筹洋刍议——薛福成集》,第40页。

而核诸实利则不见";"智驭术取之说,其言非不机警加人也,而按诸实效则不伦"①。他们强调语言和理论学说的实利性和实效性。不仅如此,社会政治等也要遵守这个要求。郭嵩焘认为不要把例文看得太死了,要更多地考求理财行政的实效:"以求理财行政之实效。"② 他希望各级官吏"考求其实"③,办事注重实效。何启、胡礼垣要求做事要"实惠及人"④。"朝廷多取浮言,不求实济,绝非天下之福。"⑤ 何启、胡礼垣非常重视"实验"。"实验"不仅要注重"证实"还要注重"证伪":"盖察之以验之验者,犹须察之以不验之验";"实验"不仅要注重实际存在的"迹"和"形",还要注重理论和逻辑上的"神"和"理。"⑥"实验"应包含理论和实际两个方面的合理性和现实性。

"道"具有言说的含义,基本上属于表达和逻辑合理性的范畴。"表达的合理性"表明主体凭借掌握语言的论证能力,通过对实际发生的事态作出论断或陈述,促使交往者之间达到彼此相互理解。关于表达的合理性问题,中国古代强调无言之言的直观的表达,同时也不完全否定概念名言及逻辑上的分析论证。早期改革派强调心对于发现文本意义的作用以及对内求的重视继承了这一思路。正学必须体现表达合理性和逻辑合理性的要求,而不能矜夸、美谈、颠倒是非和党争。"愚以为事至今日,要当实事求是,不必涉矜夸,献颂誉,铺张扬厉,专作美谈,比令天下进说之士直言无隐,以闻过为善,以攻短为尚,而后天下可治。"⑦

---

① 郑大华点校:《新政真诠——何启胡礼垣集》,第4页。
② 杨坚点校:《郭嵩焘诗文集》,第145页。
③ 《郭嵩焘日记》第3卷,第565页。
④ 郑大华点校:《新政真诠——何启胡礼垣集》,第8页。
⑤ 《郭嵩焘日记》第2卷,第315页。
⑥ 郑大华点校:《新政真诠——何启胡礼垣集》,第8页。
⑦ 王韬著,陈恒、方银儿评注:《弢园文录外编》,第397页。

表达不能空谈："今之译者，动引古圣，啜糟粕而去精华，务空谈而忘实践，失之弥远。"① 近代早期改革派反对颠倒是非和党争，主张正确地分析："天下不患有辨论是非之人，而特患有颠倒是非之人，无他，辨论者其志同，颠倒者其志异也。辨论者非中求是，是中求非，闻见博而思虑周，必期其事之有济。颠倒者以是为非，以非为是，反常情而违实理，将置其事于无成。有明知其事之便宜，而偏以不宜为间阻，盖其志之所向，不在乎此也；有明知其事之妥善，而故以不善为排挤，盖其志之所趋不在乎此也。而其持之有素，言之成章、实足以摇惑人心，阻挠国是，其害至大，其机至微。"②

郭嵩焘反对经学上的门户主义，不但有理论，而且有行动。他自己治经不立门户，"一准之经以校注之"，采取实事求是的态度。③ 例如他所著的《礼记质疑》，就是对郑玄注释的质疑，而郑氏恰恰是清代汉学家所推崇的偶像。他的《大学章句质疑》和《中庸章句质疑》的对象，又是宋学家的祖师爷朱熹。至于《校订朱子家礼》更是朱熹本人的著作。他充分肯定那些能平允对待各派的著作或学者。

礼具有实用性和经世的功用。"窃论《礼》者征实之书，天下万世人事之所从出也；得其意而万事可以理，不得其意则恐展转以自悟者多也。"④ 在史学研究价值取向方面，早期改革派强调历史的真实，并在历史真实的基础上强调历史研究为现实服务。郭嵩焘曾撰写了《史记札记》和《湘阴县图志》。郭嵩焘在自述其编纂《湘阴县图志》的宗旨时说："是书之旨：事必溯其

---

① 丁凤麟、王欣之编：《薛福成选集》，第103页。
② 郑大华点校：《新政真诠——何启胡礼垣集》，第105页。
③ 杨坚点校：《郭嵩焘诗文集》，第23页。
④ 郭嵩焘著，邬锡非、陈戌国点校：《礼记质疑》，第3页。

源，而不敢有苟略；语必详其实，而不肯有游移；文虽近于伤繁，而义必衷诸至当。"① 郭嵩焘在考证历史和地理时，是力图求真求实的。郭嵩焘曾言："史之失诬，其原有四：或蔽于耳目之见闻；或牵于流俗之毁誉；或以一人之爱憎，而一二语之流传，又加以附会；或以一事之得失，而其人生平之大端，反为之曲饰。君子据理以辨之，而无不可测也。"② 他曾论其读《史记》的态度："读其文，推求当时事实，考知世变，因以辨正史公之得失，亦庶几有一得之愚。"③ 郭嵩焘反对把神话传说当"信史"④。郭嵩焘主张历史研究要考知世变，以辨事情之当理与否。郭嵩焘往往通过历史研究来为现实服务。如他指出，中国古代各强盛的朝代都是实行对外开放政策的，对外开放具有传统的根据。他引证了《汉书·西域传》、《后汉书》、《唐书》、《明史》等，结合西方和中国现实进行分析，指出汉唐到清圣主都是实行开放通商政策的。⑤ 早期改革派的历史研究体现了当下发生的历史和过去的历史相结合、中西历史相结合、史地互证、价值和事实相结合的认识论特点。

　　早期改革派欣赏"一一为之辨证……不曲护其非"⑥。他对于那些坚持门户之见的人作了很多批评。道具有言说的含义，早期改革派反对美谈等是一个理论和观念表达的问题。反对的对面就是他们所主张的认识和表达的合理性的逻辑，主要是实事求是、实践、分析、不立门户。结合其他论述，可以看到早期改革派存在着以下几个认识和表达的原理。

---

① 杨坚点校：《郭嵩焘诗文集》，第116页。
② 《郭嵩焘日记》第1卷，第508页。
③ 郭嵩焘：《史记札记》，第5页。
④ 同上书，第19页。
⑤ 杨坚点校：《郭嵩焘奏稿》，第382、400、401、353页。
⑥ 《郭嵩焘日记》第4卷，第121页。

正学与俗学的差异之一是是否符合实用理性、实践理性的需求。郭嵩焘说俗学"所习务外为美观,而检治其身与心,无有也,其所为学,役聪明驰骋文字之间,而通知古今治乱之源与民物所以相维系,无有也。师儒用之以为教,有司循之以为政,贤且能者敷张文饰以为容悦,以成乎矫诬浮敝之天下。学之不修,岂小故哉"①!正学必须体现实用理性的要求,治学的目的不是为学问而学问,而是学用统一,但不能把学问作为晋身之阶。

马建忠叙述自己做学问的目的时说:"无何,而无役津门,奔走域外,时有论述记述之作,虽亦本向所心得者以为言,然第就事论事,以承下问,各省览而已。故随作随弃,不自珍惜,散佚者不知凡几。"②何启、胡礼垣描述自己的治学目的时说:"除非有怀椠握铅之心,而为立说著书之想也。因时感事,枨触于中。其为言也,行乎自然,发乎当然,实有不得已而然,而并不知其所以然者。"③近代早期改革派主张学用统一。何启、胡礼垣说:"然学者非徒学也,盖志于用也。"④何启、胡礼垣说:"夫利世者,圣人之心源。经书者,圣人之陈迹。心源历世而无异,陈迹阅时而不同。"⑤郭嵩焘指出:"闻君子之为学也,内以事其身心,而外以备天下国家之用。"⑥学用统一不是统一到个人或者私利上来,不是把学问作为晋身之阶。"夫立言者非以其言为晋身之阶,但以为苟吾言之得行焉,则于愿斯慰矣。忧世者

---

① 杨坚点校:《郭嵩焘诗文集》,第256页。
② 郑大华点校:《采西学议——冯桂芬马建忠集》,第124页。
③ 郑大华点校:《新政真诠——何启胡礼垣集》,第1页。
④ 同上书,第385页。
⑤ 同上书,第267页。
⑥ 杨坚点校:《郭嵩焘诗文集》,第269页。

岂以其忧为自鬻之地,顾以为使无忧之可已焉,则于心斯快矣。"① 实用不是为了个人的私利。"是读书之日即以苟且而进门墙,进身之途无非侥幸而致通显,故曰虚而不实,伪而非诚也。此亦由情理道量之未能平近顺公耳。"②

何启、胡礼垣认为民智为知,行民智为行,使知行关系有了明确的认知理性的含义。关注实践必然关注问题,早期改革派理论研究的实事求是特征还表现在对问题的研究和重视上。改革派研究的实际问题数不胜数,在此不作说明。

早期改革派的实事求是是融合了中西方经验的产物,与单纯的科学主义理解的实事求是不同,而具有人文主义的特征,二者的有机融合为早期改革派按照科学与人文相结合的路数批判西学和思考中学的合理化问题,以及中国文化和社会的发展道路与归宿问题奠定了基础。人文与科学相结合的特点体现在实事求是的各个环节当中。

四 实事求是:传统与现代

近代早期改革派的实事求是思想是对传统哲学实事求是精神的继承和发展。实事求是恰当地概括了中国哲学注重实践的品格。但一般人们认为中国哲学所讲的实践和马克思主义所讲的一般的社会实践是两回事。这是极其错误的。马克思所讲的社会实践是对具体的不同国家实践活动的本质概括。古今中外所有的实践活动都在实践的范围之内,其本质上都是社会实践。中国传统哲学所讲的实践如果不是社会实践,中国几千年来的文明创造史就成了虚无。在这方面存在着两个根本的误解。其一是抽象地、

---

① 郑大华点校:《新政真诠——何启胡礼垣集》,第246页。
② 同上书,第303页。

静止地、形而上地理解个人和社会,认为传统哲学中的实践是个人的日常活动,而马克思主义的是社会实践。实际上马克思所说的社会实践就是现实的、具体的、有着肉体存在的、在一定社会中存在的人的生活和生产实践。实践活动从现实上、现象上看是每一个单个个人的活动。马克思指出"在社会中进行生产的个人——因而,这些个人的一定社会性质的生产,当然是出发点"①。马克思认为社会是现实的个人交互作用的结果;社会作为它的主体出现的只是个人,不过是处于相互关系中的个人,社会本身,即处于社会关系中的人本身。其二是把实践的形式局限在物质生产、科学实验和阶级斗争三种形式上,否认道德实践和日常生活的活动。一般人们认为中国哲学对日常生活的重视不是马克思主义所说的实践,这不完全是正确的。马克思也将生活实践和道德实践紧密相连。生产和生活是密不可分的,马克思指出,人们为了能够创造历史,首先必须能够生活,生产物质生活本身是人类的第一个物质生产活动,人们用以生产自己的生活资料的方式,就是这些个人的一定的活动方式,他们的一定的生活方式。生产和生活在马克思那里不是对立的。马克思认为生产方式就是这些个人的一定的活动方式,表现他们生活的一定形式,他们一定的生活方式,个人怎样表现自己的生活,他们自己也就怎样。马克思还在《德意志意识形态》中把生产力等同于人的活动。中国哲学文化立足和弘扬的社会实践是多元的。就主体而言既有以个体的终极关怀为依归的道家的"为道"实践和儒家的"成圣"实践,佛家的"成佛"实践;以社会整体实践为依归的伦理、政治和物质生产实践。就形式而言,有个体"为道"实践;有道德践履(主要是儒家为代表);有政治践履(儒家和法家为代表);有科技发明和物质生产(墨家等为代表)。各家

---

① 《马克思恩格斯选集》第 2 卷,人民出版社 1995 年版,第 1 页。

虽然对各实践活动都有涉及，但侧重点有所不同。

中国传统哲学会在不同的时代被关注并取得新的发展的根本动因是哲学对实践作出了新的反应。先秦之所以出现"百家争鸣"的局面，就是因为出现了多元的实践活动形态。兵家源于战争实践的需要；农家源于农业生产发展的需求；名家源于纵横家论辩的需求；儒家源于政治和道德实践的要求；法家则关注政治官僚结构的巩固和军事事功；道家关心个人的为道实践。汉代以后，适应统一的多民族国家政治、经济实践，儒家逐渐取得独尊的地位并发展出了董仲舒为代表的新形态。

关注实践会推动中国哲学创新是因为中国哲学一开始就表现出了适应不同实践需要的多元品格，为它在不同条件下发展其自身的不同方面提供了可能；其二是因为实践的现实性品格避免了由于理论的稳定性、普遍性品格带来的滞后性，使中国哲学保持了一种对理论进行批判和反思、适应时代需要的势头；其三是因为中国哲学对实践的关注使自身一开始就关注人生和社会实践中遇到的生死、寿夭、得失、荣辱、义利等问题，而这些问题是人类生存和发展必然会遇到的一些具有普世性的问题。这些问题在不同时代条件下，会有不同的表现和解决方式。在这些问题还没有得到根本解决之前，关于这些问题的理论就具有相对稳定的永恒价值，这些理论会因为问题的存在而具有普遍的意义。正因为如此，中国哲学才能经久不衰，不断延续下来，并内化到人们的心理和行为之中，获得永久的生命力。

对实践的重视是中国哲学会通融合不同哲学文化的基本活力因素。在儒家取得独尊地位以后，在儒家为指导的道德、政治和生产实践以外，其他各家也都取得了相应的发展。道家的"为道"实践逐渐被韩非等人加入了政治和军事的内容，被玄学家加入了儒家伦理实践的内容。后来道家思想又为农民革命者提供了理论的依据，加进了阶级革命实践的内容。佛教传入以后，由于其主张出家，主张不礼拜皇帝等和儒家的生产、伦理纲常和政治实践发生了根本的冲突；由于其认为修仙长寿、食气等方法和道家的实践也冲突不断。三家在实践上的冲突融合推动哲学文化的创新。到宋明理学，个人为圣的实践活动，在儒家的外衣下基本上确立了佛教的精神主旨，并吸收了道家的内容；在社会伦理纲常方面，以儒家为核心，吸收了其他两家的精神成果；其他的物质生产与科学技术和军事事功实践与此大同小异。近代以来中西方的物质实践、科学技术实践和政治军事实践存在着根本性质的不同，个人为圣实践也是在不同的文化指导下进行的。只有在对西方的实践有所了解和相对开放的心态下才有可能推动中国哲学文化和西方文化的会通。而实现这一目的的前提就是学术的实事求是精神。

传统哲学文化所依存的实践性在自己的历史发展以及与西方的撞击中明显地表现出了自己的不足和片面：其一是科学技术实践的地位不高，缺乏必要的学术团体和社会化的学术传承体系，缺乏良好的社会环境和政府有效的扶植，使很多成果没有得到进一步发展和理论化、体系化；其二是物质生产长期徘徊在自然和半自然的家庭农业和手工作坊的水平，商业实践受到很大的抑制，科技投入和应用不足，求利观念的合法地位没有得到很好的张扬，商的政治实践渠道不畅通。近代早期改革派的实事求是继承了古文经治学方法的精华，继承了宋学对义理的探讨，吸取了今文经学对政治和社会现实的重视，矫正到中西古今这个主题上来，奠定了现代实践的基础，具有现代的性质。近代早期改革派的实事求是具有现代的思想解放和启蒙的意义，以西学解放中学的保守前提和权威教条，从而为在现实基础上对待中西文化奠定了基础，现实的实践成为真正的体；它具有中西方共通的精神实质。早期改革派实事求是对古代实事求是的发展具体体现在：赋予实践以更多的时代内涵，以全球化时代中国社会和文化向何处去为核心,重塑了古代哲学文化的实践性,大力弘扬工商业实践和科技实践精神;并参照西方的政治实践,大力弘扬儒家的"民本"政治实践的主张;在重新思考儒家的道德实践的基础上,对道家和佛家、基督教的修道实践进行了分析对比,保持了一定的对个人的终极命运的实践关怀;初步萌发了近代的国家意识和国家观念,对国际交往关系等亦有所探讨;凸显实践在整个思想体系中的作用,把实事求是精神贯穿思想的各个角落;力图运用实事求是解决传统文化面临的近代化和西化的危机,把实事求是矫正到解决古今中西这一时代主题上来。实事求是的精髓论奠定了近代早期改革派融通古今中西人文主义和科学主义的特征。

近代早期改革派思想家和马克思恩格斯活动的时间大致相同,马克思主义所面对的和要解决的是资本主义大发展所带来的问题,是为工人阶级的利益而奋斗的;早期改革派的理论落脚点却是资本主义的殖民扩张给落后的封建主义国家带来挑战的情况下,封建主义国家如何自强和救亡,实现自我传统的创造性转换,维护民族的独立和发展的问题。前者更多地是对资本主义的克服;后者更多地是借鉴。但不管克服还是借鉴,对同一个资本主义这一事物,两者都不是持完全肯定的态度的。受历史条件的限制,早期改革派也远未达到马克思主义的水平。中西学的碰撞、现实的需要使早期改革派思想家在传统中学的框架内融进了西学的内容,并一开始就表现出了实践思维方式的诸多特征。他们的思想虽然以日记、诗稿、奏折、议论、书信等形式表现出来,但从理论的深度、广度来看,都应看做是一种理论体系。他们并不局限于对世界的解释,而更关注于对世界的批判和改造。他们探讨的问题和唯物史观的许多方面相当。但又与唯物史观有很大的不同。早期改革派的思想的研究有利于从另一个侧面认识马克思主义的相关理论。

第六章 新与旧:新学价值取向

一 近代新学

近代新学兴起的价值取向非常复杂,从枚举的角度来定义,可以把新学定义为:不同于传统旧学的、包含了西学的内容、具有一种新的面貌和向新的趋向,主张改革,并体现于新式学堂之中的、具有近代学术形态和性质的学说称之为新学。

这个定义把新学看做是一个非完全同质的学派和思潮。"新学"也不是一个同质的学术流派,它只是近代学术共性的一种合理的概括。新的概念指称的混乱使得"近代新学"不能指称具体的学术阶段和流派的特色。近代的新学史必然是各种性质各异的学说共同鼓动起来的,其内容是异质的。

根据这一定义,近代早期改革派属于近代新学的一个派别和一个发展阶段。近代早期改革派的思想学说无论从性质上,还是内容上、形式上都是和新学相符的。梁启超在《清代学术概论》中似乎也没有把这些人排除在"新学家"行列之外:"光绪间所为'新学家'者,欲求知识于域外,则以此为枕中鸿秘。"[①] 当时就有人把马良、严复等称为新学巨子,把《校邠庐抗议》等书视为"新学":"自海禁大开,西风东渐,新学书籍日益蕃滋。

---

① 梁启超著:《清代学术概论》,东方出版社1996年版,第88页。下同,从略。

其间如《校邠庐抗议》、汤（盛）氏《危言》诸书。……"① 葛荣晋先生认为，近代以后，"新学（西学）逐步代替实学，而成为学坛的主流，代表着时代前进的趋势和方向"②。王先明在《近代新学——中国传统文化的嬗变与重构》中认为新学始于康有为，而不是始于冯桂芬。近代早期改革派的思想学说可以看做是近代早期新学。根据这种概括近代早期改革派的思想学说也可以看做是新学的一个流派或者初始的阶段，可以使用"早期近代新学"或者"近代早期新学"概念来加以描述。但这种描述作为新学史的一个阶段是可以的，但作为对早期改革派专题的独立研究，要避免用共同的一个时代学术趋势和特征取代了这些人学术的个性和独特的学术贡献。要注意"新学"名称的复杂性。新学的含义和所指缺乏统一性和统一的标准，更多地是反映了时代学术的一种共同的趋向和特征，不足以标明具体学派特殊的学术文化特征。

近代新学是多种学术和中西文化碰撞的结果，所以从不同的学术立场出发，就会有不同的对"新"的领悟和理解。西学者把自己的学说说成是新学，旧学者也可把对西学的某种吸收说成是新学。

"新学"在广学会那里指"西学。"《广学会大有造于中国说》强调"以西国之新学，广中国之旧学"③。李提摩太直接提出的就是设立"新学部"以代替"旧学部"的礼部。林乐知、韦廉臣等西方传教士都持这种观点。张之洞主张"旧学为体，新学为用"也持相同的观点。西学是新学的内核，因此主张学

---

① 沈宗畸：《东华琐录》，《近代裨海》第 13 辑，四川人民出版社 1985 年版，第 607 页。
② 葛荣晋：《中国实学史研究》，中国社会科学出版社 1992 年版，第 20 页。
③ 中国史学会主编：《戊戌变法》三，上海人民出版社 1961 年版，第 214 页。

习西方，介绍世界知识，提倡社会变革的书籍自然具有西学的内涵，被归到新学里。西学推动了学术创新的趋向。

"新学"之新作为一种社会风气和学术风尚更多地还是形式上的。新学往往成为时代各种学说都标榜的名称。新式学堂所学的内容无论中西新旧一律被称之为"新学"。甚至袁世凯也被称为是"新学家"。新学并不是或很少是实质的"新"，而是基于闻所未闻的新鲜的新。

新学往往指称康有为，侧重今文经学经世学说的近代发展。考据学、宋学、诸子学的前提和生命力往往被忽略了。新学的这种具体化和实质化在梁启超那里得到了充分的运用。他在《清代学术概论》中说：康梁谭辈"欲以构成一种'不中不西即中即西'之新学派"[①]。梁启超也提出了自身的不足，主要有旧学之根深蒂固；新思想来源的浅薄，缺乏实质上的新；学问过分地被手段化。实际上就是旧的拖住了新的，新的歪曲了旧的。梁力图提出理想的新学是旧学新时代新的质的发展。他们自己的学说已具备这一特征。王先明继承了这一思路，把康梁看做是新学之初步构建，探讨了新学的相关问题。但这种运用无疑地把新学和其他学说对立起来，把本来是时代学术取向的共性的东西让某一些人和学派独享，认定他们才是实质上的、真实的、正统的"新学"，排斥或怀疑其他学派在"新学"史上的价值。

梁启超把郭嵩焘看做是西学讲求的代表。西学的概念不能合理地指称近代早期改革派的思想内容，商学也是如此。近代经学的认识是把近代思想看做经学取得了新的特点。的确，近代思想具有经学的特色，但性质已有改变，远非经学所能容纳。

新学和实学不相冲突，在近代很多思想家那里，新学在学术

---

① 梁启超著：《清代学术概论》，第88页。

精神、实质、功能、内容所指上实际是"实学。"正如梁启超所言:"自甲午之役以后,湖南学政以新学课士,于是风气渐开……专以提倡实学。"① 蔡尔康亦说:"或曰西学,或曰新学,或更曰时务,洋务,捷不通之尤者也,质而言之实学而已矣。"② 在近代,"新学"和"实学"不是对立的,本书把二者看做是一个同等的有不同侧重点的概念。

郭嵩焘在介绍培根时也用过"新学"这一概念:"……始讲求格物致知之说,名之曰新学。"③ 但就整个思想体系来讲,核心的范畴是"实"而不是"新"。《新政真诠》对一味图新的时代潮流做了冷静的分析,而这种分析是用"实"来完成的。"实"是"新"的基础和标准。关于"新""旧",近代早期改革派并不一味地追求"新"。何启、胡礼垣指出:"是故能平理近情顺道公量,虽不行新政而政自无不新,不能平理近情顺道公量,虽勉行新政而政犹然其旧。夫舍旧图新者,谓欲除其旧蔽也,乃旧弊不除而复加以新蔽,倾危之事焉得不生?是故虽有至善之政而行之不以善,亦不能见其功,而反以得其咎。"④ 他认为新政旧政皆当以平理近情顺道公量为衡。"新旧云乎哉?中外云乎哉?"⑤ 近代早期改革派不把古今、中西、新旧看做是二元对立的关系,而之所以初步超越了二者的对立就是以为他们从"实"的落脚点来考虑问题。"实"的结果必然导向"新",但"实"是包含新旧的,新不能代替"实"。

---

① 梁启超:《戊戌政变记》,《戊戌变法》一,上海人民出版社1961年版,第300页。
② 蔡尔康等:《李鸿章历聘欧美记》,《走向世界丛书》,岳麓书社1986年版,第183页。
③ 《郭嵩焘日记》第3卷,第356页。
④ 郑大华点校:《新政真诠——何启胡礼垣集》,第280页。
⑤ 同上书,第307页。

二 考旧知新

关于中西文化的差异，近代早期改革派在社会类型学基点上表述自己思想的证据，集中体现在新旧观方面。新和旧用于指称中西，就表明了中西的发展程度的、等级的差异。郭嵩焘还对中西文化的差异作了进一步的比较："西洋各国，事事推类考求"，"各国人才政教如此之盛，而勤勤考求，集思广益，不遗余力"，表现出探求创新的勃勃生机。[1]

为此，他痛感西方创新，中国守旧的差异，斥责中国士大夫甘心陷溺于鸦片、钟表玩具、呢绒洋布、洋钱，而反对造铁路电报、洋人机器。王韬指出旧的东西的价值，尤其是西史对民间琐事，包括发明创造，必追其原始，以觇人才之进步，制作之源流，这说明记载是不可废的。但在早期改革派那里，薛福成的《考旧知新说》中的新旧观最为典型，在其思想体系中占有重要的地位，其对新旧与中西的关系的探讨也很引人注目。

薛福成认为："吾闻西人之言曰，华人尚旧，西人尚新。盖自意其能创一切新法而致富强，而微讽中国不知变计也。讵知不忘旧，然后能自新。"[2] 薛福成的这一看法解决了自我发展的原则问题。事物的自我发展需要有维持自我同一性的因素存在。这种自我的同一性具有不变的特质，因此可以看做是旧的，而变化的因素，可以看做是新的。因此"夫明，日新也，而容光之照，万古如旧；流水，日新也，而就下之性，万古如旧"[3]。同一性，是保证事物自我发展的必要因素，自我发展的"新"是在"旧"

---

[1] 《郭嵩焘日记》第3卷，第634页。
[2] 徐素华选注：《筹洋刍议——薛福成集》，第162页。
[3] 同上。

的基础上发展起来的。新的东西具旧的东西的某些特点。新与旧所处的时空条件不同,绝对的复旧是不可能的。"亦为能自新,然后能复旧。"只有自我发展了才是真正的复旧,否则就会变为其他的事物。薛福成对"新"与"旧"的关系的理解,达到一个很高的思维水平,从发挥人的主观能动性和社会实践的角度论证了"新"与"旧"的辩证关系。

这一"新""旧"观是薛福成处理中西方文化问题的一个基本思维模式。它更多是从经验实用及主观认识的角度来讲的,还不是理论推导和对世界发展的辩证规律的一般论证,具有中国哲学不脱离实践的基本特点。这个观点基本上是正确的。但是用它来处理中西文化关系时,还是出现了一些不足。他一方面承认,中西方文化有自己的新和旧:"西人救械,所以能参造化精微者,亦本前人已阐之学,屡研而益进而,并非一旦豁然超悟,骤得无上之秘诀也。即如中国上古之世,继天立极之圣人,应运迭兴,造卦画,造市场,造网罟,造耒耜,造舟车,造弧矢,造衣裳,造书契,能使鸿荒气象,变为宇宙之文明。盖新莫新于此矣。"[①] 另一方面,薛福成又认为,西方文化的旧是由中国文化由东而西传去的,有西学中源的思想。他说,"其化由东而西"。这一点是有待考证的。进一步,薛福成走得更远,认为,"是能新中国,并能新及遐方殊俗者,莫中国之圣人若也"[②]。这就抬高了中国文化和中国圣人的作用。但也包含了一个合理的因素,即西学之所能新中国,新中国文化,是因为西学由于中学西传而包含"有东来之法"。西学中有东方文化的因素,东方文化吸收西方文化,实际上是自我发展和自我的反省和认识。在薛福成的论述中可以看出他还是坚持文化的发展,内因是主要的。西学能

---

① 徐素华选注:《筹洋刍议——薛福成集》,第162页。
② 同上。

够作为外因使中国文化更新,关键还在于中学中包含有西学的因素,中学存在着内在的发展动力和需求。进一步,我们可以想象,薛福成实际上认为西学对中学具有参照和反思的意义,西学之新,使我们可以找到中学中具有现代意义的,能够使传统现代化的因素的"旧"。这样一来,中西文化都不具有绝对的意义,必然对中西文化都要加以重新解释,才能为我所用。这种看法最终使其与洋务派官僚和保守派划清了界限。传统与现代是动态的、辩证的关系,旧的也可能是现代的,新的也可能是传统的,这要取决于时代和实践。薛福成指出"宜考旧,勿厌旧;宜知新,勿骛新"[1]。既恪守儒学文化本体,又以开放的心态迎接西方文化的挑战,力图融合中西,是一种"返本开新"的中西文化观。《新政真诠》指出:"其于新也,不能明其心法,即不能迎立新机,则有反新为旧,新理不能得者矣;牵旧入新,旧弊不能革者矣。此其所以昧昧无灵,一出即败也。"[2] 对于新旧都要明实事求是的心法、道和心的逻辑,这就超越了新旧本身。

从早期改革派直接使用的新学概念来看,新学往往指的是西方的自然科学和实证哲学。早期改革派新学的一个主要的价值取向就是对西方科技理性的学习和借鉴。西方近代哲学和实证科学源于培根。他们把讲求格物致知的说问叫做新学,研究这类学问的学会叫做新学会。1620年英国弗兰西斯·培根的主要著作《学术的伟大复兴》问世,其第二部分是《新工具》(*Novum Organum*)。早在同治十二年(1873)前完成的《瓮牖余谈》一书中,王韬就在长达八百字的文章中这样介绍培根:"倍根,英国大臣也。生于明嘉靖四十年,少具奇慧……其为学也,不敢以古人之言为尽善,而务在自有所发明。其立言也,不欲取法于古

---

[1] 徐素华选注:《筹洋刍议——薛福成集》,第163页。
[2] 郑大华点校:《新政真诠——何启胡礼垣集》,第3页。

人，而务极乎一己所独创。……独察事物以极其理，务期于世有实济、于人有厚益。"① 王韬把《新工具》译为《格物穷理新法》。王韬写道："盖明泰昌元年，倍根初著《格物穷理新法》，前此无有人言之者。其言务在实事求是，必考物以合理，不造理以合物。"② 这些记述显示了早期改革派科学主义的致思路向。但综合早期改革派对西方价值观的吸收来看，西学的学习不尽包括科技理性方面，还包括价值理性方面。通过价值理性来推动中学和中国社会的革新也是他们主要的一个思想取向。早期改革派的新学不仅仅包括对西学的学习，更包括对中学的反思和革新。早期改革派的新学具有全面的革新的性质，可以纳入到近代新学的历史中来研究。

实事求是实际上显示出了用新和旧来处理中西关系的局限性。这种局限性在今天的思想界也是存在的。国与国、文化与文化相遇时，也存在一个比较二者新旧的问题。如果不用辩证的、动态的观点来看，就很难不走到"西化"或"复古"的道路上去。西化把西方认为是"新"，是现代的、进步的，而中则是旧的、保守的、落后的。复古则相反，认为"旧"包含了全部的"新"。这都是形而上学观点的典型表现。早期改革派常常被误解为西化派，或同时被认为是复古派就是今天文化研究中形而上学观点的折射。仔细分析改革派的新旧观可知，他们既不西化也不复古，既西化又复古，他们在一定意义上超越了特定的形而上的、理性的、文化的观念，虽然这种超越还很不彻底。之所以他们会与从特定的文化观念出发认识世界的保守派、甚至洋务派官僚不同，和他们特殊的经历有关。文化的根基，科举的不顺，西游的观感保证了他们既具有洋务派面向现实的勇气，又具有洋务

---

① 王韬著：《英人培根》，《瓮牖余谈》，第44—45页。
② 同上书，第45页。

派缺少的文化反思；既具有传统文化的体认，又没有保守派的文化枷锁。近代早期改革派的新旧观表明他们既看到了中西文化在等级上的差异，又看到二者之间不是绝对对立的关系，超越了等级差异的看法。

"新"还是中国近代早期改革派政治改革的价值取向。在他们看来，如今的中国正处在欧洲强国"四面环逼"的困境之中，"今欲以柔道应之，则启侮而意有难餍；以刚道应之，则召衅而力有难支；以旧法应之，则违时而势有所穷；以新法应之，则异地而俗有所隔。交涉之事，日繁一日，应付之机，日难一日，诚不知何所底止矣。"① 尽管如此，薛福成还是希望能够在危境中找到中国社会生存和发展的道路。

早期改革派主张改革旧法，实行新政。王韬《变法中》一文曾明白地说："拘牵文义，厥弊日滋。动曰成例难违，旧法当守，而一切之事都为其所束缚驰骤矣。是朝廷有行法之名，而无奉法之实也。"② 早期改革派对法统进行了彻底的批评，使实政思想具有全面的、彻底的改革内容，为近代改革思想向革命思想的过渡打下了坚实的基础。

新政需要新人来推动。"新政既行，不特官各为夫公，即民亦共为夫公，为夫公者其力雄，雄则远图必可展。"③ 要实现这一目标也只能通过价值合理化的方式来完成："新政安行？行之以善也；其善安在？在理必推以至平，情必求以至近，道必行平至顺，量必报乎至公也。"④ 推行新政不能脱离公平这一伦理准则。这样一来，文化上的新学和政治改革上的新学就是一个问题

---

① 丁凤麟、王欣之编：《薛福成选集》，第501页。
② 王韬著，陈恒、方银儿评注：《弢园文录外编》，第55页。
③ 郑大华点校：《新政真诠——何启胡礼垣集》，第153页。
④ 同上书，第334页。

的两个方面，是一个有机的统一体。

近代学术发展可以概括为新学史就是因为，近代学说大多使用了新范畴，回答了一些新的时代问题，在形式方面有所革新。在近代新学的历史上，近代早期改革派的思想是近代思想史的第一幕，龚自珍和魏源为代表的近代早期经世派可以看做是序幕。之所以把龚自珍和魏源为代表的近代早期经世派看做是序幕就是由于这些人还没有真正地把中西关系、传统和现代的关系提上日程，还不能看做是近代思想史的第一幕。另外，这两个派别在思想的来源和底蕴，对传统的认识，对近代思想主题的认识和回答，对现实政治的态度等方面都有着很大的不同。

近代早期改革派的活动和思想与保守主义者在主战和士大夫政治基调方面与早期改革派有差别。早期改革派主张工商立国，商应该是和士同等或具有更高的政治地位的。早期改革派并不主战。顽固派在传统文化、科学技术、机械工业化、商业等等问题上与改革派完全对立。但也应看到，早期改革派和保守分子本来同属一个士大夫阶层，他们之间对中国命运的思考是有共同点的。保守派从传统出发的改革立场必然存在着向西方靠拢的倾向。

早期改革派及其思想是洋务派和洋务运动的精神源泉和行动中坚。改革派思想家译著的西学书籍以及政论著作是改革思想家们在接触、学习西方文化和从事洋务活动的过程中，对如何改革社会，如何使祖国富强、摆脱贫弱受辱地位进行思考的结晶。改革派的思想主张，对一些洋务官僚产生了一定的影响。早期改革派对洋务派进行了批评，显示了二者思想的差异性。在方法论上，早期改革派突破了洋务派"中体西用"观，强调学习西方的政治法律制度，而且深刻认识到道德、人心、风俗的重要性，预见了必须有一个从思想意识层面学习西方的阶段。

维新运动是中国近代第一次现代性的政治改革运动，它是对洋务运动的否定和超越，是早期改革思想的发展。早期改革派对维新运动具有一定的影响。二者在思想上存在着共同性。他们强调但又不止于现代化，主张君主立宪但不止于君主立宪，主张爱国主义或民族主义，又是世界主义的先声。早期改革派主张输入科技知识，改善农业，发展铁路、轮船、电报、邮政、金融，加强政府宏观管理等主张反映了当时经济思潮的大趋势，也是康有为的基本看法。康有为、梁启超一些具体变法主张，发展工商方面如开矿、修铁路、立商会，扶助民间工商业等；文化教育方面如废科举、兴学堂、广译书、派留学等；政治方面如实行君主立宪制、开国会等等，这些都是早期改革派曾经提出过的。这些在早期改革派知识分子那里还是零散、就事论事的具体措施，维新派在先进的维新变法理论的指导下，把它们组成了一套系统的变法方案，并积极推进其付诸实行。

近代早期改革派的思想学说孕育了资产阶级革命派，包含了向革命转换的种子。早期改革派和革命派存在着逻辑和历史上的转承关系。从历史上看，这种转承是通过王韬、容闳、何启、郑观应等同孙中山等人的关系来实现的。早期改革派有着向革命派转化的逻辑基础。革命可以分成政治层面和社会层面。从社会层面来看，全面的、带一定的根本性的改革也是一种革命。改革者和革命者之间既可以存在共鸣，也能相互转化。孙中山就把改革和革命看做是一个发展的、有可能还是不断重复的序列。革命不成熟或成功后则进行改革，最后达到毕其功于一役。早期改革派关注社会改革问题，关注政治、经济、文化的渐进发展，主张君主立宪制。改革派关心的实现新的社会目标的经济基础、文化基础、政治基础和国民基础问题具有长远的意义。孙中山的大同主义、民权主义、民生主义、民族主义无疑是近代早期改革派思想的合乎逻辑的发展。历史证明现代化的进程不是一朝一夕就能够完成的，近代的革命没有很好的解决经济、政治和文化与道德的重建问题。国家富强、政治民主、文化和道德昌明是个漫长的过程。

近代早期改革派指引了一条通过改革开放、学习西方实现自我发展的中国社会走向世界的内在性的文化和社会发展道路。他们的思想奠定了近代哲学文化中西融合会通的基本特征。其间尽管有着偏离和争论,但都不脱离这个基本的方向,预示了近代文化的理想和归宿。他们开启了近代文化思潮,尤其是近代启蒙思潮。在说明近代思想启蒙思潮时人们往往把人道主义看做是近代启蒙思潮确立的标志。实际上思想启蒙就是对在一个较长时期内占主导地位的、指导实际的社会政治、经济、文化生活的文化价值观的相对彻底的反思和更新。而近代思想启蒙确立的标志就是运用西方的经验重新理解和反思以儒家文化为主导的传统文化价值观。近代早期改革派真正开启了近代启蒙思潮。之所以这么讲就是因为早期改革派第一次比较全面运用西方的经验对儒家的根本观念进行了一定的革新。这种革新注重批判实际生活中的文化传统,而对现实的批判运用了传统文化和西方的经验。中国近代的启蒙思潮是具有中国特色的,是明清以来启蒙思潮的质的飞跃。梁启超的《清代学术概论》指出:"综观二百余年之学史,其影响及于全思想界者,一言蔽之,曰'以复古为解放。'第一步,复宋之古,对于王学而得解放。第二步,复汉唐之古,对于程朱而得解放。第三步,复西汉之古,对于许郑而得解放。第四部,复先秦之古,对于一切传注而得解放。夫既已复先秦之古,则非至对于孔孟而得解放焉不止矣。然其所以能著著奏解放之效者,则科学的研究精神实启之。"[①] 早期改革派借助西方的学术和经验初步实现了对孔孟的解放,剥去了孔孟身上封建意识形态的外衣,以西方的经验恢复了孔孟思想的内涵。

早期改革派的思想启蒙是全面的,给予许多近代思潮以巨大

---

① 梁启超著:《清代学术概论》,第7页。

的启迪。一般人们认为近代道德革新思潮起于康有为和梁启超,实际上近代早期改革派已经开启了这一思潮的先声。具体表现在对伦理属性、根据和来源的探讨,对三纲的新的理解和批判,对裹足等风俗的批判和革新。这些伦理革新的近代意义就在于超越了龚自珍等传统经世的儒家视野,具备了西方经验的参照系,注入了西方思想的内涵和性质。早期改革派是近代激进和保守、民族主义思潮,近代改革开放、进化、自由主义和人道主义、实证主义和科学主义思潮,近代文学变革、教育救国、实业救国思潮的源头活水。在这众多的思潮中从根本上可以划分为近代人文主义和近代科学主义两个思潮。龚自珍和魏源是近代哲学的先驱,龚自珍是近代人文主义的先驱;魏源则是近代科学主义的前驱。龚自珍推崇自我和心力,推崇私,并运用民性解释历史的发展规律,批判天命和天人感应,批判现实社会,具有西的近代人文主义的某些特征。但它对中西关系的理解显得很不足;对衰世的判断更多地是局限在古今的角度上,以儒家传统的贤人政治和道德政治观念为衡量的尺度,局限在贫富不均、人才被压制、吏治腐败等问题上;对衰世的批判和改革的主张仅仅局限在人才、士大夫阶层、穷人的命运上面来思考,对于社会发展的大势缺少宏观的把握和体认;并且他的人文主义的价值取向必然和宗教有着亲和的关系。魏源的哲学思想具有科学主义的特征,他主张学习西方的科学技术;自然和宇宙观具有机械唯物论的色彩,把天地看做是机器;认识论强调外求和实证的重要性;并在科学主义的立场上批判宗教观念。太平天国文化显示了西方基督教,尤其是经过人文主义和科学主义洗礼的新教对中国社会的渗透和影响。它是中国近代哲学发展的一个环节,但并不能构成中国近代哲学的真正开端。洋务派官僚虽然也具有人文主义的特征,但他们的人文主义更多的是前近代的、中国传统文化带来的对人的道德伦理生活的关怀。标志着他们思想的现代特征的是他们对西方技术的关心，科学主义是他们近代哲学思想的主要特征，因而也构成了近代哲学发展的环节。在近代早期改革派那里，古今中西关系得到了较为合理地阐释；突破了洋务官僚人文方面的前近代性质，在伦理观念、民权等方面初步实现了传统人文和近代人文观念的融合；在科学方面，发展了洋务官僚对技术的关注，转而研究和介绍、鼓吹科学，并注意探讨科学背后的哲学基础，从而使自己的哲学思想初步实现了近代性质的科学与人文的结合。到康有为和梁启超那里，以民权和宗教为代表的人文观念和以进化论为代表的科学观念实现了大融合。以此为基点，近代哲学家选择了不同的哲学道路。

可以说由于早期改革派对中国文化和社会的合理化问题作出了全面的思考，符合了历史合理性的要求，所以产生了深远的影响，才对今天的改革开放事业有启迪意义；同样也由于他们没有着眼于在政治合理化问题上进行突破，使他们没有形成明确的政治派别，没有领导中国近代的政治运动，而失去了更多地改造中国社会的机遇。但他们思想的价值是巨大的。本书从理论上第一次系统全面地、逻辑和历史地再现了早期改革派思想家的思想内涵；揭示了他们经历的个人和社会困境；分析了他们对待西方文化和中国传统文化的态度；论证了他们整合中西、传统和现代的方法和理论成果；说明了他们和保守派、洋务派、革命派的若即若离的关系，以及他们对近代文化和社会所产生的重大影响；总结了他们理论思考和实践的经验教训。研究早期改革派的思想对进一步推进近代文化和历史的研究是很有意义的。

研究中国近代早期改革派有重要的实践意义。我国正在推进建设中国特色社会主义的伟大事业，在这一事业中要处理如何在全球化的背景下，坚持民族独立、发展、自强，进行改革开放的问题；要处理坚持中国文化自身的发展与特色和学习西方文化的问题等等。在这方面早期改革派思想家提出了很多有价值的观点,也有着丰富的理论和实践教训,对其加以研究无疑会有益于中国的改革开放事业。[①]

[①] 周海春著:《中国近代早期改革派与近代伦理思想的演变》,湖北人民出版社 2004 年版,第 232—246 页。

第三部分

传统哲学范畴与现代价值世界

近代的社会环境提供了建构现代中国哲学的外在机缘，但真正的中国哲学的自觉建构需要一定的对中国文化和中国哲学危机的自觉体认和一定历史观的基础。这些方面是并行不悖的。中国在近代以前有哲学和哲学史，但不曾有自觉的中国哲学和中国哲学史。中国哲学和中国哲学史的成立和自觉体认、自觉建构要有一个世界性的文化观念和文化背景才行。而中国传统的民族和世界、文化观念妨碍了这一点。在旧的世界观中，西方文化不可能得到真正的承认，并自觉地建构中国文化和中国哲学及其历史。只有逐步改变这一观念，自觉的建构才能进行。19世纪和20世纪中国哲学和中国哲学史的诞生很大程度上是西学冲击的产物，中国哲学和中国哲学史这一名称本身就带有西学的色彩，是中国学术自我发展的一个新的阶段，它抛弃了中学过去以"六艺"为核心、以"四部"为框架的学术和图书分类体系。

我们不能否认中国近代以前有哲学和哲学史，这么大一个国家，绵延几千年的文明和民族，没有自己的哲学是不可想象的。但作为中国历史发展的一个新的阶段，近代以前的哲学和哲学史相对于中国近代以后的哲学史而言应该是在中国的哲学，它涵盖了在中国这片土地上，在中华民族当中有显著影响的一切哲学。它包含中国哲学的核心传统，又不能局限于特殊性。实际上，在每一个外来文化的强烈冲击下，都有一个在中国的哲学向中国哲学转化的问题。佛学初传，它只是在中国的佛学，到隋唐，尤其是禅宗那里才成为中国固有哲学传统的一个有机的部分，完全中国化了，成为中国哲学。承认有在中国的哲学就是承认哲学有普遍性，承认中国哲学和在中国哲学的历史交替和概念所指的互相包含，就是承认哲学的特殊性。

本书所讲的中国哲学的构建，是就近现代中国哲学的特殊性而言的，包括研究对象层面和精神主旨和方法论层面的特殊性。这种构建就是要在传统的学科分类中建立起一种中国哲学的逻辑来，一种中国人习惯使用的最高层面的哲学逻辑来解释现实，赋予现代价值以哲学的内涵和给予哲学的论说。在中国近代以前，哲学史的建构工作是一直是在进行着的。但并没有如近现代那样在"中国"哲学这个层面上进行，换句话说没有在中西文化及其哲学的关系这一宏观问题的牵引和考量下进行，相应的就缺少现代的学术规范。这一点正如蔡元培在给胡适的《中国哲学史大纲（卷上）》（《中国古代哲学史》）写的序《中国古代哲学史大纲序》中所说的：我们今日要编中国古代哲学史，有材料问题和形式问题。"古人的著作没有可依傍的，不能不依傍西洋人的哲学史。所以非研究过西洋哲学史的人，不能构成适当的形式。"[①]

不能把中国哲学史看做是先天就有的，也不能否定有中国哲学史，这是研究中国哲学史面临的难题。这就要求把中国哲学和中国哲学史看做是一个建构的漫长过程。在这个过程中建构和解构一直是同时进行的，建构同时就是某种解构，解构也是一种建构。现在这个过程并没有真正地完成，并且也不会在短时期内完成。因为要完成这个过程还要依赖世界一体化的进程，以及在这一进程中中国进一步的开放和融入全球化的进程当中。在这一宏观的背景下研究和建设中国哲

---

① 胡适著：《中国哲学史大纲》上，东方出版社2004年版，第1页。

学和中国哲学史就不能不对近现代以来中国哲学建构的历史作出考察。

本书作者的一个看法是,中国文化和中国哲学及其历史的真正反思和建构始于中国近代早期改革派。中国是和西方相对应的,没有和西方文化的对比就不能有所谓的中国文化,没有和西方哲学的对比就没有所谓的中国哲学和中国哲学史。中西方文化的全面对比是从中国近代早期改革派那里开始的。早期改革派的思想也缺乏形式的系统性。但在学术名称和基本的学术形态、核心范式和范畴体系的抉择、基本价值取向、学术建构的范围基础、基本问题、基本方法和道路、基本态度等方面都使得传统范畴运用具有新的特点。

近代早期改革派形成了自己的文化哲学,包括对文化危机的体认,中国文化合理化的思考,西方文化的介绍与批判反思等;形成了自己的社会哲学,包括社会结构的认识,人己关系的革新,人与自然关系的新的哲学论说等;历史哲学(历史认识论、历史规律论或本体论、历史归宿论或价值论);由中达外、彰往察来的哲学主题和宗旨;实事求是、考旧知新的正学诉求;天地人三学的学术分类和范围框架;治中驭外、善用强弱,守常达变的内在性发展道路;中国近代早期改革派对近现代哲学发展的影响。

第七章　传统哲学范畴的解释能力

一　由中达外

早期改革派思想向度的核心就是古今中西。要建构抽象的，能够超越古今中西的新学术，在古今中西的矛盾冲突中指导社会，就必须贯通古今中西，这是寻找不同学术"同"的一面，寻找古今中西共通的强弱之道的逻辑要求。

近代早期改革派的古今中西范畴显示了他们对中西古今问题解决之道的思考。何启、胡礼垣认为，当今的从政者不能维新的原因在于不能彰往察来、由中达外。这句话可以看做是早期改革派对古今中西问题的最好说明。这个说法打通了古今中西的关系，超越了二者对立的看法，具有深刻的含义。马建忠要"贯穿中外之大端"①。马建忠自记自己的学术旨趣："窃尝欲上下中外之古今，贯穿驰骋，究其兴衰之所以，成一家之言。"② 郑观应也呼吁："若合天下之才智聪明，以穷中外古今之变故，标新领异，日就月将，我中国四万万之华民，必有复出于九州万国之上者。"③ 何启、胡礼垣说自己"考之往古，按之当今，察之人

---

① 郑大华点校：《采西学议——冯桂芬马建忠集》，第124页。
② 同上。
③ 郑观应著，王贻梁评注：《盛世危言》，第93页。

情，验之物理，质之中土，政之外邦"①。何启、胡礼垣表示"愿阅是书者，上睇（斜眼看，足见其思想解放的程度）千古，下瞩来兹，横括五洲，洞开方寸"②。正是这一学术追求使早期改革派的思想最大限度地超越了中西学的本有内容，具有整合中西古今的新的时代特征。

近代早期改革派所指的中西是复杂的。他们使用的指称西方的概念有夷、洋、泰西、西洋、西学、西法、西人、外等；指称中方的概念有中、中国、中学等。这些概念有的是指称国家的概念，其内容包括了政治、经济、文化等内容。分析早期改革派一些结论性的说法必须弄清具体所指。事实上近代早期改革派对中西的看法是复杂的，远非几个结论性的说法能够全部涵盖。

1. 由中达外的文化合理化道路

关于中西社会和文化的关系而言，近现代以来在以下几个问题上争论不休。其一是中西文化的发展程度，哪个更高一些，哪个更优越一些，哪个更现代化一些。其二是中西之间的差异较多，还是共性较多，寻找中西的差异还是共性。其三是中西之间的差异是种类的差异还是社会发展程度和社会类型的差异。其四是对待中西社会及其文化的矛盾和冲突，中国社会和文化应该选择怎样的道路。其五是中国和世界文化的未来归宿问题。关于这些问题，近代早期改革派都有所回答。

中国和西方国家就地理上而言，近代早期改革派通过实际考察清醒地认识到中国只是地球上众多国家中一个国土面积较大、物产丰富的国家，并不是地球的中心。就文化地理而言，西方的经济远比中国发达，政治上有"三代"的遗意，比现实的中国

---

① 郑大华点校：《新政真诠——何启胡礼垣集》，第91页。
② 同上书，第2页。

政治有很多优越之处，西方的学术也很优越。除科技发明的优势以外，伦理道德和社会风气也很好。中西既有共性，又有个性；各有所长，各有所短。郭嵩焘在法国期间，有一天与法国科学院院士得那阿夫妇交谈。得那阿夫妇称："西洋事宜，中国有宜取效处；中国事宜，西洋亦尽有宜取效处。"① 郭嵩焘记下的这段谈话，为人们观察中西文化问题提供了方法论的指导，即东西文化各有所长。在事实的层面，早期改革派的大多数人都认为西方文明程度在某些方面已经超过中国了。西方重实事求是的精神比中国好；西方的科技发明和实用的学术比中国好；在经济、政治、文化等许多方面都有比中国好的地方。薛福成认为西方伦理和中国的纲常伦理相比还差一些。

但总体上中西关系是什么样的呢？早期改革派认为中国和外国总的发展趋势是联为一体，中国通过自强的努力可以超过西方。而现实的中国处于弱势，中国在政治、经济、文化上已经全面落后于西方了，中国正面临着全面的社会文化危机。西方就像"三代"，而现实的中国已经丢失了"三代"的遗意。

事实上如此，那么在价值判断上该如何处理中西关系呢？薛福成在《出使四国日记咨呈》中认为要考察中西文化之间的"真伪虚实，得失利病"，从而在主观上力求避免"或拘于一隅，而不能会其通；或震其一端，而不能究其极"。早期改革派处理中西关系的基本目标是通过会通达到同。"盖人心之所向，即天理之所示，必有人焉，融会贯通而使之同。"② "同"的依据是天下的道是一个，心同理同。何启、胡礼垣认为不能拘泥于表面的语言文字，在基本原理上中西是可以会通的。会通的落脚点是现实。他们实际上努力避免陷入中西学二元对立的关系里。何启、

---

① 《郭嵩焘日记》第3卷，第574页。
② 王韬著，陈恒、方银儿评注：《弢园文录外编》，第36页。

胡礼垣主张"由中达外"①。他们注重在心本上会通中西，注重分析对比，注重寻找共性；在道的思想基础上统一了中西、超越了中西。进一步，他们认为应该重视实用和现实。从学术和主张的内容来看，以经义取才并不是根本，根本在实学，没有实学就不会开务成物。"不谓力求西学，如康君其人者，至今犹欲以古学贱之也。惟实学所重不在辞章，则文字一节，以经史考之可，以策论考之亦可，即以诗赋考之均无不可。"② 不讲求"实学"，"虽废八股而并废经义，谈西法而广设学堂，实属无济"③。问题的根本不在于是中学还是西学，根本在于它的内容和功用。近代早期改革派注重中国传统文化和西方近代文明的相互阐明。还是郑观应揭示了改革派古今中西观的实质。"夫制无分今古，法无论中西，苟有益于民，有利于国者，行之可也。"④ 具体而言，还是要分出本末、体用、道器、常变、新旧、虚实、内外等。一般人们以为在早期改革派那里中西和本末、体用、道器、常变、新旧、虚实、内外是简单的对应关系，主张中体西用、中道西器、中本西末。事实上并非如此。在早期改革派那里这些范畴是解决学习西方和改革中国的内容和次第问题。这在下文将得到进一步的说明。

对晚清中国文化面临的世界的强弱局势的判断与中国发展道路的选择密切相关。王韬在《答强弱论》中说："呜呼！世变至此极矣。中国三千年以来所守之典章法度，至此而几将播荡澌灭，可不惧哉。"⑤ 面临如此严峻的文化发展形势，坚持内在性的文化发展道路是中国开明的知识分子的必然选择。中国发展科

---

① 郑大华点校：《新政真诠——何启胡礼垣集》，第2页。
② 同上书，第269页。
③ 同上书，第270页。
④ 郑观应著，王贻梁评注：《盛世危言》，第351页。
⑤ 王韬著，陈恒、方银儿评注：《弢园文录外编》，第303页。

技和机械要坚持自造、自修、自用,同时要学习西方,进口机械。"能造、能修、能用,则我之利器也;不能造、不能修、不能用,则仍人之利器也。……故不可常也。终以自造、自修、自用之为无弊也。"① 但学习发展中国的科学技术可以以西方科学为基础。对西方的伦理价值文明的学习要以中学为基础,正如王韬所说的圣贤之学需自此基。总合起来是以中国伦常的价值理性为本,辅之以诸国富强之术。此伦常的"本"从整个学派的思想来看不是单一的"中",而是进行了新解的"中";此西国富强之术,也不是单纯的"西",而是中学化了的"西";合起来就是由中达外。内是中学、外是西学,由中达外就是一种内在性的合理化道路。

中国哲学和文化的发展需要实现源流的合一。薛福成说:"且夫和仲之宅昧谷,用察玑衡;伯阳之至流沙,当携图籍。凡兹西学,实本东来。"② 就科学(以自然科学技术为主,包括社会科学)而言,西方已经远远超过中国。但在历史上中国的自然科学技术是不比西方差的,西学中源,中国文化和中国圣人是最好的。这个观点有些绝对化,夸大了中国文化对西方文化的影响。但也具有用中学比照西学来寻找相似性的意思。后来,用中学比照西学已经被历史遗忘了。但在当时,以中学为主,比照、融化、消解西学还是时代的主潮流,也是文化碰撞过程中必然发生的现象。西方文化不能照搬,要根据中学来重新解释、融入中学,要确立中学主体的地位。不过薛福成确立中学主体地位的方法有些简单化了。单纯地说"源"与"流"是不能解决这个问题的。但也应该看到,用中学解释西学有更优越的地方。另外近代早期改革派有时也讲西学东源,要学习西学,更多的是主张源

---

① 冯桂芬著,戴扬本评注:《校邠庐抗议》,第200页。
② 徐素华选注:《筹洋刍议——薛福成集》,第108页。

流的合一，论证西学和中学的合理性。这是一个双向论证的过程。"西学中源说"的内涵也是一个是是非非交织在一起的杂拌儿，其中既包含着许多真理性，比如火药、陶瓷、指南针、造纸术、育蚕缫丝、印刷术、数学上的二进位制等等，确实皆发轫于中国，显现出中华民族对包括欧洲近代文明在内的全人类文明进步作出的巨大贡献，这是举世公认的事实，云其"西学中源"并非诳语；其中有些内容，虽然持论可能不够确凿，论据也不够充分，但也包含有待进一步论证的合理成分，比如薛福成所罗列的"化学之本炼丹"、"制作因于《考工》"、"元驸马火器之遗，演之为枪炮"等等，皆点到了中西之间的源流、因承关系的课题，尚有待于进一步考释论证，不能武断地斥之为荒谬；其中也确实包含不少牵强附会、生拉硬套、失之武断的内容。

近代早期改革派所指的"流"包括了西方的自然和社会科学，以及技术和大工业、西方的伦理和政治等。就像王韬所指出的包括礼乐制度、天算技艺等等。源流合一的说法双向论证了学习西方文化的合理性以及中国哲学文化的合理性。

近代早期改革派主张用中国文化的源合西方的流，中国文化的道合西方的器，中国文化的本合西方的末，显示出近代早期改革派坚持一种内在性的文化发展道路。近代早期改革派解释的源、本、体、道中已经包含了流、末、用、器的内容了；而流、末、用、器也体现着源、本、体、道。道器的合一，就是以人文主义为基础的人文主义和科学主义相结合的道路。内在性必然结果就是以人文主义为基础的和科学主义相结合的道路。中国的优势在人文，劣势也在人文，近代早期改革派力图突破传统人文主义惰性的限制，赋予传统人文以西方文化的一些内涵，并进一步进行传统人文主义的科学解读。早期改革派的思想，具有科学主义的色彩，他们希望借助科学技术实现民族的独立和发展，热衷于科学技术的学习和推广，是科学主义的鼓吹者，尽管他们思想当中，人文主义占有很大的比重，并具有人文和科学相结合的倾向。近代早期改革派在固守中国传统文化人文价值的同时也推动了中国传统人文价值向西方近代人文主义的靠拢，推进了中国传统以儒家思想为核心的人文价值的近代转化。近代早期改革派力图对中国传统哲学及其文化进行西方近代科学主义的理解和解释，融入科学知识和实证的、求实的、理性的精神。在这个过程中，基点还是人文主义精神。

近代早期改革派和洋务派的中国文化合理化的道路主张是不同的。在洋务派那里，西方的科学技术和工商业文明的合理性仅仅局限在可以用来发展经济和军事，即经济和军事合法合理性，以及用来维护法统，即政治的合法合理性的目的。至于西方文明的道统合法合理性不是他们重点关心的问题，或者说他们基本上否定了西方文明，包括西方伦理、科学技术、基督教、工商业和政治文明的道统的合法合理性。科学技术和工商业文明还没有被看做是中国文化道统本有的内容，他们理解的中国文化是缺少西方文化内涵的、狭窄的、和西方处于外在的紧张和对立关系当中的。顽固派和保守派甚至否定了西方文化对于政治统治有用的一面，否定了西方文化相对于中国经济、政治的合理性。在近代早期改革派那里，中西文化紧张对立的关系被初步地消解了，或者说变得已经不再重要。他们开启了对中国传统文化进行西方式的新的解释的思想历程。

应该说近代早期改革派开启的这一中国哲学现代化的历程，与后来的一些思想家是不同的，也为一些思想家所继承和发展。近代早期改革派的思想还是多元的、粗浅的，具有一定的科学知识、科学方法；西方的实证哲学方法；基督教文明，西方伦理，西方的民主、工业化和商业化内涵。后来，康有为等比较多地发展了进化论科学知识、基督教文明，西方伦理这一方面；严复和王国维比较多地发展了逻辑方法，实证方法方面。

2. 治中驭外的社会自强之路

近代早期改革派选择的中国社会发展道路是内在性的改革道路。这一道路是建立在道器、常变、内外、强弱的辩证逻辑基础之上的。

对中国社会所处的强弱形势的判断也与中国社会发展道路的选择有关。就晚清中国面临的形势而言,中国处于弱势。薛福成认为晚清的世界局势"此殆宇宙之奇变,古今之创局也"①。早期改革派给近代中国开出的药方的基点是自强。冯桂芬主张自强。"如耻之,莫如自强。"② 冯桂芬认为"今者诸夷互市,聚于中土,适有此和好无事之间隙,殆天与我以自强之时也,不于此急起乘之,只迓天休命,后悔晚矣"③。王韬写了《变法自强》,详细地论述了自强之道。马建忠、郑观应、郭嵩焘、何启、胡礼垣也都主张自强。早期改革派论的自强包括经济自强、文化自强、外交自强、军事自强、政治自强。自强并不排斥学习西方,反而要通过学习西方,通过改革开放实现自强。早期改革派在内外问题上不是沿着内圣开外王的道路来展开,而是坚持以外王促内圣,把内外结合起来,促进主体的发展。早期改革派国家和民族意识的觉醒,以及西方文化的冲击使治中驭外的自强之路包含了国家、民族和文化的主体意识。在中外的逻辑框架下,自强成为处理中西关系的根本立足点和落脚点。

自强之道是治中驭外之道。薛福成也精求自强之术,他认为:"臣愚以为欲御外侮,先图自强;欲图自强,先求自治。"④

---

① 丁凤麟、王欣之编:《薛福成选集》,第500页。
② 冯桂芬著,戴扬本评注:《校邠庐抗议》,第197页。
③ 同上书,第199页。
④ 徐素华选注:《筹洋刍议——薛福成集》,第41页。

王韬则明确强调"治中"以"驭外"。《治中》篇说："我国今日之急务,在治中驭外而已。"① 治中在先,驭外在后,治中是本,驭外是末,治中就是驭外。"立国以自强为先,在乎己者能有恃以无恐,而其余自无不举矣。"② 治中驭外之道是善守、善备之道。"善为守者不予人以有间,善为备者不示人以可疑。我维自立于不败之地,亟图自强,借以治中而驭外,毋使人得以乘隙而抵我,虽俄大英强,其能为我患哉!"③

什么是治中,什么是治外呢?中国社会自强之路的内涵是什么呢?外指外交,内指内治,内在性的自强之路就是以内治固外交。"大抵外交之道,与内治息息相通。"④ 内治就是改革,驭外就是外交和开放:"治中不外乎变法自强,驭外不外乎简公使,设领事,洞达洋务,宣扬国威而已。"⑤ 这就是改革和开放密切结合的道路。

外交本身也有内外,加强自身的德性修养,能够对睦邻一视同仁就是内,使臣、领事等就是外,治中驭外就是外交之道。王韬说:"睦邻柔远,一视同仁,破除畛域,相见以天,此以尽乎内者也。遣使臣,设领事,通文告之词,浃往来之谊,此以尽乎外者也。本末兼备,内外交修,则庶乎可矣。"⑥

治中就是加强军事力量:"夫治中即所以驭外。器精用足,兵练民固,而加之星使分驻各邦,消息相通,呼吸互应,诸国有不咸遵王度,共怀约章者乎?"⑦ 这样的治中本身就是驭外,治

---

① 王韬著,陈恒、方银儿评注:《弢园文录外编》,第68页。
② 同上书,第106页。
③ 同上书,第205页。
④ 丁凤麟、王欣之编:《薛福成选集》,第313页。
⑤ 王韬著,陈恒、方银儿评注:《弢园文录外编》,第68页。
⑥ 同上书,第118页。
⑦ 同上书,第70页。

中和驭外的区别是相对的。加强军事力量是驭外,治中则是政治和教育改革。"我中国亦惟有内求诸己而已矣。……整顿海防,制造军舰,演练水师,此治于外者也。延揽人才,简选牧令,登崇俊良,此治于内者也。外治则兵力强,内治则民心固。二者既尽其在我,何向而不济,复何国之不畏,虽使制梃可挞坚甲利兵矣。"①

治中驭外之道是一种内在性的道路,是以内求外的道路。王韬说:"惟鉴前则后平,惟惧外则内宁,必修己而后治民,必自强而后睦邻。"② 期改革派主张以内求外,通过内求达到外求的效果。何启、胡礼垣说:"国之为国也,必内修,然后可以外攘。"③

治中要以得人为先。"睦邻之道无他,首在自强,而自强尤以得人为先,得人必先以总理衙门始,所谓由内以及外,由近以及远也。"④ 内修就是亲民:"夫民者,内也。官既失于内则必求诸外。民者,亲也。官既失于亲则必向诸疏。"⑤ 内求是求仁卫国,具有道德的合理性。"凡事有求于人,有待于外者,其为不为,未可逆料。若其事不须求人,但求诸己,不须务外,但务乎内,则为之必得,可决无疑。孔子曰:'我欲仁,斯仁至矣'。孟子曰:'国自伐,而后人伐。'今之用民智以行新政,是直求至于仁以自卫其国耳。仁至而国能自卫,则人不惟不我伐,且将为我保,此溥通之理也。公行新政其说如此。"⑥ 近代早期改革派强调发展的内在性。行民权就是一种治中驭外的道路。"夫今

---

① 王韬著,陈恒、方银儿评注:《弢园文录外编》,第247页。
② 同上书,第278页。
③ 郑大华点校:《新政真诠——何启胡礼垣集》,第73页。
④ 王韬著,陈恒、方银儿评注:《弢园文录外编》,第117页。
⑤ 郑大华点校:《新政真诠——何启胡礼垣集》,第200页。
⑥ 同上书,第502页。

之中国,贫弱极矣,外辱日亟,内讧滋深,思欲挽回而匡救之者,惟有大张民权说,同好恶,使人得尽其言,布公平,使民得共其利,民志定则反侧靖,民心结则外患消,此实眼前急务也。"①

关于这种道路,用今天的话来讲就是改革开放的道路。薛福成择其"约而易行"之"术",也就是依据当时中国国情比较容易推行的具体措施,向光绪皇帝提出四点建议:"励人才"、"整武备"、"浚利源"、"重使职"。王韬认为善用强弱就可以使强弱发生转化,而关键就在于自我的改革和对外的开放。

二 彰往察来

早期改革派认为古今之事、古今之物、古今之理都是不同的:"古今异时亦异势。"② "夫事也,物也,理也,固有为古之所有今之所无者,亦有为古之所无今之所有者。"③ 因此用今天的看法看待古人,用古代的看法来看待今天是不可以的:"执今之有无,以定古之有无,不可也;执古之有无,以定今之有无,亦不可也。"④ 尤其是宗经,一味固守古意就更不可取。"是故守刳木为舟之义,则铁甲必不可以为船,守弧矢以威之义,则枪炮必不可以为战……守目力耳力之义,则电法必不可以为利。随举一事,皆觉今古不同,源流顿异。然则泰西之保民,养民,教民,能至于是者,无经义以阻挠之也。"⑤ 复古就更不可取。冯桂芬说:"然则为治者,将旷然大变一切复古乎?曰:不可……

---

① 郑大华点校:《新政真诠——何启胡礼垣集》,第422页。
② 冯桂芬著,戴扬本评注:《校邠庐抗议》,第68页。
③ 郑大华点校:《新政真诠——何启胡礼垣集》,第268页。
④ 同上。
⑤ 同上书,第268—269页。

礼称'不相沿袭,'又戒生今反古。古法有益复,有难复;有复之而善,有复之而不善。复之不善者不必论,复之善而难复,即不得以其难而不复,况复之善而又易复,更无解于不复。"① 同样的,一味崇尚知今也不可取。

郑观应感叹:"今之公卿大夫,墨收陈编,知古而不知今;游士后生,浪读西书,知今而不知古,二者偏执,交相弊也。夫中国生齿四百兆,其中岂无一二通才,洞悉古今利弊,统筹中外局势,思欲斟酌损益为国家立富强之基?"② 正确的古今态度应该是洞悉古今利弊,在有利于国家富强的基础上进行取舍。

这也就是"彰往察来"③;"缘古证今"④。这种方法也就是不变之道和迭变之法的统一:"今天下之变亟矣,窃谓不变之道,宜变今以复古;迭变之法,宜变古以就今。呜呼!不审于古今之势,斟酌之宜,何以救其弊。"⑤ 因为"惟能复古,乃能因时,愈欲因时,则欲思复古"⑥。这种方法对待古是:"去其不当复者,用其当复者,所有望于先圣后圣之若合符节矣。"⑦ 这种方法的落脚点在通今。用古通今不如以今通今更好一些。"学古非不可以通今,何如以今通今之为功易也。"⑧ 这实际上指出了复古主义者和今文经世学说在古今观上的缺陷。王韬说:"故吾尝谓,中国之士博古而不知今,西国之士通今而不知古。然士之欲用于世者,要以通今。"⑨

---

① 冯桂芬著,戴扬本评注:《校邠庐抗议》,第68页。
② 夏东元编:《盛世危言》,《郑观应集》上,第315页。
③ 郑大华点校:《新政真诠——何启胡礼垣集》,第2页。
④ 陆玉林选注:《使西纪程——郭嵩焘集》,第142页。
⑤ 徐素华选注:《筹洋刍议——薛福成集》,第89页。
⑥ 郑大华点校:《新政真诠——何启胡礼垣集》,第180页。
⑦ 冯桂芬著,戴扬本评注:《校邠庐抗议》,第68页。
⑧ 郑大华点校:《新政真诠——何启胡礼垣集》,第269页。
⑨ 王韬著,陈恒、方银儿评注:《弢园文录外编》,第143页。

早期改革派对古今的看法具有重要的学术和文化意义。后来近现代文化讨论中曾出现宗古、疑古、释古等不同的立场，近代早期改革派对处理古今关系中可能出现的偏执有所论述。郑观应认为《易言》(20)的著述宗旨是："由今之道，变今之俗，宜览往古，法自然，诹远情，师长技，攻其所短，而夺其所恃"。[1]中西差异包含着古今发展程度的差异。西方的文化是现代化的文化，中国文化是古代的、传统的文化。在中西两种发展程度的文化之间，郑观应反对选择一种，中国文化的现代化之路是会通古今。

近代早期改革派触及中西、古今冲突的经济、政治、文化的诸多方面，已经把思考的主题矫正到了中西这个主题上面，从而使自己的思考具有现代的特征和性质。冯桂芬虽然还在使用"夷"这个概念指称西方，但"夷"的内容已经接近西方的真正内涵，中西关系被真正地当作一个主题被提出并加以思考。"今国家以夷务为第一要政，而剿贼次之。"[2] 西方学术被当作一个独立的学术来加以对待（采西学）。郭嵩焘的自强思想是以其全新的中西文化观为基础的，我们分析其自强思想，实际上也就是探讨其"中西文化观"。薛福成1865年在《上曾侯相书》中就主张"筹海防"、"挽时变"，到《筹洋刍议》就完全在论述中西关系这一主题；再到《出使日记》我们可以清楚地看到中西关系在其思想中的主题地位。王韬、郑观应几乎每论一事，都不离中西古今。他们在中西的论述中又始终不离古今的思考，以西方的经验和文化思考中国的古代，看待现实，必然会逐步地推导出对古代文化的重新思考和对现实的批判与改革。古今的论述就自然地具有传统和近代、现代的性质，在旧有的古今论述中融进

---

[1] 夏东元编：《郑观应集》上，第173页。
[2] 冯桂芬著，戴扬本评注：《校邠庐抗议》，第205页。

了新的时代内容。早期改革派发现近代中国问题的理论基础既有传统经世思想的因素，又有西学的因素。这一点和清流一派有很大的不同，清流派诊断社会问题的立场是传统的经世的理论，如抵抗外来侵略、重塑士大夫政治和地方政治，解决人口危机和经济危机等都具有这个特点。因而对待西学更多的是一种手段，对精髓把握得很不够。问题的性质不再仅仅局限于传统的范围之内了，具有一定的近代和世界的特征。在经世的视野里，中国向何处去的问题是不存在的，或者说是不言自明的。经世思想家虽然意识到中国的问题已经不再是原来经验认识那么简单，但始终没有脱离内政的主调。对西方认识上的盲目和片面使他们不可能把中西、传统和现代真正地当作一个问题加以思考。就连洋务官僚也没有脱此窠臼。一个中体西用敷衍了事自然不能对中国向何处去作出认真的回答。而洋务运动的成就也并不能完全归到洋务派身上。诸多成就的取得离不开近代早期改革派的建议和不懈的工作。但也要看到，仅局限在这个问题的表面还不能对近代早期改革派的思想进行合理的揭示。近代早期改革派希望能够贯通古今中西，那么他们是怎样贯通的呢？他们基本上采取了道器合一的模式，并归结到实事求是。

三　道器合一

毕竟，古今中西相对于道而言，还有一个差序的格局，相对于不同的社会需求有不同的对比优势，如何解决中西文化的融合以及指导社会合理化的问题还要有一个相对的范畴原则，作为方法论指导的一个方面。道器、本末、体用、新旧、变和不变、内外、源和流等这些本是中国哲学的基本范畴。近代社会的文化变革又使中西范畴进入人们的头脑。运用道器、本末、体用等范畴来看待中西文化的关系，处理中西文化碰撞产生的问题，处理传统与现代，谋求传统存在的合理性和发展，对中国固有文化的前途发表见解是当时占主导的思维模式和基本的文化方略。近代早期改革派对此有着自己独立的见解，确立了中国哲学文化和社会合理化的基本原则，即道器合一、源流合一、本末兼治、考旧知新、体用合一、内外合一、常变合一。这些范畴加上古今中西范畴等形成了近代早期改革派处理中国哲学文化和社会发展的基本的方法论和范畴论。

1. 本原论和认识论

早期改革派讲道，是不离器的道，有时直接把器就看做是道。他们认为天下万物可分为道器。"尝谓自有天地以来，所以弥纶于不敝者，道与器二者而已。"[①] 道器的关系是道器不可分，道在器中，道包括器。道在器中，道表现为、包含着器。"道之所寓者，器也。……然道之中未尝无器，器之至者，亦通乎道。"[②] 二者作为本体和现象的关系看是一贯的："所谓形上、形下，一以贯之者也。"[③] 二者是"成"和"载"的关系：道以成器，而器以载道，二者无相离。从本原论的角度看是器由道生，制器是道的流行，"物由气生，即器由道出。……既曰物有本末，岂不以道为之本，器为之末乎？又曰：'事有终始。'岂不以道开其始，而器成其终乎？……则道又寓于器中矣。……道非器则无以显其用，器非道则无以资其生。……兼者合而一之之义，分而两则道、器离矣"[④]。就认识道来讲，"然《易》独以形上形下发明之者，非举小不足以见大，非践迹不足以穷神"[⑤]。

---

① 丁凤麟、王欣之编：《薛福成选集》，第103页。
② 同上。
③ 薛福成：《出使英法意比四国日记》，第71页。
④ 郑观应著，王贻梁评注：《盛世危言》，第56页。
⑤ 同上书，第57页。

2. 文化哲学

早期改革派把古老的道器关系搬过来，从表面上看没什么新意，但实际上并非如此。其新意之一是具有文化哲学内涵。上述本体论、本原论的论述都指向解决中西学，尤其是科技的问题。道学是性命之学，器学是象数之学。作为一种学问，器学主要指自然科学："一切汽学、光学、化学、数学、重学、天学、地学、电学"等"后天形器之学"，是形而下的。郑观应认为器学不能和道学等量齐观。"夫道弥纶宇宙，涵盖古今，成人成物，生天生地，（八卷本增：虽《中庸》、《周易》已详，要非俗儒所能知）岂后天形器之学所可等量而观。"① 但器学不意味着永远就是器。

早期改革派没有侧重论述器的特殊性，而是认为器也具有普遍性。"泰西诸国今日所挟以凌侮我中国者，皆后世圣人有作，所取以混同万国之法物也。"② 因此学习西方和改革现实还应该是道器兼顾。道器虽然有分，但道离不开器，所以"道不能即通，则先假器以通之，火轮舟车皆所以载道而行者也"③。

这样一来处理中西文化的关系可以坚持如下原则："器则取诸西国，道则备当自躬。"④ 具体的就是说要"今诚取西人器数之学，以卫吾尧、舜、禹、汤、文、武、周、孔之道，俾西人不敢蔑视中华"⑤。

---

① 郑观应著，王贻梁评注：《盛世危言》，第57页。
② 王韬著，陈恒、方银儿评注：《弢园文录外编》，第36页。
③ 同上。
④ 王韬著：《弢园文录外编》，中华书局1959年版，第323页。
⑤ 徐素华选注：《筹洋刍议——薛福成集》，第90页。

3. 历史哲学

道器本来合一，但各自有分，分有纵向的分和横向的分。早期改革派对道器的考察，没有局限在本体论和本原论的层面上，而是在社会历史层面考虑的。在早期改革派看来，中国"三代"以后，尤其是秦以后，重道轻器，道离开了器，道变成空文，不是真正的道了。"自《大学》亡《格致》一篇，《周礼》阙《冬官》一册，古人名物象数之学，流徙而入于泰西，其工艺之精，遂远非中国所及。盖我务其本，彼逐其末；我晰其精，彼得其粗。我穷事物之理，彼研万物之质。"西方重器，器是载道而行的，器中有道，但道不很明朗。横向看，现实的中国重道，现实的西方重器，把二者结合起来就可以实现道器的统一。"中国所尚者，道为重；而西人所精者，器为多。"① 按照这个逻辑，中国有道无器并不是真正的道，西方有器则有道，西方的器是载道而行的。

郑观应认为中西道器："合之则本末兼赅，分之乃放卷无具。"② 他希望"我师彼法，必须守经固本；彼师我道，亦知王者法天。彼此洞识阴阳造化之几，形上形下之旨，无分畛域，永息兵戈，庶几一道同风之盛，不难复见于今日。余拭目而俟之矣"③。他们希望"由强企霸，由霸图王，四海归仁，万物得所，于以拓车书大一统之宏规而无难矣。猗欤休哉！拭目而俟之已"④。其结果就是中和西由应当的合一变为现实："斯乃道器兼备，不难合四海为一家。"⑤ "此其理，中庸之圣人早已烛照而券

---

① 丁凤麟、王欣之编：《薛福成选集》，第103页。
② 郑观应著，王贻梁评注：《盛世危言》，第57页。
③ 同上书，第58—59页。
④ 同上书，第58页。
⑤ 丁凤麟、王欣之编：《薛福成选集》，第104页。

操之。其言曰：天下车同轨，书同文，行同伦。而即继之曰：天之所覆，地之所载，日月所照，霜露所坠，舟车所至，人力所通，凡有血气者莫不尊亲，此之谓大同。"[1] 近代早期改革派道器合一说有着沟通人文和科学的含义。

近代早期改革派肯定了西方的器中有道，实际上就是肯定了工具的合理性，他们高扬科学技术和西方的大工业，以及建立在此基础上的商品和工业经济，实际上就是肯定了西方的目的—工具合理性。他们肯定了西方人伦关系也是有道的，实际上就是肯定了西方交往方式和道德价值的合理性。道器合一的主张肯定了中国社会和文化现代化的工具、交往和价值合理性的统一。而在现代化进程中，中国更应主张工具的合理性，而道德的合理性中国已经具备，只要发展其普世性的方面就行了。

4. 社会哲学

何谓器？"器"指万物，在近代早期那里，器的外延包括机械。就治国之道来说，器"不得谓治国平天下之本也"[2]。

早期改革派没有局限在传统的在社会伦理关系领域探讨自然与社会的关系，而是在社会经济领域进行探讨，社会哲学向经济领域的这种转向，具有现代哲学的特征。如果局限在上述内容，还不能说明早期改革派对社会的哲学思考有什么新的进展。早期改革派在人与自然这个层面上推进社会认识的合理化进展集中体现在对人与自然物产、人与机械、机械与自然的关系的认识当中。这种认识触及了生产力本身的问题。

薛福成感叹康熙乾隆以来民众谋生越来越难的局面，并分析

---

[1] 王韬著，陈恒、方银儿评注：《弢园文录外编》，第36页。
[2] 同上书，第51页。

造成这种情况的原因是物质生产落后于人口生产的发展。"无他，以昔供一人之衣食，而今供二十人焉；以昔居一人之庐舍，而今居二十人焉。"① 他在《西洋诸国导民生财说》中认为"人满之患"是造成晚清贫弱、不如西洋富强的一个重要社会因素。他在《出使日记续刻》中还指出了人口增长同人民生活水平呈反比例发展的现象："近数十年来，中国民穷财尽，小民竭终岁勤动之力，往往不能仰事俯畜。生计之艰，视百年以前，不啻三四倍焉；视二百年前，又不啻七八倍焉。"② 这里触及了生产力中包含的人口生产和物质生产的矛盾。

薛福成提出了工商业化这个"浚其生财之源"的"补偏救弊之术"、"养民最要之新法"、"生财之源"。具体办法涉及机器制造、铁路、邮政局、日报馆、通商、领事衙门、电线、国家公帑、商务局、博物院、正副商董、机器局、关口税、荒地、矿政、钞票、化学、贤能、漕法、账项、银行等方面的内容。其核心和灵魂是"用机器殖财养民"③。机器增长人的自然力，机器力的发现，实际上触及了生产力的要素问题。

国内有的人根据"中国人民之众，十倍西洋诸国"这一国情，提出如下异议："议者谓广用机器，不啻夺贫民生计，俾不能自食其力。"④ 薛福成同样依据中国国情，尤其是从落后的中国遭受西方资本主义盘剥的现实出发，以前瞻的眼光阐述了"用机器殖财养民"的重大意义。他认为，倘若"中国以屏除机器为养民之法"，那么，只能导致更加深重的社会后果："必有人所能造之物，而我不能造者；且以一人所为之工，必收一

---

① 丁凤麟、王欣之编：《薛福成选集》，第365页。
② 同上书，第619页。
③ 同上书，第420页。
④ 同上。

人之工之价，则其物之为人所争购，必不能与西人之物相抗也明矣。自是中国之货，非但不能售于各国，并不能售于本国；自是中国之民，非但不能自食其力，且知用力之无益，亦遂不自用其力；自是中国之民，非但不能成货，以与西人争利，且争购彼货以自供其用，而厚殖西人之利。然则商务有不衰歇，民生有不凋敝，国势有不陵替者哉。是故守不用机器调济贫民之说者，皆饥寒斯民，困阨斯民者也。此从前闭关独治之说，非所施于今日也。"① 薛福成对中国广用机器积极后果的剖析，更洋溢着维护民族利权的爱国情怀，用机器以造物，则利归富商，可分其余润以养我贫民；不用机器以造物，则利归西人，如水渐涸而禾自萎，后患无穷。工业发展以后，可以转移农业剩余人口到工业中去。郑观应也主张分流传统产业的人员到工业中去。关于人和机械的关系，冯桂芬从两方面来强调移植西方新式机器技术以促进生产发展的重要性。从个人角度看，《垦荒议》、《筹国用议》、《采西学议》等指出，运用先进机器技术有利于经营谋生、积累财富，"用力少而成功多，是可资以治生"②。从社会角度看，移植新式机器技术，有益于国计民生。借鉴西方经验，工业化对实现中华民族的自强具有重大的意义和价值。"中国果欲发愤自强，则振百工以前民用，其要端矣。"③ 冯桂芬在《制洋器议》、《变通淮盐议》等中强调采用西方的先进武器和军事技术制夷、制民。郑观应认为："盖利器为形，利用为心，有利器而不能利用，则人如木偶，安得不制人者而制于人？"④

---

① 丁凤麟、王欣之编：《薛福成选集》，第420—421页。
② 冯桂芬著，戴扬本评注：《校邠庐抗议》，第210页。
③ 丁凤麟、王欣之编：《薛福成选集》，第483页。
④ 郑观应著，王贻梁评注：《盛世危言》，第297页。

早期改革派对科技和人的关系的考察,内含着科技理性和价值理性的关系的考察:中国的圣人都是器物的发明者,自然道德和科技发明得到了完美的统一;科技和机械使人有恒产,自然有恒心,道德的问题自然得到了解决。在薛福成看来,"人满之患"也是造成晚清社会动荡的一个重要激化原因:"彼知力终不能自赡,则益好逸恶劳,或流为游手,为佣匄,为会匪者,所在多有。仓廪不实,不知礼节,衣食不足,不知荣辱,自然之势也。"[1] 用机械生财,导民致富,道德的问题自然会得到解决。

四 本末兼赅

1. 事物的存在论考察

王韬认为,治理天下当立其本,而不仅仅是在末上下工夫,改革应该由本及末,由大及小,由内及外。近代早期改革派主张"末不能离本"[2]。本末是一体的:"虽然,本末者,事之始终也。指一事之全者而言,谓其有是本,因而有是末也,非指二事之散者而言,谓其本在此,其末在彼也,本末有先后而无不同也。其本为嘉禾,则其末必不为粮莠。其本为粮莠,则其末必不为嘉禾。"本决定末:"本小则末亦小,本大则末亦大。"应重视本:"是故末非虑也,所虑者本也,所虑者本之小也。"[3] 在早期改革派那里,本末指什么呢?在不同的思想家那里,在不同的语境下,所指有所不同,本末往往相对地应用,导致了某一具体事物有可能同时是本末。但综合起来看还是有一个逻辑层次的。本基

---

[1] 丁凤麟、王欣之编:《薛福成选集》,第366页。
[2] 郑大华点校:《新政真诠——何启胡礼垣集》,第7页。
[3] 同上书,第302页。

本指根本，末指枝节。

2. 文化哲学的思考

何启、胡礼垣的这一看法是不是否定了冯桂芬、郑观应等人的认识呢？实际上不是，他们也把本末与中西联系起来，"己为本也，人为末也"①。中西在他们看来应该不是作为散者的二事。中学的推本就有西学的原理，己本人末就具有一定的超越中西学的意义，实际上是一本一末。冯桂芬则说："如以中国伦常名教为原本，辅以诸国富强之术，不更善之善者哉？"② 郑观应讲大本末："故善学者必先明本末，更明所谓大本末而后可。以西学言之，如格致制造等学其本也（各国最重格致之学，英国格致会颇多，获益甚大，讲求格致新法者约十万人），语言文字其末也。合而言之，则中学其本也，西学其末也。主以中学，辅以西学。知其缓急，审其变通，操纵刚柔，洞达政体。教学之效，其在兹乎。"③ 郑观应在《西学》篇论证了自己所说的作为"本"的中学不是当时流行的"时文"，而是包括西方自然科学源泉在内的"实学"。西学包括天地人三学，即一切哲学及自然和社会科学在内的学说。中学为本，西学为末的真实内容是废时文，重西学，兴实学，以中学为原本，吸收和整合西方学术。西方的科学技术在他们看来就不单纯是末，同样中学有其本，有根源、有基本的原理。学习西方科学技术就是本末兼赅。这和洋务派是有根本差别的。在洋务派那里，中学基本不超出纲常的范围，西学更很难囊括政教。标本兼治对于中国文化的发展道路和中西文化的关系而言就是以中国文化为主的内在性的

---

① 郑大华点校：《新政真诠——何启胡礼垣集》，第85页。
② 冯桂芬著，戴扬本评注：《校邠庐抗议》，第211页。
③ 郑观应著，王贻梁评注：《盛世危言》，第76页。

文化发展道路。

3. 社会哲学的思考

早期改革派用本末说明学习西方、改革现实的内容与次第问题,在说明的过程中实际上触及并解决了一些社会历史哲学问题,是一个关于社会各层面,主要是经济、政治和文化层面的一般关系的问题。早期改革派曾经指出"本"在经济方面有器、商业、浚财源,政治方面有政教,文化方面有学、人心风俗,军事方面。综合起来看,基本上他们是把文化因素看成是本,依次相对的是末。"本"决定"末"实际上就是认为文化决定教育(人才)政治、政治教育决定经济,再决定军事外交。其中每一部分又涉及人和人才的问题。人才的本是学,人应该做学问的主体,人和文化二而为一。早期改革派的基本看法虽然颠倒了文化和政治经济的关系,但由于强调都不可偏废,还是对社会的结构和次第作出了一些哲学思考。

如薛福成认为:"然则居今世而图立国之本,虽尹、吕复出,管葛复生,谓可勿致意于枪之灵,炮之猛,舰之精,台之坚,吾不信也。若夫修内政,厚民生,浚财源,励人才,则又筹此数者之本原也。"[1] 薛福成把内政,厚民生,浚财源,励人才看做是器的本。

郭嵩焘认为西方"所以能致富强,非无本也"[2]。西方以行商、商务、通商为本,官商常亲。[3] 通商又以政教为本。"嵩焘窃谓西洋立国有本有末,其本在朝廷政教,其末在商贾,造

---

[1] 丁凤麟、王欣之编:《薛福成选集》,第303页。
[2] 《郭嵩焘日记》第3卷,第120页。
[3] 《郭嵩焘日记》第3卷,第328页;《郭嵩焘日记》第3卷,第79页;《郭嵩焘奏稿》,第384页。

船，制器，相辅以益其强，又末中之一节也。故欲先通商贾之气以立循用西法之基，所谓其本未遑而姑务其末者。"① 郭嵩焘认为英国的议会制度"此其立国之本也。……中国秦汉以来二千余年适得其反。能辨此者鲜矣"②。政教还是军事的本。郭嵩焘说："故夫政教之及人本也，防边末也，而边防一事，又有其本末存焉。……敬绎六条之议：如练兵、造船、理财，数者皆末也；至言其本，则用人而已矣。西洋立国有本有末，其本在朝廷政教，其末在商贾，造船、制器益其强，又末中之一节也。"③ 政教为本自然就会得出人心风俗为本的结论。"若是者，强而无道德，富而无风俗，犹将不免于危乱。……是以风俗之美恶，全系之人心。"④ 郭嵩焘认为风俗之本能够保证末之利处于恰当的状况："虽然，为是者有本有末。知其本而后可以论事之当否，知其末而后可以计利之盈绌。本者何？通工商之业、立富强之基，凡皆以为利也。人心厚风俗纯，则本治，公私两得其利，则末治。"⑤ 这就导向了文化问题。郭嵩焘对中国在目前的政治和教育情况下，能否实行西法表示深深的忧虑："今言者动曰取法西洋制造乃能致富强。人心风俗，政治法令，阘冗如此，从何取法西洋乎？"⑥ 郭嵩焘又说："西洋立国自有本末，诚得其道，则相辅以致富强，由此而保国千年可也。不得其道，其祸亦反是。"⑦ 如果不懂本末，勉强行西法也是徒劳："西洋制法，亦自有本末。中国大本全失，西法从何

---

① 杨坚点校：《郭嵩焘奏稿》，第345页。
② 《郭嵩焘日记》第3卷，第373页。
③ 陆玉林选注：《使西纪程——郭嵩焘集》，第93—94页。
④ 《郭嵩焘日记》第4卷，第87—88页。
⑤ 陆玉林选注：《使西纪程——郭嵩焘集》，第155页。
⑥ 《郭嵩焘日记》第4卷，第45页。
⑦ 《郭嵩焘日记》第3卷，第137页。

举行？勉强行之，亦徒劳耳！"①

何启、胡礼垣认为："泰西之学之有是末也，由其有是本也。泰西之才有是用也，由其有是体也。是故富强非末也，借曰末矣，亦必其先有是本然后乃有是末也。富强非用也，借曰用矣，亦必其先有是体然后乃有是用也。无富强之本，则纵使其学极高，亦不能为富强。无富强之体，纵使其才极美，亦不能得富强也。"②富强是西方学问的体和本，但为什么又要称之为末和用呢？这就是因为富强有富强的原因，对于中国而言，仅仅学习西方的机械等是不行的，要从实学入手，因而学就是本和体。"往者中国亦尝学西法矣，然而本末体用之不明，故其言曰：泰西之所以富者，强也；其所以强者，枪炮也，战舰也，炮台也。今吾造枪炮，置铁甲，筑炮台，不亦俨然强国哉？"③何启、胡礼垣认为机械和道德都不是根本，本是"实"，这才是西方各大国致富的共同道路。"实学"是富强的本，是机械、农业、商业、政治、军事、外交的本。以学为本和以人为本是统一的，他们讲的人既是伦理的人，也是具有科技才能的人，是文化的载体。他们讲学不是独立的知识，而是和人结合的文化，人是学的主体。这样一来，他们的文化为本论，还不能看做是文化决定论，不能看做是文化社会历史观。本是根，末是枝节，是一种本源论的关系，它内含着决定论关系。关于学习西方改革现实的内容和次第，综合以上论述可以看出，近代早期改革派基本上强调在道德理性的基础上，进行政教的改革，实行商品经济和工业化，发展近代军事工业和外交。而这一切都要建立在学术文化的近代转型和合理化的基础上。

---

① 《郭嵩焘日记》第 3 卷，第 444 页。
② 郑大华点校：《新政真诠——何启胡礼垣集》，第 301 页。
③ 同上书，第 302 页。

五　明体达用

1. 存在论

关于体用关系，近代早期改革派主张体与用的统一，明体达用。何启、胡礼垣认为"末不能离本，用不能离体"[①]。"体用者身之全量也，指一身之完者而言，谓其有是体，因而，有实用也，非指二物之异者而言，谓其体各为体，用各为用也，体用有内外而无不同也。其体为羽翼，其用则为冲天；其体为鳞甲，则其用为伏地。"[②] "体弱则用亦弱，体强则用亦强，无本无体，则虽有四万万众之人民，无能为役也，虽有六十万万之地力，亦不能开也。"[③] "用非所忧也，所忧者体也，所忧者体之弱也。"[④] 郑观应认为："故中也者，圣人之所以法天象地，成始而成终也；时也者，圣人之所以赞地参天，不遗而不过也。中，体也，末也，所谓不易者，圣之经也。时中，用也，末也，所谓变易者，圣之权也。无体何以立？无用何以行？无经何以安常？无权何以应变？"[⑤]

2. 社会哲学的用法

近代早期改革派对体用关系的理解也揭示了他们对社会基本层面的关系和对学习西方、改革现实的内容与次第的理解。早期改革派更多的是用体用概念来解决学习西方、改革现实的内容和次第问题。1865年，尚在曾国藩幕中的薛福成就提出过："防之

[①] 郑大华点校：《新政真诠——何启胡礼垣集》，第7页。
[②] 同上书，第302页。
[③] 同上。
[④] 同上。
[⑤] 郑观应著，王贻梁评注：《盛世危言》，第50页。

之策,有体有用。言其体,则必修政刑,厚风俗,植贤才,变旧法,祛积弊,养民练兵,通商惠工,俾中兴之治业蒸蒸日上,彼自俯首帖耳,罔敢恃叫呶之战态以螯我中国;言其用,则筹之不可不预也。筹之预而确有成效可睹者,莫如夺其所长而乘其所短。"① 这里提到了"体"与"用"的关系,主要指治理方略,似乎没有明确涉及文化层面上的中学与西学问题,但可以看做是委婉地表达了对中西关系的看法。他所说的"体"的范围是相当宽泛的,不仅政刑、法制、风俗、育才诸项列为体,而且练兵、通商等也列为体。"泰西风俗,以工商立国,大较恃工为体,恃商为用,则工实居商之先;士研其理,工致其功,则工又必兼士之事。"② 郑观应在《南游日记》中明确提出西方文明"体用"的内容:"余平日历查西人立国之本,体用兼备。育才于书院,议政于议院,君民一体,上下同心,此其体;练兵、制器械、铁路、电线等事,此其用。中国遗其体效其用,所以事多扞格,难臻富强。"③ 郑观应的侧重点并不是倡导"中体西用",即中学与西学之间的体用关系,也不是为洋务实践寻求理论支点。正好相反,他的认识基点是西学"亦具有体用",西人立国亦"具有本末",从而批评洋务运动是"遗其体"而"求其末"。郑观应所论与郭嵩焘"西洋立国有本有末"的认识相同,论证重点在于检讨洋务运动对于西学的引入失于"本原"。至于说到学术,何启、胡礼垣认为"为学以实,富强之事乃兴,求才以诚,富强之功乃立"④。"泰西之才有是用也,由其有是体也。"⑤ 这个体是崇实的学术精神,这种精神本身没有体用,是

---

① 徐素华选注:《筹洋刍议——薛福成集》,第20页。
② 同上书,第164页。
③ 夏东元编:《郑观应集》上,第967页。
④ 郑大华点校:《新政真诠——何启胡礼垣集》,第7页。
⑤ 同上书,第302页。

稳定不变的"中"。关于体用与中西的关系，近代早期改革派没有明确地表示主张中体西用，相反，还批评了中体西用："今或以中学为体，西学为用；中学为本，西学为末；中学为经济，西学为富强；皆于其理有未明也。况今者四方告病，盗贼蜂起，失地失权，一月数见，内外交逼，无过此时。而犹谆谆然讲文体之盛衰，论笔阵之强弱，其去时务二字亦云远矣。"① 因此就谈不上属于中体西用派的问题了。

六　以无常法为常法

早期改革派从文化哲学的视角认为，《书经》、《易经》就是把"变"作为自己的核心内容，作为"常法"。"易有变易，有交易、有反易、有对易、有移易，消息盈虚之理，顺逆向背之机，刚柔对待之情，类聚往来之数，凡所以成其吉凶悔吝者，莫不于《易》得之。易者，变动之谓也。穷则变，变则通，君子处事无往而不吉者，以其善变也。"② 为什么《易经》很重要呢？在何启、胡礼垣看来，《易经》是最接近"道"的。"夫经者，有常法之谓也。易者，无常法之谓也。"③ 每一个经典都是表达一种常法的。何启、胡礼垣认为"有疏通知远之常法，而名之为《书经》者"④；"古之教有温柔敦厚之常法，而名之为《诗经》者"⑤。

但早期改革派在使用"变"这个范畴的时候，更多地是从社会历史哲学的角度来使用的。近代早期改革派认为天道的

---

① 郑大华点校：《新政真诠——何启胡礼垣集》，第270页。
② 同上书，第12页。
③ 同上。
④ 同上。
⑤ 同上。

"变"是人事的"变"的根据和基础。变有天人之别。变是一个社会历史哲学问题,天变包括自然和社会历史,是作为历史规律的变和作为历史范式的变。中国早期改革派讲变,大致有两种含义,其一是自然界和历史本身的变,也就是"天变"。二是人根据这种变化的应对之策,也就是人变。他们所说的人变具体而言有改革开放的意思。《论公法》认为"是知物极则变,变久则通,虽以圣继圣而兴,亦有不能不变、不得不变者,实天道、世运、人事有以限之也"①。郑观应在阐述推动社会变革之理由时,贯穿了近代化的思想因素,即对社会文明进化史的感悟。

早期改革派主张内在性的改革道路。"或曰:必变而后可以为国,则将驱东南之风俗政事,文物声明,而尽西北之乎?非也。吾所谓变者,变其外不变其内,变其所当变者,非变其不可变者。所谓变者,在我而已,非我不变而彼强我以必变也。彼使我变,利为彼得;我自欲变,权为我操。"②

内在性的变不等同于量变。"变"有"大变""小变"之别,这个分别实际上是质变和量变之别。近代早期改革派已经认识到近代以来的中国和世界所遇到的变化已经不是一般的量的变化了,而是质的变化了。"世变小,则治世法因之小变;世变大,则治世法因之大变。……彼其所以变者,非好变也,时势为之也"③。不同的变要求有不同的应变的方法。"世变无穷,则圣人御变之道,亦与之无穷。"④ 近代早期改革派主张的变,主张的改革开放具有一定的质变的意义。只不过这种质变是应该自我完成的,并且是有原则的。

---

① 夏东元编:《郑观应集》上,第66页。
② 王韬著,陈恒、方银儿评注:《弢园文录外编》,第304页。
③ 丁凤麟、王欣之编:《薛福成选集》,第555页。
④ 同上书,第556页。

近代早期改革派主张有原则性的变，人事的变即改革是原则性和灵活性的统一。早期改革派强调孔子之道的"常"。"道为本，器为末，器可变，道不可变；庶知可变者富强之术，非孔孟之常经也。"①　"中，体也，所谓不易也，圣之经也。时中，用也，末也，所谓变易者，圣之权也。"② 中体是不易，但不易就是以无常法为常法，以不变为变的内容。

变的原则性和灵活性的统一就是不变之道和迭变之法的统一。薛福成认为"今天下之变亟矣，窃谓不变之道，宜变今以复古；迭变之法，宜变古以就今。呜呼！不审于古今之势，斟酌之宜，何以救其弊？"③ 通变就是改革。但变贯穿古今中西。"常"是"变"之"常"，即变是常的；"变"中有"常"。"惟是通变方能持久，因时所以制宜。"④

有原则的变不等同于部分的变。变的内容有全变和部分的变的不同。早期改革派强调器变，但与此同时向往道变，具有一定的全变的思想。道是不能变的，器是可以变的，孔子之道是不变的，变易是圣人的"权"。薛福成曾主张具体实现以下几个"变"："商政矿务宜筹也，不变则彼富而我贫；考工制器宜精也，不变则彼巧而我拙；火轮、舟车、电报宜兴也，不变则彼捷而我迟；约章之利病，使才之优绌，兵制阵法之变化宜讲也，不变则彼协而我孤，彼坚而我脆。"⑤ 上述内容囊括工矿、商务、交通、电讯诸端，皆从增强国力入手，希望中国由贫弱变为富强。此外，还触及约章、使才和兵制，旨在改变中国在"敌国之环伺"所面临的受欺凌的困境，而对国家的政治体制和思想

---

① 郑观应著，王贻梁评注：《盛世危言》，第54页。
② 同上书，第50页。
③ 丁凤麟、王欣之编：《薛福成选集》，第555页。
④ 同上书，第501页。
⑤ 同上书，第556页。

上层建筑尚未能有所触及，还停留在洋务派所追求的变革蓝图之内。但就早期改革派思想的总体来看，早期改革派主张的变，并非局部的变而是兼道器本末的。何启、胡礼垣论述道："独是变则变矣。而有名无实者不足以言变，阳奉阴违者不足以言变，不揣其本而齐其末者亦不足以言变，耽延岁月观望迟疑者更不足以言变。"① 变贯通本末、体用。"夫所谓本也，即所谓骄傲满盈也。故为中国计者，必先去其骄傲满盈，乃可行其谦虚戒慎，以变中国之法，而起中国之衰；苏中国之民。而扶中国之运。"② 变是全变。"有国者苟欲攘外，亟须自强，欲自强，必先致富，欲致富，必首在振工商，欲振工商，必先讲求学校，速立宪法，尊重道德，改良政治。"③ 这样一来，中西的会通在逻辑上就是可能的了。

变还有顿渐之别。顿渐之别也是质变和量变的问题。只不过，使用不同的概念是为了表述不同的内容。大小之变是为了说明社会的变化，顿渐之别是为了说明改革的进程。早期改革派主张渐，不主张顿。何启、胡礼垣认为新政的失败在于躁进，欲速之心下的新政不能提纲挈领，未能底蕴尽窥，心源直勘。郭嵩焘强调孙子知己知彼的观念对于国家富强的指导意义。他说："天下国家之大，犹之人身也，强者力负千钧而弱者不能，强者日行百里而弱者不能，则姑疏通百脉之气，宣导六府之滞，使其神日舒而力亦日有增长，自可渐进于强。若骤立之法程以课其负千钧行百里，如是以求自强，适恐足以自敝。孙子之言曰：'知己知彼。'知彼力之所及，意之所属，则必有以待之；知我势之所能及与否、理之能胜与否，则亦必求所以自处。彼之所长，循而习

---

① 郑大华点校：《新政真诠——何启胡礼垣集》，第 243 页。
② 同上书，第 249 页。
③ 夏东元编：《郑观应集》下，第 11 页。

之；我之所短，改而修之。去弊求速，立志求坚，任贤求专，收功求缓，自处之道如是而已。自古国家大利之所在，皆成于渐而起于微，断无一蹴而即臻强盛之理。"① 这里，郭嵩焘用孙子"知己知彼"一语，有力地论证了循习彼之所长，改我之所短，使国家渐臻富强的正确途径。

全球化趋势的发展要求中国对外开放。目前的中国已步入"中外联属之天下"，"降及今日，泰西诸国，以其器数之学，勃兴海外，履垓埏若户庭，御风霆如指臂，环大地九万里，罔不通使互市。虽以尧、舜当之，终不能闭关独治。"② 薛福成分析道，如今中国与之并峙的对手，已不同往昔，而是"恃智力以相竞"的西洋诸国，为了战胜这些强大的对手，中国只有学习他们的长处，同样凭借智力与之角逐竞争。薛福成指出："夫欲胜人，必尽知其法而后能变，变而后能胜，非兀然端坐而可以胜人者也。今见他人之我先，猥曰不屑随人后，将跬步不能移矣。"③ 中国要想胜过先进的西方国家，只有认真学习对方的长处，变革自己的短处。对外开放之变的目的在于自强。"一变之道，在乎师其所能，多其所恃。"④ 自强之道对待中西是："始则师而法之，继则比而齐之，终则驾而上之，自强之道，实在乎是。"⑤ 薛福成认为："彼有所长，亦有所短；我有所短，亦有所长。诚能弃所短而集所长，自可用所长而乘所短。未得其术，则难者益难；苟握其要，则难者亦易。"⑥ "弃所短而集所长"和"用所长而乘所短"，更是改变敌我力量对比和促使位置转化的根本途径。何启、胡礼垣

---

① 《郭嵩焘奏稿》，第 346 页。
② 丁凤麟、王欣之编：《薛福成选集》，第 555 页。
③ 同上书，第 556 页。
④ 王韬著，陈恒、方银儿评注：《弢园文录外编》，第 305 页。
⑤ 冯桂芬著，戴扬本评注：《校邠庐抗议》，第 199 页。
⑥ 丁凤麟、王欣之编：《薛福成选集》，第 501 页。

强调"载之大者，其器必宏。国之隆者，其心必广"①。

历史上的封建统治阶级和思想家们，总是以为中国是"中央天朝"，而把外国都看做是"四夷"。中国古代对外开放坚持内外有别、由近及远的严格的宗法等级秩序；重视"和"，暴力和和平共存。其对外关系的指导思想是，着重强调政治上的扬威和怀柔，以争取四夷来朝、万邦宾服。在古代封闭和开放并存。进入近代以后，出现了一股强烈的反对对外开放的思想潮流。近代早期改革派对其相关的观点进行了批驳。马建忠《适可斋记言》指出保守人士专务掩匿覆盖，以绝口不谈外事为高。他们认为，历史上根深蒂固的"华夷之辨"等传统观念，造成士大夫之心相率趋于愚妄。王韬在《弢园尺牍》《代上苏抚李宫保书》中指出深闭固拒之计，是见噎而废食。商业的必然性要求对外开放："至此时而犹作深闭固拒之计，是直妄人也而已，误天下苍生者必若辈也。"② 王韬对反对改革开放的观点进行了批驳，指出："天之聚数十西国于一中国，非欲弱中国，正欲强中国，非欲祸中国，正欲福中国。欲善为用者，可以转祸而为福，变弱而为强。"③ 王韬得出结论说："不患彼西人之日来，而但患我中国之自域。无他，在一变而已矣。三十余年来，西人之至此者，群效其智力才能，悉出其奇技良法，以媚我中国，而我中国熟视焉若无睹，漫习焉弗加察。所谓握要制胜者安在？所谓先事预防者安在？或且以深闭固拒为良谋，或且以柔服羁縻为至计，在朝者，不出于江统之徒，则出于魏绛之和；在野者，不出于辛有之吁嗟，即出于郇模之愤激。即其稍有变通成法者，小变而非大变，貌变而非真变也，粉饰蒙蔽，因循苟且。此贾长沙之所以

---

① 郑大华点校：《新政真诠——何启胡礼垣集》，第 308 页。
② 王韬著，陈恒、方银儿评注：《弢园文录外编》，第 72 页。
③ 同上书，第 304 页。

痛哭流涕长太息者也！"① 变是天心，变贯天人、人己。薛福成认为变贯通中西，并不是用夷变夏。冯桂芬发现中国在更多方面的"不如夷。"他认为中国人聪明智巧在诸夷之上，实行学习西方，对外开放的方针，中国必将齐之、驾而上之。冯桂芬在以纲常名教为原本，辅以诸国富强之术基本方针指导下把师夷与变法的侧重点都放在生产技术、自然科学方面。他认为引进军事工业技术只是对外开放的一个方面，而不是开放的重点或决定性内容。他认为，学习西方要广泛移植其先进的机器技术以带动中国农、工、矿业中的生产力变革，采用和发展机器生产，以代替传统的手工劳动方式。冯桂芬对西方的政治也表现出了一定的兴趣。近代早期改革派主张以通商主导全面的开放。他要求以商业尤其是对外贸易为中心，在国民经济各部门中学习和采用资本主义生产方式和经营方式，在政治上学习西方，把开放和变法密切结合。他们指出"重本抑末"是与闭关锁国相适应的，而与对外开放相对立。他们强调指出，在开放的形势下，必须用"以商立国"的资本主义生产方式取代"以农立国"的封建主义生产方式，中国才能跟上时代的步伐，真正走向世界。开放不是只限于在局部地区或某些部门学习和采用西方的机器技术，而是一个全局性、长期性的问题。他们提出要采用火车、轮船等新式交通运输工具，加强对西方科学技术的学习和研究。搞自我封闭，不注意吸收外国科学技术的先进成果，是中国经济、技术落后的一个原因。要把商业尤其是对外贸易作为对外开放以发展中国资本主义经济的重点或主导部门。开放不仅仅要输入和接受西方的技术、生产力，更重要的是把先进的机器技术连同产生、孕育它的资本主义生产方式和经营方式一同移植进来。他们提出，在"开掘煤铁五金诸矿"的过程中，要仿照西方国家的办法，普遍

---

① 王韬著，陈恒、方银儿评注：《弢园文录外编》，第305页。

推行资本主义雇佣劳动制度，由"富民出其资"成为新式工矿业资本家，而"贫民殚其力"成为雇佣劳动者。他们要求在资本主义雇佣劳动关系的基础上，建立大规模的资本主义企业组织。农业上建立资本主义性质的新式农场。"师夷"与"变法"要相互配合、相互促进。他们认识到，中国的"变法"如果不与"师夷"结合起来，改革就缺少学习和仿效的对象，中国的振兴也就没有什么希望。"当今之世，非行西法则无以强兵富国。"[①] 他们认识到"师夷"离开"变法"也不能顺利进行。中国的对外开放如果没有改革为其创造有利的环境，就会陷入困境。他们强烈要求革除清朝的种种困商之政，以变法促进开放，"夫如是，则胥吏无阻挠之弊，官宦无侵夺之权，厘剔弊端，百废可举。商人亦得仿照西例，承办要务，必将争自濯磨，使货物翻新销流畅旺，上以仰承国家之要需，下以杜绝外洋之卮漏，安见商富而国不富耶？"[②]

由以上论述我们可以看出近代早期改革派实际上是主张一种由道达器、由本达末、由体达用的内在性的渐进性改革道路。从早期改革派的经济思想我们可以看出，早期改革派主张实行商品经济，主张走商品和市场经济道路；并希望通过经济的发展通过改革的方式推进社会的发展。他们别内外、体用、本末次第，力图在现有的条件基础上，在既定的社会前提下，通过改革而不是革命的方式，通过开放而不是封闭，力图争取和平的周边环境和国际空间，而不是诉诸战争，使晚清社会摆脱困境。早期改革派的内在性道路概括起来包括以下几个层面：以主体划分可以分为个人主体、国家和民族主体、文化主体三个层面。在个人与社会他人与自然的层面，早期改革派强调个人道德修养和个人主体的

---

① 王韬著：《弢园文录外编》，中华书局1959年版，第323页。
② 夏东元编：《郑观应集》上，第606页。

价值。在文化上坚持中国文化的主体地位,以中学为体,西学为用,谋求中国文化的自我发展。在国家民族方面通过自强来驭外,实现国家的主权和发展。这个道路的具体内容是一个自下而上的渐进的改革开放的道路。具体的讲就是由经济的改革向商品经济转轨,进而推动政治上层建筑领域的改革开放。其中包括生产力改革:科技和教育的发展等;生产关系改革是主张向商品经济的道路迈进;政治上层建筑的改革开放是向君主立宪制靠拢;思想上层建筑的改革开放是学习西方文化,推进传统文化的现代化。

七 天人之际

1. 天地人三学

郑观应和何启、胡礼垣都有天地人三学的划分办法。这实际上是从对象的层次进行的最高的学术门类整合。这似乎和以性质为标尺进行的学术门类整合相背离。实际上并非如此。这种划分办法,实际上把以对象为划分标准和性质的标准区分开来了。避免了二者混用带来的混乱,提供了一个中西学整合的最高的平台。有了性质的标准和对象的标准,西学和中学有可能得到新的学术整合,构成一种新的学术和考试的分类方法。早期改革派在这方面花了很大的力气,本书暂不深入探讨。郑观应说:"今彼之所谓天学者,以天文为纲,而一切算法、历法、电学、光学诸艺,皆由天学以推至其极者也。所谓地学者,以地舆为纲,而一切测量、经纬、种植、车舟、兵阵诸艺,皆由地学以推至其极者也。所谓人学者,以方言文字为纲,而一切政教、刑法、食货、制造、商贾、工技诸艺,皆由人学以推至其极者也。"[①] 宗教被归到天学里面,人学基本上相当于社会科学,人学研究人;地学

---

① 郑观应著,王贻梁评注:《盛世危言》,第73—74页。

基本相当于自然科学，研究自然。何启、胡礼垣认为："若夫学问之繁，撮其要则为天学，地学，人学，学问之实，施于事则为神科，医科，律科，其余工艺之流，支分派别，心计之巧，月盛日新，学无不成，人无不学，而富强之用亦全。"① 何启、胡礼垣又对三学本身进行了性质划分："泰西实学以百数十种计，顾其中有未必为华人之所宜者，今举其约而总其名，则为天学、地学、人学，由其学而推于事，则为神科、医科、律科。神科即天学也，而有经学数学之别，经学凡数十家，而大要皆明天人达死生之义，数学亦有数种，而大要皆辨宿离分节令之义，是虽同为天学，而其事则离而为二也。医科即地学也，而有格致身质之别，格致为金石、土木、鸟兽、虫鱼万物生克制化之义，身质为脏腑、功用、内外、盈亏人生疾病康强之义，是虽同为地学，而其事亦离而为二也。律科即人学也，而有国史、方言、政事、兵务、通商、食货、山原、河海、风俗、人民、国赋、本国律例、交涉律例等事。"② 天学按性质分成明天人达死生之义的神学和研究自然规律的数学；地学也分研究自然的生命和人的身质两种。如果按研究人本身和研究自然来看，人学、神学、研究人身质的医学都是研究人的。这三个方面分别涉及人的自然生理、精神生活、社会生活的三个方面。这里反映了他们对社会结构的把握和对人的认识这个基础内容。更为重要的是他们对学术本身的合理性内涵的初步体认。这种体认是他们注意分析学科的理性内涵，如郭嵩焘在与金敦干谈西洋法律源流时，还说过："争梯立斯详载公法旧式，可为考据之学；虎哥因之发明其义，可为性理之学。"③ 同一门学科也就有不同的理性内容。早期改派用对天

---

① 郑大华点校：《新政真诠——何启胡礼垣集》，第270页。
② 同上书，第502—503页。
③ 《郭嵩焘日记》第3卷，第586页。

的看法来衡量中西文化，如认为："孔子之所宗在《易》。所宗在《易》者，所宗在天也。"① 早期改革派从本天的角度来评价中西文化及其哲学，形成了一种天人哲学架构来处理中西文化关系的问题，这是天人范畴在近代使用上的一个新的拓展。

2. 历史哲学

突出从人类历史的发展规律角度来运用天人范畴是近代社会历史发展的必然要求。在早期改革派看来，制约历史发展的动因包括天道和人事两个方面。整个历史类型和因果关系的基本规律受"天心"或"天道"和人事的制约："导我以不容不变者，天心也；迫我以不得不变者，人事也。"② 那么，早期改革派所说的"天"和"人"是什么含义呢？其中包含了怎样的现代内容，天人又是如何在历史中统一（或合一）的呢？

早期改革派在从历史角度讨论天人关系的时候，"天"方面使用的范畴较多的是"天道"、"天心"、"势"等。其中的一个内容就是全球化的趋势。薛福成认为变局的来临是天时所趋。"今中外之势旷古今之变局也。推其所以启之者，有天事，有人事。……是其所以然者，天也，非人之所能为也。"③ 其中天心具有决定性的作用。王韬认为社会的变革是时势决定的。他说，"我中国既尽用泰西之所长，以至取士授官，亦必不泥成法，盖至此时，不得不变古以通今者，势也"④。

早期改革派尤其注重"人"的作用。"人"包括人多、兵强，但更重要的是得人心和重视人才："国家之兴，虽曰天命，岂非人

---

① 郑大华点校：《新政真诠——何启胡礼垣集》，第13页。
② 王韬著，陈恒、方银儿评注：《弢园文录外编》，第51页。
③ 徐素华选注：《筹洋刍议——薛福成集》，第19—20页。
④ 王韬著，陈恒、方银儿评注：《弢园文录外编》，第51页。

事哉!……是故,有国家者得人则兴,失人则亡,得人则弱可以为强,小可以为大。"① 在《普法战纪》中他还更明确断称法国的失败不是由于天命注定,而是由于人谋不成,不可以推诿为天命。人类社会历史之所以会发生大变,"圣人"和杰出的帝王起着决定性的作用。在薛福成看来,燧人氏、有巢氏等"圣人"及秦始皇一流的帝王,是使社会历史从一个阶段变到另一个阶段去的根本动力。天心和天道只是作为一种时势在起作用:"有以圣人继圣人,而形迹不能不变者;有以一圣人临天下,而先后不能不变者。是故惟圣人能法圣人,亦惟圣人能变圣人之法。彼其所以变者,非好变也,时势为之也。"② 人可以运转气运乾坤,改变历史。历史的发展规律就表现为一种人事的规律。早期改革派没有局限在传统的社会伦理关系领域探讨自然与社会的关系,而是在社会经济领域进行探讨,社会哲学向经济领域的这种转向,具有现代哲学的特征。早期改革派在人与自然这个层面上推进社会认识合理化的进展集中体现在对人与自然物产、人与机械、机械与自然关系的认识当中。这种认识触及了生产力本身的问题。在重视"人事"这一话题下面,早期改革派思想家对经济、政治、文化领域广泛的历史发展问题进行了深入的思考。

如果仅仅看到历史的发展是由自然及其规律所决定的,还不能说明早期改革派对历史规律的把握有什么进步。他们的进步之处在于不把天心和人事割裂,认为人事就是天道。天人在历史发展中的合一体现在"变"这一事情上面。"善变者,天心也。"③ "变"本身既是天心,也是人事,人心思变就是天心和时势的表现,人的"变"就是适应了天道的结果。天人合一还体现在人

---

① 王韬著:《弢园文录外编》,中华书局1959年版,第236页。
② 徐素华选注:《筹洋刍议——薛福成集》,第89页。
③ 王韬著,陈恒、方银儿评注:《弢园文录外编》,第305页。

心和人才方面,天命要通过对天道有了一定的认知的人才发挥重要作用体现出来。王韬还举了法国的例子进行说明,法国之所以在欧洲很强大是因为人才顺应历史趋势发挥智力的结果。"自古事势一去,智愚同尽,运会所乘,才庸共奋。夫亦准诸王道而权诸人事耳。岂由一朝一夕之故哉?"① 为什么如此呢?就在于天道和天理、天心是靠人来认识的,气运和乾坤只是作为一种条件等待人去运转和发挥更大的威力。

3. 人生和伦理哲学

在强调自然的决定性意义的同时,早期改革派也强调人的决定性。早期改革派认为天定胜人和人定胜天是统一的:"天定胜人,人定胜天,二语至精。"② 郭嵩焘所说的"人定胜天"中的"人"指能够斡旋天地、为治为乱的人。而这样的人出现则具有天的因素。

另外,"人"体现在"人心"的方面:"国家理乱兴衰,天也,而受成于人。人心之所驱,天莫之易也。故曰人定胜天。"③ "人"还体现在道德教化方面。人类社会一些突出的道德现象,如妇女的节烈观,不是天性使然,而是教化的结果。郭嵩焘说:"(此)亦先王之教然也。妇人自议嫁时,便持从一而终之义,其素守已定。而朝廷于再醮之妇,例不请封,而守节者得旌表,以生其激劝之心,无富贵贫贱皆得自勉焉。积之久而成风俗,名之荣辱,中才皆乐争之。又妇人所守一室,见闻无纷歧而心定,无引之出入者。故中人之家,读书守礼者,节操为尤多。"④ 显

---

① 王韬著,陈恒、方银儿评注:《弢园文录外编》,第341页。
② 《郭嵩焘日记》第1卷,第156页。
③ 杨坚点校:《郭嵩焘诗文集》,第286页。
④ 《郭嵩焘日记》第1卷,第193—194页。

然，这里是把社会环境和家庭环境的影响，特别是"先王的教化"作为"用"。但郭嵩焘更为重视的是"用"，即后天的教化，而不是"体"，即先天的自然本质。这一方面反映了他在道德起源问题上的唯物倾向，另一方面也充分反映了他对道德教育重要性的认识。强调人心、道德、教化对于超越自然的意义，继承了传统哲学的观念。

和传统的范畴解决宇宙论和修养论的问题不同，近代早期改革派的范畴论解决的根本问题是中西学的关系问题和围绕中西关系展开的学习西方、改革现实的内容和道路问题。对这些范畴的理解运用显示了早期改革派对当时时代主题、中国向何处去的问题的认识程度。他们虽然也有把道器等范畴和中西古今直接对应的情况，但早期改革派通过成对范畴的辩证关系和范畴间的相互的逻辑转换超越了简单对应的局限性。另外把范畴的前提和精神归结为实事求是也使对应关系的实际内涵发生了变化。实事求是的思想就是虚实范畴论。常变范畴解决了坚持原则和进行改革的关系，也解决了范畴的真理性和价值性的关系，其落脚点是改革现实。道器范畴解决了变的内容和范围问题。内外范畴解决了变的道路问题。道范畴解决了改革的目标问题。现在人们往往把早期改革派的范畴论看成是和洋务派相同的。这种看法实际上缺乏对晚清变法论范畴演化的考察。晚清变法论范畴存在着一个演化的过程。早期改革派对当时流行的中体西用、中本西末等看法有着一个由被动接受到独立思考和进行批判的过程。其结果是与其他派别或者表述不一致或者使用同一命题得出结论不同，从而具有独立的学术意义。

第八章　新学价值观:在传统和现代之间

一　善的形式方向性与内容规定性

追求"正"是中国文化一个基本的精神，道、正等等范畴就是一般地表达人的价值追求的范畴。这样一来，中国文化追求"正"就具有追求一般的"善"的意义。仅就追求正面的价值这一追求活动而言，所有的追求可以忽略追求的具体内容而都看做是有价值的。可以就这一追求过程进行哲学的解说，开展哲学和伦理学的思考，使得追求的活动更为合理，而忽略追求的内容是什么，探讨合理的价值追求的形式条件。善的方向性问题看做是一个一般的形式规定，而把时代的内容的输入看做是内容的规定性。

必须回到一般的形式条件的探讨才能够给价值观的更新提供更为广阔的空间。这种努力方向在早期改革派这里主要是通过实虚、新旧、正伪、中西、古今、道器、本末、体用、常变、天人等范畴的使用来实现的。这些范畴的运用可以看做是早期改革派所追求的"善"的逻辑准则。实虚、新旧、正伪等回答了合理价值追求的基本方法论、价值特征和价值理想等问题。其价值观的基本趋向是：中西兼容、古今整合。道器、本末、体用、常变、天人等范畴的运用兼顾了道德价值和科技价值、经济价值和政治、文化价值，兼容了自然的价值和人的价值，兼顾了传统和现代、中国和外国的积极的价值内容。由于兼容性导致了多元性和调和性。这种价值观的多元性和调和性妨碍了这一派别思想对社会的直接影响力，但也给后来者提供了更多理解和阅读的空间。

另外对"正"的追求本身使得这些思想家的思想超越了现有的价值观的限制，从而具有价值观改革的色彩。"正学"的追求是一种合理的价值观的追求，这种价值追求可以涵盖经济、政治和文化等多个方面。"正学"的追求也不总是改革的，保守主义者也往往利用维护正学这样的说法来达到维护既定的价值秩序的目的。如果"正"仅仅是以一种积极肯定的心态，采用积极肯定的办法，发展正面的家爱之，而不涉及正的具体的内容规定的话，正的追求就会具有较多的改革色彩。

保守主义者往往把既定的价值秩序的维护叫做"正"，叫做"治"，把对既定的秩序的挑战叫做"乱"或者"邪"，从而忽略了"乱"本身说明了既定价值秩序自我更新的必要性。在这一既定的价值观中是不会考虑既定价值观的某些方面是需要一定的变革的，因而保守主义者所说的"正学"价值观具有教条主义、形式主义、整体主义和理想主义、全能主义和理性主义的某些特征。

保守主义的价值观总是与教条主义具有不解之缘就在于这种价值观把既定的价值教条作为价值前提来维护，赋予其"正"和"善"的价值保证。这样一来，在价值观剧烈冲突和变动的时代，保守主义的价值观就变成了一种缺乏实际价值内容的价值取向，只追求形式上的"正"和"善"，而默许和纵容实际上的对他们所理解的"正"的修正。形式上的"善"的要求也是一种整体上的"正"的需求，为了维护整体性的"正"，保守主义者或者小题大做，神经质地把无关紧要的对某种价值秩序的超越扩大为对整个秩序的威胁，或者漠视局部威胁。为了维护既定的价值体系，保守主义者往往希望通过外在的他律实现价值体系的稳定，并对实现这一点有着过高的估计，从而表现为全能主义和理想主义的价值特征。

在"正"的旗帜下的价值观的革新就必须抽象化，使得"正"的价值追求从既定的价值秩序中游离出来，并使得"正"和"实"、"新"等价值追求结合起来。近代早期改革派以智统五德，并强调善的真，实现了儒家伦理基本精神向工具理性的转化。何启、胡礼垣认为："忠孝顺行以实济，无事虚名，是所谓真也。善恶皆可也，邪正能容也，忠孝顺求外之似，营内之私，是所谓假也。"[①] 伦理之真是和假、愚相对应的。外表上符合伦理的要求，把伦理作为工具，谋求一己之私利就是假；不明理，一味顺应伦理外表的要求，而招致祸端就是愚。伦理的真要以明理、实济为标准，而不在于外表的相似性和善的虚名。礼的真注重实利。"正"必须有"真"的保障，"真"要归结到"实"，

早期改革派价值观的革新集中体现在对"三纲"的价值体系的反思和批判，尽管早期改革主义者有时也指出西方公罪处罚太轻不利于君主的统治，"三纲"方面西方不如中国好，要用西方的器数之学来维护中国的纲常名教等等，但总体上看，早期改革派的"正"的价值追求超越了"三纲"的价值体系。早期改革派对"三纲"的批判就包含着对这一价值体系缺乏实际内容，不能维护实际的利益，不符合世界发展的价值变化潮流等内容。

对"三纲"价值体系的批判具有巨大的价值更新意义。从经济角度来讲，可以较多地在价值观方面肯定个人和民众追求利益的合理性，可以较多地肯定伴随着这种追求必然带来的智力和

---

① 郑大华点校：《新政真诠——何启胡礼垣集》，第348页。

情感的发展，肯定科学技术和工业化的巨大价值，肯定民众自我参与经济管理的价值。从政治角度讲可以最大限度地把政治理解为一种公共的政治而不是王朝政治，可以在公共政治的理念下通过法制化的途径需求政治的普遍的法理支持，把政治落脚在民众的利益、权利和政治参与的基础之上，并把国家的富强放到世界各国生存和发展的舞台上进行民族主义的思考。从文化上可以给吸收外来文化和新的文化成果开辟道路。从这一角度来看，早期改革主义者也给出了一个逻辑相对一贯的价值内容体系。这一价值体系的核心内容是合情合理。早期改革派用情理来说明个人价值，用情理来矫正伦常价值体系，说明中西价值观的可相融性。

早期改革派把情理看做是一种具有普遍性的价值观。其普遍性表现在情理有自然的根据，情理本于天，所以是公平的。而"三纲"却不仅有价值的普遍性。"三纲者，强弱轻重也。强弱轻重操之自人也。操之自人者，私也。"[1]

另一个方面表现在中西文化都是对情理的一种说明，从而具有超越具体文化形态的一般性。中西方文化的相同处就在于"情理"[2]。孔子只不过是明了情理的典范，欧美和尧舜的时代同样是重情理的。[3] 中西方所共同推崇的情理是具有普遍性的情理，这样的情理就是公理。郭嵩焘认为制度是范围人心的，包括保护和限制的功能。礼的根据是人情物理。情理包括内外、物我的情理。《礼经》具有"节理性情"的功能。《论语》是讲情理的，《春秋》是公论，《易》、《书》、《诗》都讲自主之理和民权。其中包含着"性理之自然"和"自由之实际"[4]。以公心对

---

[1] 郑大华点校:《新政真诠——何启胡礼垣集》，第354页。
[2] 同上书，第361—362页。
[3] 同上书，第339页。
[4] 同上书，第337页。

待这些经典就会发现其中包含的具有普遍性的情理内容。作为普遍性的圣人之道、孔孟之道就是情理,宗经是宗情理。郑观应认为道家的道德,佛家的正法眼藏,孔子的一贯之道都是一个,由于人有贤愚而答案各不相同。

那么早期改革主义者所说的具有普遍性情理是什么呢?从个人的价值角度来看,包括感性需求的满足,权利、自由和智慧,修身养性等内容。

情理包括人的男欢女爱的自然之欲。"孟子之学在养心,养心者,非不理口体之谓也。"① 孔孟之道的情理不是禁欲主义。"孔子之求在寡过,寡过者,非削减衣食之谓也。"②

情理在早期改革派那里更多地是指自由、权力、智、信等。何启、胡礼垣说:"然则天命者,情理而已。率性者,行其情理而已。修道者,明其情理而已。情理之用在人心,犹呼吸之气之在人身;故曰不可须臾离也。"③ 性就是天命、情理,率性就是行情理,修道就是明情理。

性善就是自主和自由。"性善者,即人人得自由之理也。"④ 何启、胡礼垣指出:"然而性善不讲,自由不明,从自主之说不解,是既已背善向恶,则其财之用于恶而不用于善也可知矣;既已背吉而向凶,则其财之用于凶而不用于吉也可知矣。"⑤ 自由和自主就是纯任自然之理,这就是直道。何启、胡礼垣说:"《中庸》天命之谓性,率性之谓道,其义如一。性曰天命,则其为善可知矣。道曰率性,则其为自由可知矣。是故凡为善者,

---

① 郑大华点校:《新政真诠——何启胡礼垣集》,第17页。
② 同上。
③ 同上书,第351页。
④ 同上书,第485页。
⑤ 同上。

纯任自然之谓也。凡为恶者，矫揉造作之谓也。"① 直道符合"正"的价值要求，自由符合"真"的价值要求。②

早期改革派肯定了个体的"智"的价值。智和权是相因相辅的关系，二者的相辅相成也就是天人合一："民之所知谓之智，民行其智谓之权……知与行相因而至，即权与智相辅而成……智之生本之于天，权之行归之于人……得于天者未必守之于人，守之于人者未必尽合于天，此人各有智而谓之民智也……此人各有权以行其智，而谓之民权也。"③ 早期改革派把智置于德性之首，并提出"智"是道德唯一内容的观点。王韬在《智说》中说："世以仁义礼智信为五德，吾以为德唯一而已，智是也。"因为有智才能使其他德性保持中庸，补偏救失："有智则仁非伪，义非激，礼非诈，信非愚。盖刚毅木讷近仁，仁之偏也。煦妪姑息近仁，亦仁之偏也。慷慨奋发近义，复仇蹈死近义，皆未得义之中也。礼拘于繁文缛节，周旋揖让则浅矣。信囿于轻径自守，至死不变则小矣。而赖智焉有以补其偏而救其失。"有智才能使其他德性落到实行的实处。"智也者，洞彻无垠物来，毕照虚灵不昧，运用如神。其识足以测宇宙之广，其见足以烛古今之变。故四者皆赖智相辅而行，苟无以济之，犹洪炉之无薪火，巨舟之无舟楫也，安能行之哉！……仁，体也；智用也；体不虚文，必须于用。"④ 早期改革派将以"仁"为首空谈性理的观念称为"虚论"，而将以"智"为首的道德观称为"实论"，要求中国能去虚崇实，重整社会的道德风气。早期改革派认为以"智"为道德标准也适合于妇女。他们说天地生人男女并重，天下的女子也有着与男子一样的

---

① 郑大华点校：《新政真诠——何启胡礼垣集》，第415页。
② 同上书，第466—467页。
③ 同上书，第459页。
④ 王韬著，陈恒、方银儿评注：《弢园文录外编》，第288页。

才力聪明,为了国家的富强,应当破除成见,略其礼法,去其防闲,化妇女之无用为有用。

早期改革派肯定了个人修身养性的价值。善性就是自主和自由,道德就在于培养自我独立的根性和自律。郭嵩焘曾极力强调"特别独立之根性",并把它作为道德教育的个体目标。其中包括对自我地位的明确意识。郭嵩焘曾写下门联:"其中有我;到处皆春。"① 他强调"我"的落拓不羁、不受拘束的性情。善要有我,不是不要道德自律,而是自主的自律。早期改革派强调内信、自修、专于己。"是其信不须责之于人,但须责之于己也。"② 自己公平别人就会效仿,自己自修,就会起到榜样的作用。"己为公也,人为效也,是以圣贤之学,专务反己,君子之功,惟在自修。"③ 道德是专于己的,早期改革派注重道德的个体性和道德自律,道德合理化就是要使道德规范立足在主体的道德修养上面。近代早期改革派强调家庭的伦理规范对个体的自律作用,反对把规范外在化和强制化;强调规范对主体的伦理修养意义,革新自我和他人的关系、"为己"和"为人"的关系。何启、胡礼垣反对把伦理规范看做是"为人"的道德立法,即是一个做样子给他人看和约束别人的问题。并认为"为人"的道德立法不是真正的道德。"三纲"就具有这样的特点和危害。"今天下亦莫不知假忠假孝假顺之为有损无益,而必欲得真忠真孝真顺者而用之矣。然其得之也,不在人而在己。是故尽君道者,其臣不忠则已,忠则真忠。尽父道者,其子不孝则已,孝则真孝。尽夫道者,其妇不顺则已,顺则真顺。此非胁之以威也,亦非逼之以势也,道在则然也。若不思尽道而威势是求,则真者

---

① 《郭嵩焘日记》第1卷,第183页。
② 郑大华点校:《新政真诠——何启胡礼垣集》,第93页。
③ 同上书,第85页。

第八章 新学价值观:在传统和现代之间

退、而假者进。"① 又说"凡夫涉世持身,齐家治国,以至于范围天下而不过,曲成万物而不违者,所为皆属克己自修之道,未闻敢以胁制加于人者也"②。早期改革派把规范看做是相对双方角色相应的自我道德修养,以自律为主,强调角色对社会规则的理解,不随外在条件而改变,表现为根据自己理解的道德原则而产生道德行为。如此的道德才是真道德。

情理的普遍性还表现为它是社会整体的一般的价值尺度。在早期改革派那里已经有了社会整体性的概念,这就是"国"的概念和"族"的概念。在早期改革派那里,家和国日益从人伦关系中抽象出来,成为一个社会共同体这一具有独特性的领域。"盖国者,质言之亦一群之人云尔。一族者,正一群之谓也。"③那么国家根本的价值观是什么呢?国之大本是公平。"然则公与平者,即国之基址也。"④ 公平是国家的脊骨和气血。

那么公平的含义是什么呢?"公者,无私之谓也。平者,无偏之谓也。"⑤ 公平对于新政的推行举足轻重。"公平布则郅治可期。"⑥ 新政应是一种公平的政治秩序。"新政既行,不特官各为夫公,即民亦共为夫公,为夫公者其力雄,雄则远图必可展。"⑦公平超越了官和民两者,是二者都要共同遵守的价值准则。"夫天下公器也,国事公事也,公器公同,公事公办,自无不妥,此选议员辟议院之谓也。"⑧ 其意义就是把政治看做是天下的公器。

---

① 郑大华点校:《新政真诠——何启胡礼垣集》,第348页。
② 同上书,第355页。
③ 同上书,第488页。
④ 同上书,第73页。
⑤ 同上。
⑥ 同上书,第118页。
⑦ 同上书,第153页。
⑧ 同上书,第128页。

要实现这一目标也只能通过价值合理化的方式来完成："新政安行？行之以善也；其善安在？在理必推以至平，情必求以至近，道必行乎至顺，量必报乎至公也。"① 推行新政不能脱离公平这一伦理准则。

情理的普遍性也表现在它是人与人的关系的价值尺度。在早期改革主义者看来，"五伦"既具有天的根据，又是人的"应当"。"三纲"是对孔子思想的一种曲解。其"舍情理而论威权，其妄尤甚"②。早期改革派倡导包含气、情、智、权、信和心作为内在价值的新的人伦关系。何启、胡礼垣认为情理是人人都有的共同的道，人应该尽情理。尽情理就是有自主之权，就是有人权、自由。自主之权主要是指人的意志自由。"而人人自主之权，则不问其人所居之位何位。所为之事何事，其轻重皆同，不分轩轾故也。"③

在早期改革派看来，国家是合君与民而言的："国者何？合君与民而言之也"④；"国者，君之国耶？民之国耶？盖君与民相合而成之国也。"⑤ 国家的本质是君民，那么治国和治民的"大"就是二者的关系："治民之大者，在上下之交不至于隔阂。"⑥

如何才能实现上下之交呢？关键在于上下一心，君民平权，情理和洽。"欲期交泰，非上下一心不可；欲求一心，非君民公利不可。"⑦ 郑观应认为欧洲诸邦能横于天下者，在乎上下一心，君民共治，我中国自强之道也应当是这样的。"凡事虽有上下院

---

① 郑大华点校：《新政真诠——何启胡礼垣集》，第334页。
② 同上书，第354页。
③ 同上书，第416页。
④ 同上。
⑤ 同上书，第460页。
⑥ 王韬著，陈恒、方银儿评注：《弢园文录外编》，第63页。
⑦ 郑观应著，王贻梁评注：《盛世危言》，第109页。

议定，仍奏其君裁夺：君谓然，即签名准行；君谓否，则发下再议。其立法之善，思虑之密，要皆由于上下相权，轻重得平，乃克臻此。此制既立，实合亿万人为一心矣。"① 天下为公要求以民权作为政治权力的来源和基础。 "君民平权之政，而国始安。"② 国家和社会的主导关系和问题是君情和民情、君权和民权、君智和民智、公和私等问题。他们认为，民权是官权的来源和基础，是一个情理和势的问题："民权一复，则官权必明；民权愈增，则官权愈重；其情如此，其理如此，即其势亦如此。"③ 民权是公的保障。民与君都是人。人人有好善恶恶之心，即人人有赏善罚恶之权。然就一人之见而定，则易涉私心，就众人之见而观，则每存公道。民权就是以众得权。官智来源于民智，民智需借官智来实行。"智者，君之智耶？民之智耶？亦君民相维而有之智也。君处乎上，民处乎下，故凡民之智须借君以行。"④ 官信民爱的统一才能君民两悦。"上有以信夫民，民有以爱夫上，上下之交既无隔阂，则君民之情相浃洽"⑤ 君民权力、智慧、情感的统一和谐就是公平。通过这一相对稳定的核心价值体系，早期改革派思考了多方面的价值问题。

二 可过渡与不可过渡

应该说，早期改革派的价值观具有过渡性的品格，是传统向现代的过渡形态。在这一过渡过程中，早期改革派价值观也面临着一些不可避免的矛盾性。

---

① 郑观应著，王贻梁评注：《盛世危言》，第100页。
② 夏东元编：《郑观应集》上，第331页。
③ 郑大华点校：《新政真诠——何启胡礼垣集》，第403页。
④ 同上书，第460页。
⑤ 王韬著，陈恒、方银儿评注：《弢园文录外编》，第60页。

1. 整体性和个体性、等级性和交互性

在传统的"三纲五常"价值体系中,整体性和个体性之间是不平衡的。在其价值体系中是用关系和角色来定义个体的,人我界限不明朗,没有在关系中恰当定位的个体往往被理解为不正常的情况。在这一价值体系中,个体追求自由的价值往往意味着对整体价值的抗拒和反叛。个体往往需要借助整体或者他人,通过把整体价值和他人价值工具化来为自己谋利益。个人的成熟体现在成为大众的平均数的价值状况。个体对整体的责任可以无限地拓展,个体间的责任和义务关系不明确。个体角色化导致了个体的面子化和类型化,人格的渠道化、伪善化。整体性价值秩序中的差别性原则贯彻得并不彻底,停留在整体原则所能够允许的范围之内。个体处理与个体之间关系的时候优先运用的是整体性原则,而不是个体性原则。个体从自己在整体中所处的地位和角色的自我认识与对其他个体在整体中的角色和地位来处理彼此的关系。近代以来,中西价值观的矛盾和冲突很大程度上是整体主义和个体主义价值准则的矛盾和冲突。传统价值体系向现代价值体系的转换,或者说中西价值体系的矛盾冲突,很大程度上就是基本的价值原则的冲突。

在早期改革派思想家那里还存在着较多的对传统的整体性原则的某种留恋和面对西方个人主义价值准则的困惑。薛福成认为西方的政教方面不如中国的"三纲"。他尤其对于西方男女无别、父子平等感到不解。王韬也说过:"三纲五伦,生人之初之具,能尽乎人之分所当为,乃无可憾,圣贤之学,需自此基。"[1]如果从早期改革主义者思想的内在逻辑差别和逻辑进展来看,何

---

[1] 王韬著,陈恒、方银儿评注:《弢园文录外编》,第51页。

启和胡礼垣对于"纲"和"伦"的关系进行了澄清。就思想的整体来看,他们思考的积极成果是把"纲"变成"伦常",并进一步把伦常奠基在个体价值的基础之上。在他们看来,孔子以前和古希腊都有五伦之说。五伦作为尊卑先后是有着客观自然根据的。

在把"纲"调整为"伦"以后就为把"伦"奠基于个体价值基础上铺平了道路。在早期改革派那里,整体的价值依然具有某种优先性,其价值体系包含着某种国家主义和民族主义的价值特征。整体价值观的主要内容是公平。关于这一点前文已经有所论述。

早期改革派通过个体价值的社会本质性存在肯定了整体价值的某种优先性。"自主之权从何而起?曰:此由人与人相接而然也。……是自主者由众主而得名者也。众主者,谓不能违乎众也。……人人自主之权,其权由众而成也。由众而成者,即人与人相处而得之谓也。"① 权力和自由的问题不仅存在于人与人之间的关系,而且还存在于国与国的关系之中。整体价值具有独立性和不受个体价值左右的性质。"凡利之所在,国家与民共之,而又相与忘之,斯所以为大公也。"② 在早期改革派看来,政治的准则要用公来制约私。郭嵩焘指出:"而法之良者,必曲当人心之公而人私从焉。"③

在整体价值观下面,应该说个体的价值很容易被整体价值所抵消和平衡掉。个体相对于一个共同体的存在,而不是相对于家庭或扩大的家庭的存在很容易引出公民的概念。但这种平衡和抵消的情况取决于整体价值在不同的时代被需求的情况。在社会概

---

① 郑大华点校:《新政真诠——何启胡礼垣集》,第416—417页。
② 徐素华选注:《筹洋刍议——薛福成集》,第156—157页。
③ 杨坚点校:《郭嵩焘诗文集》,第90页。

念下的整体价值给个体价值留了较大的空间，在政治联合体国家和民族形态当中个体价值被肯定是根据时代发展水平和时代课题不断地发展着的。

个体的价值并不总是会积极地、健康地有利于一个和谐健康的价值共同体的成立。个体价值的维护必须包含着对个体价值的某种限制。当每一个或者绝大多数个体的价值得到尊重和实现的时候，实际上个体的价值就自然转化为整体的价值了。早期改革主义者给出了这样一种对个体价值比较乐观的论证。一方面，必须尊重个体的价值，否则整体的价值就成了无源之水、无本之木；另一个方面，又必须把整体的价值奠基在多数人的价值基础之上，而对某种个体的价值有所限定，尤其是限定整体价值被个体利用来成为维护个体价值的工具的情况。

那么公私是否会统一呢？早期改革派认为公私统一具有充分必要条件，是必然实现和可以实现的。"惟人人欲济其私，则无损公家之帑项，而终为公家之大利。"[①] 这是因为，如果利己，就会利人："能利于己，必能利于人，不能利于己，必致累于世"。为什么存在这样的充分条件呢？这是由人和财产的本性所决定的。人的个体生命是有局限的生命，享用的财产是有限的，财产具有社会本性，私欲的追求会达到公的结果。但这样的私达到的公，是一个漫长的历史过程，是会以损失其他个体生命为代价的。早期改革派所说的公私统一是有着必要条件的。这就是人人私利既获，合人人之私。公的本质是大多数人获得私利。早期改革派看到股份公司统一了公和私，大多数人的私获得满足就是公的必要条件。"使人人各遂其私求，人

[①] 丁凤麟、王欣之编：《薛福成选集》，第541页。

人之私利既获，而通国之公利寓焉。"① 后来他们又提出："合人人之私以为私"，"各得其私者，不得复以私名之也，谓之公焉可也"②。除此而外，私和公的统一的另一个必要条件就是不能以己之私夺人之私。早期改革派在近代的时代背景下，更关注的是如何用以利为核心的公私关系调整经济、政治、文化秩序，发展经济，富民强国。

一方面要强调整体价值的独立性，另一个方面又要肯定个体的价值，这两个方面如何统一起来呢？把公置于大多数的个体利益基础上就在逻辑上解决了这个问题。国家是一种凌驾于社会之上的公共权力，还这种公共权力于人民就是公平。"盖其视所议之政为公共之政，公则以众为归也，所议之事为公共之事，众则以众为断也；惟其正谊明道姑也。"③ 公的实际内容就是"众"。尊重民众的私利而不是为了君主的私利。人人有权国家就可以兴旺。民情是国家的根本。"民失其权则国失其国。"④ 中国的问题就是不用民智的结果。公平才能保证民信。公平与否应该以民信为根据："公平无常局，吾但以民之信者为归。公平有变法，吾但以民之信者为主。夫如是，则民信矣。"⑤ 公就是以民之心为心。

早期改革派坚持整体性的原则，谋求国家富强，包含有一定现代民族意识、国家意识和现代政府意识。但这一整体性原则是建立在个体原则之上的整体性，整体性最后的价值根源是个体性。但二者之间在其思想上还存在一些矛盾性。这也说明了整体性价值和个体性价值原则之间过渡的某种困难性。

---

① 徐素华选注：《筹洋刍议——薛福成集》，第130页。
② 郑大华点校：《新政真诠——何启胡礼垣集》，第413页。
③ 同上书，第304页。
④ 同上书，第460页。
⑤ 同上书，第97页。

2. 身心内外的价值

在中国文化传统之中，缺少明确的身心分别。身的概念往往就是指称自我的概念，具有人格的含义。心的概念往往是一个场态化，而不是实体性的概念，心往往被身体化、社会化和人事化。人与人的社会关系也往往被处理为一种身体及其感性需求之间的关系。尽管存在张扬"思"，把身体及其需求归结为"小体"的思想家（孟子），但这一倾向并不是社会文化传统的主流。中西价值原则的交涉，中国传统价值的现代转换要处理的一个问题就是身心的价值关系问题。早期改革派思想当中也包含着身心内外的某种价值冲突。一方面，他们肯定了心灵的价值和自我的价值，另一个方面他们也对外在的价值给予了较多的关注。

而身心之中，心更加重要，为了心认可的价值不一定要保全"身"。"君子有不可枉之道，而无必求全之身。"[1] 心安而身安，就能自尽自我的价值。"身可奴，心不可奴也；心可以主其身，身不可以主其心也。"[2]

做大事需要博大之心。郭嵩焘认为，只有树立起远大的理想，才能办出伟大的事业。他曾引张载的话并发挥说："有限之心，只可求有限之事。欲致博大之事，必以博大之心求之。"[3] 成就圣人要以心和性、情为基础，要自治其心、全神。因为"吾喜怒哀乐发之心、准之理而为之节者，惟人能主之。"[4] 心是人的本，是圣贤的基础。《救时揭要》序说："人之本何在？心是也。"[5] 圣人的人格依赖"心"。郭嵩焘认为豪杰与众人、君子

---

[1] 《郭嵩焘日记》第1卷，第421页。
[2] 徐素华选注：《新政真诠——何启胡礼垣集》，第412—413页。
[3] 《郭嵩焘日记》第1卷，第427页。
[4] 杨坚点校：《郭嵩焘诗文集》，第271页。
[5] 夏东元编：《郑观应集》上，第4页。

与小人之分,就在于能不能"守道"。而他说的"守道"主要就是"自治其身心,先天下而定其则"①。自治其身心的价值是超过功名、富贵的价值的。担任家国的事情,要以修身作为准则,有廉耻,爱惜自己的名声。

在早期改革派那里对身体的价值规制和肯定并存。成就圣人的目标要修身。郭嵩焘坚持认为身内自足天下之理,治身就是要自胜气质,用有内心的"真气"、"性气"反对无内心的"客气"和"习气"。

如果以身心为"内",身心以外的一切就是"外"了。早期改革主义者一方面强调要"快然自足",另一方面也要"推而达之于人"②。内以身心为价值归宿,外以天下国家为价值归宿。内在价值对外在价值的某种决定性,外在价值最好是由内在的价值自动地导出。只要内心有准则,能够把内在的准则应用于外在的世界,就能实现外在的价值。进退都由心来掌控,自然就能超越流俗。存心以应事,自然可以内外兼摄。③ 把修身、齐家、治国当成一件事。早期改革派内圣外王的道路就是个体社会道德价值和工具理性相结合的合理化道路。这在他们对人才及其对社会的意义的思考中可以清楚地看得出来。他们还把个体的目的—工具合理性看做是社会合理性的基础。

3. 功利主义和道义论的价值矛盾

尽管中国近代的早期改革主义者普遍地强调心灵的价值,但在社会生活领域,他们却表现出比较鲜明的功利主义的价值取向。

---

① 《郭嵩焘日记》第1卷,第386页。
② 杨坚点校:《郭嵩焘诗文集》,第51页。
③ 《郭嵩焘日记》第1卷,第385—386页。

在早期改革主义者看来，西方人好利，但是好利没有导致没有信用，恰恰保证了信用，中国人嗜利寡信才导致了较多的弊端。中国人讲富强往往都是为了私利而不是为了公利。这种情况导致了中国人对于鸦片烟、钟表玩具、呢绒洋布、洋钱等等全心去追求，而对于铁路、电报、洋人机器这些有利于公利的事情进行抵制。中国人讲义往往是"虚文"，真正追求的是"利"，为了利可以不顾一切。中国正是因为耻于言公利才导致了农工商学各业发展的缓慢，导致了民生凋敝，国家积贫积弱，因此必须言公利。伦理秩序必然要以利为核心。

只有有了利的观念才能正确认识中西文化之间的"真伪虚实，得失利病"。才能"洞悉古今利弊，统筹中外局势"为国家富强寻找到正确的出路。① 在利的基础上可以超越古今中西："夫制无分今古，法无论中西，苟有益于民，有利于国者，行之可也。"②

讲"利"有利于广开利源。当今的时代就是"利"和"强"的时代。要通过发展商业来维护国家的利益，在全球商业的发展中化害为利。郑观应在《论商务》中提出发展商业就是要得到中西可共之利，扩充中国自有之利，分西人独揽之利，从而保护国家的利权。要发展工业化，很好地保护技艺，避免仿制者获得更多的利益，无法使得技术创造有累积性的进步。应该发展科学技术，实行专利技术。在劳动对象的开发（地无遗利）方面努力赶上西方。要官民共利，注重考察人心的向背，保护民众的利益。专为私利要反对，利国利民则要大力提倡。

早期改革主义者还把"利"当做是道义价值的基础。何启、

---

① 夏东元编：《郑观应集》上，第315页。
② 郑观应著，王贻梁评注：《盛世危言》，第351页。

胡礼垣认为"利"是公言的条件之一。要从功利的角度来衡量语言的价值。何启、胡礼垣指出"小信大疑之说,其言非不孤忠自诩也,而核诸实利则不见"① 寓于利之中的:"西洋言利,却自有义在。"② 真与假关联利与害。礼之真在实利。利符合人情的要求。义利是否能够统一关键在于虚和实,务虚就会把二者对立起来,务实就会看到二者是统一的。表面上不言利,不一定就是不追求利,外表的仁人君子往往是逐利的小人,与其如此,不如公开言利。

早期改革派的功利主义是建立在道义论的价值取向基础上的,"本"还是道义的价值:"人心厚风俗纯,则本治,公私两得其利,则末治。"③ "利"如果脱离了"义"就不能称之为真正的"利"。当然早期改革主义者那里,"义"有"公利"的意思。除此而外,还有超越利益的独立的道义价值的内容。在利禄和"心"之间,无疑的"心"具有不受利益左右的独立的价值。注重"利",但不能"惟知有利"④!郭嵩焘感叹:"呜呼,先王之教废,士能自治其心者鲜矣。而功利之溺于人心,其流且及妇人女子,相与浸淫渐渍,惟是之务,使夫不肖者纵情而不知返,贤者亦贸焉无能自信其心,而日求得之以为荣,而所以内恧其心,以求立乎己而有以施泽乎人,曾无有及之者焉。"⑤ 道义价值的价值地位高于"利"的价值。圣人要正确对待名利。绝对地排斥利不行,专门讲"利"也不行,要以道义价值统摄功利价值。

---

① 郑大华点校:《新政真诠——何启胡礼垣集》,第4页。
② 《郭嵩焘日记》第4卷,第298页。
③ 陆玉林选注:《使西纪程——郭嵩焘集》,第155页。
④ 王韬著:《弢园文录外编》,中华书局1959年版,第375—376页。
⑤ 杨坚点校:《郭嵩焘诗文集》,第270页。

4. 器物的价值与人的价值

（1）法的价值与人的价值

中国法家思想是伴随着强化行政官僚机构的过程产生出来的。中国传统社会的法制往往把维护既定的君主统治秩序看做是"春秋大义"，把对既定的君主秩序的伤害看做是违法，法很难有效地被个人用来作为维护个人权利的一种手段。"正式的法律总是以垂直方式发挥作用——由国家指向个人，而不是以水平方式在个体之间发生作用。"① 法律变成了儒家规范的具体化，法的普遍性与伦理的等差性有机地结合在一起，以便更有效地促进既定的纲常秩序的和谐运转。在这一法治的过程中，个人权利更多地是一种社会义务。在法中存在的差别性并不具有实质的个人差别的含义。"法"是现行的权力结构的一种形式化，而不是一种在现有秩序之上的一种制度框架，用于调节竞争权力的各种政治力量。郑观应发现了这一秘密，把人治和法治与专制制度和立君政治联系起来："古云：'有治人而后有治法。'可与专制政治互相发明。惟纯常子《自强论》云：'有治法而后有治人。'则与立君政治为近矣。"②

郭嵩焘认为中国尚德治，西方尚法制，德治有缺点，需要法制来加以弥补。法才是人己兼治的。"德者，专于己者也，故其责天下常宽。……法者；人己兼治者也，故推其法以绳之诸国，其责望常迫。"③ 郭嵩焘说："圣人之治民以德。德有盛衰，天下随之以治乱。……西洋治民以法。……其法日修，即中国受患亦

---

① [美] 莫里斯·D. 布迪著：《中华帝国的法律》，江苏人民出版社 2004 年版，第 4 页。
② 夏东元编：《郑观应集》上，第 338 页。
③ 《郭嵩焘日记》第 3 卷，第 548 页。

日棘,殆将有穷于自立之势矣。"①

郑观应认为应以宪法作为国家政治生活中的最高原则,君主也必须在宪法的制约之下行动。但郑观应更倾心于一个和谐的、道德化的世界。在《原君》中他坚信君主为民之公仆那样的远古社会的确是存在过;在《议院下》附录的文章中,仍原封保留了"天下无无弊之法,而有无弊之人"这样对人性的理解的高度乐观的文字。"可见有治人而后有治法,有治法必须有治人,立法、行法、司法尤以行法为紧要。盖有人无法,则尚可治;有法无人,则上无道揆,下无法守,而天下乱矣。"② 郑观应对议院在反映民意方面体现出的道德情感价值的看重,仍超过对议院全部的制度价值的看重。正因为对德治和法治的关系的上述理解,早期改革派对实政的目标的理解基本上还是一种道德化的理解。何启、胡礼垣说:"新政者,将使君民如一,上下同心,自其外观之,君为君,臣为臣,而自其内观之,则君亦民,民亦君也。是故君之于民也,无私而非公也。民之于君也,亦无私而非公也。"③ 郑观应也说:"必使天下无一饥民,无一寒民,无一愚民,无一莠民。"④ 其核心就是安民。人的价值依然在法的价值之上。

早期改革派还考察了制度和非制度的因素在国家生活中的地位和作用。如早期改革派认为:"盖宪法乃国家之基础,道德为学问之根柢,学校为人材之本源。"⑤ 郭嵩焘尝云:"天下者,人情之积也。两人相与而情顺,足以治天下国家矣。圣人制礼缘人情,制律亦缘人情。今之治律者,务使人情郁而不宣,逆而不

---

① 《郭嵩焘日记》第3卷,第548页。
② 夏东元编:《郑观应集》下,第11页。
③ 郑大华点校:《新政真诠——何启胡礼垣集》,第157页。
④ 郑观应著,王贻梁评注:《盛世危言》,第109页。
⑤ 夏东元编:《郑观应集》下,第11页。

畅,其于律意远矣。"① 制度应该以非制度因素为基础,立足在主体上面。这是他们对社会的理性思考的归结。

(2)"器"的价值与人的价值。

"器"的价值与人的价值密切相关,孔子就常常以"器"的价值来说人的价值。在中国传统当中,"道"的价值往往是高于"器"的价值的。早期改革派肯定了"器"的价值,还分析了"器"与人的关系。如郑观应认为:"盖利器为形,利用为心,有利器而不能利用,则人如木偶,安得不制人者而制于人?"② 单纯的"器"是不行的,还需要"人"。机械"能造、能修、能用,则我之利器也;不能造、不能修、不能用,则仍人之利器也。……故不可常也。终以自造、自修、自用之为无弊也。"③ 机械的价值在于能够补充人力的不足,节省劳动力,并创造更多的财富。其局限性是对生态的破坏,机器的不恰当使用会危及人类本身。

5. 社会不同领域的价值尺度的矛盾

早期改革派一改以往对社会结构的划分不重视,对社会结构各要素的地位和作用关注不够的情况,对社会结构及其关系进行了不懈的探索。这种探索集中体现在道器、本末、体用等范畴的运用当中。在对这些范畴的论述中,早期改革派对社会问题,尤其是社会基本构成部分经济、政治、文化教育、军事、外交之间的辩证关系进行了说明。一方面,早期改革派认为文化决定政教,决定经济,决定军事外交。另一方面,早期改革派也注意到经济因素对道德风俗的制约作用。"盖有恒产即有恒心者,吾于

---

① 《郭嵩焘日记》第1卷,第162页。
② 郑观应著,王贻梁评注:《盛世危言》,第297页。
③ 冯桂芬著,戴扬本评注:《校邠庐抗议》,第200页。

泰西风俗见之。"① 比如他们对政教关系的理解就是二者并行的："夫政教体用宜正宜辨，有政中之教，有教中之政，有体中之用，有用中之体……国有教化，然后有政治，是教为体也，政为用也。然国无政治，亦必不能有教化，则政又为体，教为用也。且教化本所以扶政治，亦所以善政治，是政治者乃体中之体，而教化则用外之用耳。"② 他们主张在看到各结构和层面的差异的同时，也要看到互相包含的一面；在看到一方决定另一方时，也要看到相反的作用。尽管这些探讨还存在很多不清楚的地方，但已经超出了中国同时代人的认识水平。

近代以来的价值冲突包含着社会不同领域的分化带来的价值观尺度的冲突。近现代价值观所要解决的问题也包括社会领域多元化带来的价值多元性与价值整合的问题。一方面要承认不同相对独立的社会领域有自己相对独立的价值尺度，不能把一个领域的价值尺度无限地上升为普遍的价值尺度。在一个高度分工的社会，在不同的领域应该有不同的价值尺度，来对这个领域的活动进行约束。

在早期改革派那里，还力图去统一不同领域的价值。学问、人心等精神生活的价值具有至上性，人心与精神的自主性和权利的维护在他们心目中有很高的地位，并以此价值作为尺度衡量其他领域，改变社会的价值体系。但个人的价值尺度本身又是混杂的。包括个人的人格的尺度，人格尊严和人心的自主性，也包括人的利益、智慧、需要大满足等人性的尺度，其间掺杂着以物质财富为主要表征的利益价值尺度的混杂。他们一方面想抵制"物"的价值体系作为根本的价值体系，另一个方面又希望社会能够在公利的基础上得到社会化的整合。人的价值能够成为社会

---

① 徐素华选注：《筹洋刍议——薛福成集》，第146页。
② 郑大华点校：《新政真诠——何启胡礼垣集》，第454页。

化的价值尺度吗？货币代表的物的价值体系和权势、名声代表的等级地位价值体系的社会化程度是否会根本上被人的价值社会化所取代？这只有通过历史的发展去回答了。

三　多元与调和

近代早期改革派的思想学说没有脱离传统文化的发展轨迹。近代早期改革派进行了旧学的重新解释和整理，向西方传播和介绍传统文化，坚持了中国哲学的特质，推进了传统哲学文化的方法论、内容论、道路论、理想和目标论的现代化。按照冯友兰的说法，民族的哲学应该是接着民族的哲学史讲的，是用民族的语言说的，应该给民族精神上的团结和情感上的满足有很大的贡献。近代早期改革派的学说是符合冯先生的定义的。近代早期改革派对涉及中华民族安身立命的根本观念和范畴的革新是接着民族的哲学史讲的，反映了中华民族世界观转换的需求。

早期改革派思想和活动说明中国传统文化和文化传统是多元的，它可以从多个角度被理解和解释，中西文化存在差异，但共性是主要的。早期改革派的思想和活动说明中国传统文化和文化传统是有生命力的，可以发展为现代；传统文化也是现代化的动力，中国文化不是学习西方的障碍性因素，也不是改革的障碍性因素，没有必要为了改革或学习西方就批传统。早期改革派知识分子凭借儒家传统，通过学习西方，提出了一些新的构想，并毅然去付诸实行，显示了儒家文化自我更新的能力。

近代早期改革派的思想学说是传统文化的合理发展，是传统文化现代化的初级形式，代表了传统文化的先进性、开放性和生命力，显示了传统文化可能具有的对现代化的积极因素。

近代早期改革派的思想具有一定的现代性。冯友兰认为中国哲学的现代化就是用西方的逻辑分析方法分析中国哲学。这一看法抓住了中国哲学现代化的核心，但不能理解为中国哲学现代化唯一的核心内容。寻找合理性的世界观，是哲学的实质。就西方哲学而言，建构知识论的、形而上的、抽象的世界观的努力被终结，中国哲学相对于西方哲学发达的形而上学的缺陷，不能看做是缺乏现代性的表现。近代早期改革派对西方哲学研究得很不充分，西方哲学的冲击和影响自然很小。中国哲学在近代的现代性问题，不像后来那样，更多地是就哲学理论本身的差异而引发出来的中国哲学的现代化问题。近代早期改革派世界观的现代性就在于对传统中国的哲学世界观结合西方的经验进行了近代的合理性的矫正，形成了实证、实用主义精神，科学主义精神，人本主义刚健有为和积极进取精神，道德主义精神的初步统一，显示了中华民族适应全球化趋势带来的文化和社会挑战的能力。

说近代早期改革派的思想具有现代的性质，就是因为它比较合理地回答了近代中国社会和人生的主题，即中国向何处去和古今中西问题。说近代早期改革派的思想具有近代的性质，还是因为它对世界全球化趋势有着初步体认，认识到并积极推进中国跟上世界的以工具理性为手段，以控制自然和社会为目的，以大工业、科学技术、商品经济等为表征的现代化趋势。不仅如此，他们还不局限在这一趋势的积极性方面，能够辩证地看待这一趋势，对现代化的弊端，诸如环境和可持续发展等问题作出了一定的反应。说近代早期改革派的思想具有现代性质，还是因为，它清醒地借助西学实现了对传统文化的初步启蒙和解放，参照了西方近现代哲学的一些思想特色。而中国传统文化积极因素的阐发，不自觉地融合了十九世纪中叶兴起的科学主义和人文主义思潮的不同特点，并与马克思恩格斯晚年思考了同一个问题，具有可以和马克思主义哲学对接的文化因子。十九世纪中叶的西方，除了现代化以外，还有实证主义、民主主义、社会主义等不同的潮流。这些潮流都在某一方面代表了西方的现代性。这些潮流对晚清知识分子的吸引力和影响，有时不下于现代化的潮流。基督教之于洪秀全、康有为、谭嗣同，叔本华之于王国维和章炳麟都是很好的例证。近代早期改革派更多地是从普遍性、抽象性、共性和发展性角度来看现代性问题的，并不刻意地把现代性和西方资本主义等同起来。其对道的描述清晰地表达了他们思想中的现代性。近代早期改革派的现代性整合了经世和西方的现代化精神。它把经世观念的济世精神和现代化的积极性和工具理性精神相结合，强调工具理性。同时它借助于传统还发现了西方的价值和目的理性，承受了儒家的道德精神，强调政治离不开道德，强调个人的政治和社会活动必须受道德理想的规范；就群体而言，人类未来的目标必须是一个天下一家、大同和谐的社会，内在性中包含了很多内圣思想的成分。

早期改革派不是从先验的价值预设出发而是从现实的实践出发对待中西文化，他们寻找的是中国文化传统对国家富强，实现内在性发展有价值的文化观念。启蒙是与价值预设的解除密切相关的。但这种倾向还发展得不完全。早期改革派侧重于中西文化的结合、求同，但建立的观念还很不系统。早期改革派对待中西文化采取了一定的批判态度。但对中西文化的认识还不够深入。早期改革派思想的来源更多地是实践。洋务和外交等的实践的不成熟制约了他们思想的发挥。早期改革派更多地是提出新观念，形式的体系还不完备。早期改革派保持了反思的自由与学术的相对独立性，但这种自由性是很有限度的。

近代早期改革派思想学说的近代性具有过渡性、复杂性、矛盾性、不成熟性、丰富性、多样性、区域性等初级的特征。他们身上染满了过渡型人物的驳杂色彩。他们应对西方冲击的意识已经逐渐明确并日趋激进化。他们主动选择西方经验并且力图重新解释和协调中西文化的关系，"西学中源"和"道器"之争等论说的普遍化就是典型的例证。当时思想界对西学的这种认识虽然仍浸透着诸如以"三代"体制为理想的经世背景,其改革论说也没有摆脱秩序重建的大框架,但危机意识和西方经验的诱惑力,终究促进了兴工商、办教育、开议院等新的思想舆论的传播。他们传播的新的文化信息是民主主义的,但具有不成熟性。他们的思想存在着古今中西的尖锐矛盾。这一时期,人们从各个角度反映社会矛盾,表达危机意识,寻找中国出路,形成了各种思潮,包括外来的和本土的、怀旧的与超越的、理智的和偏执的等等,五光十色地交织在一个历史的横断面上。

近代早期改革派的思想学说的现代性是多元的,既有实证主义、实用主义、科学主义的工具—目的理性的思想萌芽,又有自由主义的、人本主义的、唯意志论的道德价值理性。正因为其多元性和调和性,这一价值观可以为后来的各派学者所发挥;也正因为其调和性,决定了其缺乏目的明确的价值指向,从而无法在现实价值观的改造中发挥更大的作用,这是这一思想派别价值观给予我们的启示。

早期改革主义者的价值探索告诉我们:在哲学层面上,传统文化的现代化是可能的、积极的;在活的习惯方面,在文化传统方面也是可能的,但消极的意义很多,发展所需要的价值冲突更为严重,需要一番对文化传统的痛苦反思才能完成传统价值的现代重光。

参考文献

1. 《采西学议——冯桂芬马建忠集》，郑大华点校，辽宁人民出版社1994年版。
2. 《校邠庐抗议》，戴扬本评注，中州古籍出版社1998年版。
3. 《迎来近代剧变的经世学人——魏源与冯桂芬》，李少军著，湖北教育出版社2000年版。
4. 《郭嵩焘诗文集》，杨坚点校，岳麓书社1984年版。
5. 《郭嵩焘日记》，4卷，湖南人民出版社1981年至1983年版。
6. 《郭嵩焘奏稿》，杨坚点校，岳麓书社1983年版。
7. 《走向世界的挫折——道咸同光时代》，汪荣祖著，台湾东大图书股份有限公司1993年版。
8. 《郭嵩焘评传》，王兴国著，南京大学出版社1998年版。
9. 《弢园文录外编》，陈恒、方银儿评注，中州古籍出版社1998年版。
10. 《王韬评传》，忻平著，上海华东师范大学出版社1990年版。
11. 《在传统与现代性之间——王韬与晚清改革》，[美]柯文，江苏人民出版社1994年版。
12. 《庸盦笔记》，丁凤麟、张道贵点校，江苏人民出版社1983年版。

13.《薛福成选集》，丁凤麟、王欣之编，上海人民出版社 1987 年版。

14.《出使英法意比四国日记》，钟叔河主编，岳麓书社 1985 年版。

15.《薛福成评传》，丁凤麟著，南京大学出版社 1998 年版。

16.《适可斋记言》，张岂之、刘厚祜校点，中华书局 1960 年版。

17.《容闳与近代中国》，李正刚著，正中书局 1981 年版。

18.《容闳与中国近代化》，吴文莱主编，珠海出版社 1999 年版。

19.《郑观应集》，郑观应著，夏东元编，上海人民出版社 1982—1988 年版。

20.《郑观应评传》，易惠莉著，南京大学出版社 1998 年版。

21.《新政真诠——何启胡礼垣集》，郑大华点校，辽宁人民出版社 1994 年版。

22.《近代中国思想人物论：晚清思想》，张灏等著，时报文化出版事业有限公司 1983 年版。

23.《近代新学——中国传统学术文化的嬗变和重构》，王先明著，商务印书馆 2000 年版。

24.《传统中国的内发性发展》，三石善吉著，余项科译，中央编译出版社 1999 年版。

25.《合理性问题》，胡辉华著，广东人民出版社 2000 年版。

26.《儒教与道教》，[德]马克斯·韦伯著，洪天富译，江苏人民出版社 1993 年版。

27.《交往行动理论》第一卷，《行动的合理性和社会合理化》，徐崇温主编，［德］哈贝马斯著，洪佩郁、蔺青译，重庆出版社1994年版。

28.《新教伦理与资本主义精神》，韦伯著，彭强、黄晓京译，陕西师范大学出版社2002年版。

29.《合法性危机》，［德］尤尔根·哈贝马斯著，陈学明、李国海校订，台北时报文化出版企业有限公司1994年版。

30.《合法性与政治》，［法］让－马克·夸克著，佟心平、王远飞译，中央编译出版社2002年版。

31.《儒学地域化的近代形态——三大知识群体互动的比较研究》，杨念群著，三联书店1997年版。

32.《从鸦片战争到五四运动》，胡绳著，人民出版社1981年版。

33.《近代中国的思想历程》，彭明等主编，中国人民大学出版社1999年版。

34.《近代诸子学与文化思潮》，罗检秋著，中国社会科学出版社1998年版。

35.《先觉者的悲剧——洋务知识分子研究》，李长莉著，学林出版社1993年版。

36.《中国近代社会思潮》，高瑞泉主编，华东师范大学出版社1996年版。

37.《晚清大变局中的思潮与人物》，袁伟时著，海天出版社1992年版。

38.《洋务运动与中国早期现代化思想》，周建波著，山东人民出版社2001年版。

后　记

　　本书较多地保留了我的博士论文的原貌，我的博士生导师是中国人民大学哲学院和孔子文化研究院、原中国人民大学复印资料总编宋志明教授。先生已经为《中国近代早期改革派与近代伦理思想的演变》一书作序，那个序对于本书同样是有效的。

　　受近代哲学整体研究水平的制约，应该说，在大多数的学者看来，近代早期改革派的思想当中有价值的思想不多。我开始着手这项研究的时候就非常地困惑，并常常苦于没有合适的研究视角，找不到我感兴趣的话题，更不要说对这个派别的有价值的思想的认可了。甚至在我毕业后很长的一段时间，包括《中国近代早期改革派与近代伦理思想的演变》一书出版以后，我都面临着这种苦恼的煎熬。至今，我已经远离这个派别有四年之久了。在这期间，我因参加中国社会科学院哲学所东方哲学研究室的课题《东方哲学史》，承担了《中国近代哲学史》和《中国现代哲学史》部分的写作。这个机缘促使我对近现代哲学史的脉络有了一个初步的系统的看法。我在阅读近现代哲学家著作的时候，我关心的主要问题是：中国哲学在近现代思想史上形成的基本的阐释路向和阐释模型，包括对哲学的内涵和框架、方法等的理解。换句话说也就是中国文化和中国哲学在近现代的建构问题。我之所以关心这一问题是因为我一直认为现在是到了需要给一个半世纪的中国哲学建设画一个句号的时候了，中国哲学的阐释需要开创一个新的历史阶段。随后，我曾尝试用这一理念来重新审视早期改革派。但由于行政事务和教学任务占去了我很多的时间,加上我对先秦哲学的喜爱使我无暇顾及这一派别的研究。其间,我还以该课题申请过国家社科基金。但正如我所预料的,该课题并没有得到社会的认可。看来,我的这项研究和这个派别的思想家一样,处在思想的边缘。我常常有放弃对这一派别的思想进行学习和研究的想法,与其研究这样一个备受冷落的思想派别,不如研究一些时髦的人物和话题为好。况且,研究一些思想高超的思想家的思想还免去了自己进行学术组织之苦。这个派别的思想触及了太多现实生活中的问题,而这些问题本身就令我非常烦恼。我更喜爱远离现实的纯而又纯的哲学的"玄思"。但命运总是把我拉回对现实问题的思考之中,我无奈只好在一个自己不是很擅长的领域遨游。既然我已经开展了对这个派别的研究,而且我以往的阐释似乎在思想的组织方面不是很有力,以至于湮没了这些思想家思想的价值,我还是决心进一步尝试推进这个派别的研究工作。也许,从这些思想家所表达的思想的现代价值来看,现代中国在现实上早已经超过了当时的一些思想上的展望。但这部分的思想也有一定的思想史的价值。另外,如果把这一派别的思想置于中国社会变革的历史洪流中,放到中国源远流长的文化传统中来考察,其价值和意义也许就更能清晰地加以显现。不管价值如何,我都算是还清了近代哲学研究的一点"债务"。毕业后虽然和导师接触的机会少了,但不敢懈怠对中国近现代哲学的学习和思考。我总是感到导师无声的期待和督促,这也许就是导师之为导师的价值所在吧。这种指导不在三年之内,而在三年之外,他给弟子们开辟和指引着某种研究的道路。受学术研究能力所限制,尽管我在这个派别上花了较多的心血,仍感到有很多不足,敬请读者谅解。冯春凤主任为本书的编辑出版付出了艰辛的劳动,在此致以深深的谢意!

2007 年春于湖北大学哲学学院